系统创新的 CSP 模式与仿真实验研究

曾悟声 赵玉林 梅 松 著

科学出版社
北京

内 容 简 介

本书围绕企业系统创新行为及其对产业市场结构和经济绩效的影响效应与作用机制展开研究。从产业创新系统、系统创新行为等核心概念出发，展开对企业系统创新行为的动因、运行机理，以及对系统创新行为与经济绩效提升关联演化的条件和过程的分析，进而揭示系统创新行为对产业市场结构和经济绩效的影响效应与作用机制。本书构建系统创新行为能力评价指标体系，开发设计其评价系统软件，并以典型创新系统型企业为例进行系统创新行为能力验证性测评。在此基础上，本书构建系统创新行为影响市场结构和经济绩效的研判博弈数学模型，开发其仿真实验软件，并以具体产业为例展开仿真实验与实证研究。

本书构建的系统创新行为（C）-结构（S）-绩效（P）分析范式及其仿真运行研判系统，可为现实决策提供一个直观和具体的参考，可供从事创新研究和实践的产业与企业管理人员、科研人员、高校相关专业师生阅读，也可作为高校高年级本科生和研究生学习产业经济学、创新经济学和微观经济学等相关课程的参考用书。

图书在版编目(CIP)数据

系统创新的 CSP 模式与仿真实验研究／曾悟声，赵玉林，梅松著. --北京：科学出版社，2024.9. -- ISBN 978-7-03-079207-5

I . F426.7

中国国家版本馆 CIP 数据核字第 20247F9C16 号

责任编辑：林 剑／责任校对：樊雅琼
责任印制：徐晓晨／封面设计：无极书装

科学出版社 出版
北京东黄城根北街 16 号
邮政编码：100717
http://www.sciencep.com
北京天宇星印刷厂印刷
科学出版社发行 各地新华书店经销

*

2024 年 9 月第 一 版　开本：720×1000　1/16
2024 年 9 月第一次印刷　印张：15
字数：300 000
定价：198.00 元
（如有印装质量问题，我社负责调换）

在系统创新中嬗变与发展（代序）

改革开放是富民强国之路，创新驱动是科学发展的根本之策。据世界知识产权组织自 2007 年以来每年发布的《全球创新指数报告》，中国的创新指数已从 2010 年全球第 43 位上升至 2016 年的 25 位、2022 年的 11 位，12 年间在全球排名上升了 32 位。尽管 2023 年我国排名下降至第 12 位，但百强区域科技集群数量却从 2022 年的 21 个上升至 24 个，百强区域科技集群数量跃升至全球第一，众多企业进入全球创新领先行列，如华为（全球第 4）、阿里巴巴（全球第 7）、腾讯（全球第 18）。创新已成为各国政府、企业和学术界共同关注的重大热点问题。然而，创新能力强的大型企业创新动力不足，创新动力大的中小企业创新能力不足的现实问题依然普遍存在，企业创新行为的运行机理及其与产业市场结构和经济绩效的关系仍是理论界长期争论且悬而未决的问题。可喜的是，曾悟声等著的《系统创新的 CSP 模式与仿真实验研究》一书试图从复杂适应系统理论视角，运用 IT、ICT 和 AI 仿真实验技术探索解决这一难题，无疑具有重要的学术理论价值和实践指导意义。

《系统创新的 CSP 模式与仿真实验研究》一书建立了基于复杂适应系统（CAS）理论的系统创新的 CSP 模式分析框架，构建了系统创新行为影响市场结构和市场绩效（CSP）研判博弈数学模型，设计开发了广谱关联的 CSP 仿真运行研判系统软件并进行模拟实验。从聚焦关联到探究因果，实现分析结果可解释；揭示了系统创新行为（C）对市场结构（S）和市场经济绩效（P）的影响效应与 CAS 作用机制，并进行仿真实验和实证检验；开发了基于创新行为能力评价指标体系的"数智化"评价运行软件，并对磷化工产业典型创新系统型企业的创新行为能力进行验证性评价。这些成果具有很强的创新性和科学性，创立了一种简明实用的系统创新的 CSP 影响效应和作用机制的仿真运行研判系统的普适性理论，可为现实的决策提供一个直观和具体的参考。

该书第一作者曾悟声教授是经济学博士、贵州省高校经济学学术带头人，具有驻贵州央企工作的经历，目睹很多企业由兴而衰、由衰而亡，更眼见一些企业通过建立充满创造活力的"复杂适应创新系统"，从而在困境中实现蜕变、嬗变与发展，在绝境中实现涅槃的传奇经历。这种特殊的人生经历，引发了作者对系统创新问题的深入系统思考。中国磷化工有很多企业创新的典型案例，值得我们深入地挖掘、总结。贵州磷化工在系统创新中嬗变与发展的创新系统型企业——瓮福集团，成为引领贵州省新型工业化发展的一面旗帜，也成为我国磷化工行业的一面旗帜，其成功经验值得认真总结与推广。书中对贵州磷化工产业系统创新行为溯源的细致研究能且又被还原到那个特定时代的精气神、人们当时生存环境，以及当时人们如何感受其生存环境的宏观历史图景之中，使后人唏嘘、追叹，也有助于读者深入理解，从而使这幅宏观图景变得比原先更丰富、更立体、内涵更多样化、更准确可依，并从历史事实中归纳出结论、观点和一般规律性认识，为我国企业系统创新行为提供范例。

该书是贵州市域产教联合体推出的第一部高水平学术专著，得以正式出版实感欣慰，特此祝贺！

我相信，从事创新政策研究和创新实践的产业和企业管理者、科技工作者、高校师生都将从该书获益良多，特别是高年级本科生和研究生的产业经济学、创新经济学、微观经济学等课程学习和研究都将从中获得积极重要参考。

邹联克

中共贵州省委工委副书记

教育厅党组书记、厅长

教育学博士

前　　言

国家创新发展战略的全面实施迫切需要系统评估企业创新行为和绩效，系统创新行为的运行机理、创新行为对市场结构和市场绩效的影响效应及作用机制迫切需要揭示。然而，已有研究与这些迫切需求相去甚远，如产业创新系统、系统创新行为等概念界定尚存在分歧，企业系统创新行为的运行机理尚有待揭示，创新行为与市场结构和经济绩效的关系还处于争论之中，企业系统创新行为对市场结构和经济绩效的影响尚未形成完整的理论体系与共识，产业和企业创新行为能力、经济绩效的系统评估方法还是人工操作，等等。这些问题的研究解决与开拓，对于丰富和发展产业组织理论具有重要的理论价值，对于产业和企业创新实践具有重要的指导意义。

本书研究企业的创新决策行为（C）及其对产业市场结构（S）和经济绩效（P）的影响，试图构建系统创新的 CSP 模式理论框架并进行仿真实验和实证检验。全书共 8 章。第 1 章是绪论，根据现实背景和国内外研究现状分析提出本书拟解决的关键问题。第 2 章是理论基础，系统梳理创新经济学理论、现代产业组织理论、复杂适应系统理论和方法，为后续理论分析和仿真实验提供理论依据和方法论指引。第 3 章是系统创新的 CSP 模式分析，科学界定产业创新系统、系统创新行为的理论内涵，分析系统创新行为的动因，揭示普通创新型企业和创新系统型企业的创新行为特征、归因及其影响产业市场结构和经济绩效的作用机制，构建系统创新的 CSP 模式理论框架。第 4 章是系统创新行为的演化及其对经济绩效的影响，以磷化工产业典型的创新系统型企业为例，分析企业系统创新行为对经济绩效动态提升的成效、发展归因和启示借鉴，为第 3 章系统创新的 CSP 模式分析提供实践支撑。第 5 章是系统创新行为能力评价指标体系与评价软件开发设计，构建系统创新行为能力和绩效评价指标体系，据此设计开发系统创新行为能力"数智化"评价研判软件，并将其应用于实际企业系统创新行为能力评价。第 6 章是系统创新行为对市场结构和绩效影响的仿真实验，根据第 3 章构建的系统创新的 CSP 模式理论框架和第 5 章设计开发的系统创新行为能力"数智化"评价研判软件，构建 CSP 研判博弈数学模型，设计 CSP 仿真实验系统，模拟创新行为对市场结构和经济绩效的影响。第 7 章是系统创新行为对经济绩效影响的实证检验，运用第 6 章设计的 CSP 仿真实验系统，以磷化工产业为例，实证分析创新行为对经济绩效的影响效果。第 8 章是研究结论与政策启示。

本书的主要创新和特色体现在以下几个方面。

1) 建立基于复杂适应系统 (CAS) 理论的系统创新的 CSP 模式分析框架。依据 CAS 理论结合产业创新系统特征，科学界定了产业创新系统、系统创新行为等核心概念，揭示了系统创新行为运行机理，以及系统创新行为 (C) 对市场结构 (S) 和经济绩效 (P) 影响效应与作用机制。产业创新系统是多创新主体之间互动相互适应及其与多维创新对象之间互动相适应，且与创新环境互动相适应构成的复杂适应系统。企业作为创新行为的核心主体与科研机构、高等院校、中介机构等其他创新主体交互作用，并与创新对象、创新环境交互作用形成复杂适应创新系统 (Complex adaptive system of innovation, CASI)。系统创新行为就是复杂适应创新系统的行为，是多元创新主体互动相互适应及其与多维创新对象、创新环境互动相适应的创新行为。系统创新行为具有多维创新对象互动、多元创新主体协同、创新主体与创新对象和创新环境的互动相适应等特征。核心创新主体分为两类：普通创新型企业和创新系统型企业。通常的创新型企业、科技型中小企业、高新技术企业具有创新行为，但未形成系统创新行为，是普通创新型企业；形成复杂适应创新系统的企业称为创新系统型企业。普通创新型企业是产业创新系统的基础，创新系统型企业是产业创新系统的核心。创新系统型企业的创新决策行动是系统创新行为。系统创新行为形成整体大于各部分之和的系统效应，驱动产业发展，改善产业的市场结构，提升产业组织经济绩效。

2) 构建系统创新行为影响市场结构和经济绩效 (CSP) 研判博弈数学模型，设计 CSP 模式仿真研判系统软件并进行模拟实验。系统创新行为对市场结构和经济绩效的影响可以通过定量指标变化来研判。企业创新行为要素的集聚和创新系统链的形成，其 CSP 影响的传导机制及研判的正相关因果关系链，会对产业组织演进产生根本性影响，促使整个产业可持续健康发展。仿真实验从聚焦关联到探究因果，实现分析结果可解释。用户只需输入相关参量函数，仿真研判系统即可自动计算出市场结构和经济绩效的指标数据，同时输出计算结果的表和立体图形，便于用户分析和研判。运用仿真运行研判系统，揭示了系统创新的 CSP 影响的作用机制，并获得有决策参考价值的结论。通过实验结果沟通了各个理论学派之争的瓶颈通道，解释了难以解释的各种新的经验现象"质疑"各学派理论的原因，从一般性理论与实证层面对不同经验现象作了解释，有了与主流经济学派在相同的理论层面进行交流与共融的平台。

3) 揭示系统创新行为 (C) 对市场结构 (S) 和经济绩效 (P) 的影响效应和作用机制，并进行实证检验。系统创新行为可以通过驱动产业发展，提升产业经济绩效；也可以通过改善产业市场结构提升产业经济绩效。系统创新行为↔市场结构↔经济绩效的相互激励，使系统创新行为的经济绩效形成大于各部分之和的系统运行效果。系统创新的突出特征是其系统性，系统创新要素聚合的系统特征及效应构成了组织内外平衡的机能和发展方式。系统创新行为诱发放大的作用原理使寡头垄断市场结构、垄断竞争市场结构效应和绩效发生正相关的边际变化。得出了八家大型企业创新将形成最佳市场结构和经济绩效的结论，并据此提出改善产业系统创新的政策措施和建议；对传统"有市场优势的企业（垄断、寡头垄断）会冲击市场结构"的观点和理论进行了修正，界定了垄断、寡头垄断对市场结构和经济绩效产生负面影响的边界条件。

4）开发设计基于创新行为能力评价指标体系的数智化评价运行软件，并对磷化工产业典型创新系统型企业的创新行为能力进行验证性评价。该指标体系评价运行软件由八个相互联系的模块构成，包括定性与定量分析两套数据库。该评价软件具有针对性强、携带方便、使用简单、数据计算能力较强、易于扩充功能和升级。在系统性政策工具刺激下的系统创新行为是由人建立在系统整合能力之上的战略驱动，是纵向整合、上下互动和动态发展的新范式。在系统性政策工具刺激下的系统创新行为，驱动产业发展，改善产业的市场结构，提升产业组织绩效。系统性政策工具可以改善整个创新系统的功能。

本研究基于理论与实证的系统创新行为的 CSP 范式理论框架和简明实用的系统创新的 CSP 仿真研判系统的普适性理论体系，可为现实的决策提供一个直观和具体的参考。

目　　录

在系统创新中嬗变与发展（代序）
前言
第1章　绪论 ··· 1
　　1.1　问题提出 ··· 1
　　1.2　国内外相关研究文献综述 ·· 7
　　1.3　拟解决的关键问题和研究方法 ································· 25
第2章　理论基础 ··· 29
　　2.1　创新经济学理论 ·· 29
　　2.2　现代产业组织理论 ··· 39
　　2.3　复杂适应系统理论 ··· 45
　　2.4　本章小结 ··· 47
第3章　系统创新的CSP模式分析 ································· 49
　　3.1　系统创新行为的含义、特征和内涵 ························ 49
　　3.2　企业创新行为特征及其市场效应分析 ····················· 63
　　3.3　系统创新的CSP模式理论分析 ······························ 83
　　3.4　本章小结 ··· 94
第4章　系统创新行为的演化及其对经济绩效的影响：以磷化工产业为例 ··· 96
　　4.1　磷化工产业创新发展历程方向与典型案例选择 ······· 96
　　4.2　企业系统创新行为对经济绩效的动态提升 ············ 102
　　4.3　系统创新行为提升经济绩效的机制分析 ··············· 138
　　4.4　本章小结 ··· 142
第5章　系统创新行为能力评价指标体系与评价软件开发设计 ··· 144
　　5.1　系统创新行为能力评价软件的研判理论与功能 ···· 144
　　5.2　系统创新行为能力的研判问题 ····························· 146
　　5.3　系统创新行为能力评价指标体系与评价研判软件 ··· 149
　　5.4　系统创新行为能力评价研判软件开发设计 ··········· 159
　　5.5　系统创新行为能力评价研判软件应用 ·················· 169

5.6 本章小结 ··· 174
第 6 章　系统创新行为对市场结构和绩效影响的仿真实验 ············· 176
　6.1 CSP 仿真模型的理论依据与构建 ·· 176
　6.2 CSP 仿真模拟实验 ··· 185
　6.3 CSP 研判仿真模拟实验结果分析 ·· 187
　6.4 本章小结 ··· 191
第 7 章　系统创新行为对经济绩效影响的实证检验 ······················· 195
　7.1 理论依据 ··· 195
　7.2 研究设计 ··· 196
　7.3 实证分析应用案例 ·· 199
　7.4 实证结果分析 ··· 206
　7.5 本章小结 ··· 209
第 8 章　研究结论与政策启示 ··· 211
　8.1 研究结论 ··· 211
　8.2 政策启示 ··· 214
　8.3 主要创新点 ··· 215
　8.4 不足与研究展望 ·· 216
参考文献 ··· 218
后记 ·· 226

第1章 绪 论

产业经济学是把企业行为当做目的与具有各种不同用途的稀缺资源（制度和商品）和生活之间的一种关系来研究的科学（经济博弈的本质：抢占稀缺资源）。

"市场经济"在中国是一个已被解决了的政治经济问题，市场经济理论由此获得了众多（自然科学与社会科学）学者的青睐有加。虽然，经济规律都是一样的，但因意识形态的加持，经济运行的结果会有所不同。

像诞生于西方的"市场经济"不能简单地移植到中国企业，而是需要最大限度地激发中国工业企业的内生动力。因为，"中国的社会主义市场经济不是一种单纯的意识形态的学说，而是目的在于把连同资本在内的整个社会从计划经济尚存关系的狭小范围中解放出来的理论。它在理论上是正确的，在实践中也是被改革开放四十多年的成功证明了的"。

"对于先贤们而言，政治经济学的主题就是研究国民财富"。消除贫困，维护市场配置资源的法制与制度，以使民富国强，这不仅是人们对"市场经济"理论的最大希望，也是给予其最期待的任务和最艰巨的挑战。

1.1 问题提出

1.1.1 研究背景

面临百年不遇的全球大变局，传统产业亟待转型升级。产业转型升级就是由要素高投入高消耗的高增长向由技术创新提升效率实现绿色发展、可持续发展、高质量发展转变，由低质、低效、全球价值链低端向高质、高效、全球价值链高端提升。显然，产业转型升级迫切需要大力提升企业的创新行为能力。因此，企业创新行为日益成为热点研究问题。

2016 年国家发布创新驱动发展战略，2020 年中共中央关于"十四五"规划建议，强调坚持创新在我国现代化建设全局中的核心地位。突出创新的核心地位就要培养兴趣丰富、人格完整、头脑健全的通识人才。我国在科学与技术历史发展的大趋势中未能及时赶上发源于西方的工业革命，以至于"科学、技术、工程、数学"（简称 STEM）相对落后，导致国家创新能力和科技工程实力不足，全球竞争力受限。郑永年（2021）在"入世 20 周年企业家高峰对话暨南方致敬 2021 年度盛典"上的讲话认为，在面对当前逆全球化进程中，我国更要强调更加开放，继续推进全球化。原因有三：第一，规则对接。因为 WTO 组织实际上不仅仅是一个贸易组织，更是一整套规则，成员需要接受和服从规则。第二，重视技术。我国加入 WTO 后，实现了劳动力"红利"，劳动密集型产业得到大发展，但技术密集型产业仍受制于人。第三，重视研发。加入 WTO 后，依靠国际市场和利用外资，成功地实现了追赶，但忽视原创性技术和原始创新。这就涉及如何评价创新的绩效问题。量子君（2020）指出，2019~2020 年，中国科技很多地方被"卡住了脖子"。由此引发了强烈反响，人们会问，为什么会这样？最底层的问题是什么？只要看一下现代社会到底由什么驱动，就会发现一些答案：①当代科技金融的基石是数论中的因子分解算法；②市场经济理论是亚当·斯密的分配论；③人工智能发展的背后有贝叶斯定理的统计学；④现代芯片技术最终要突破量子纠缠、二阶计算及 SOAR（状态、算子和结果）等数学理论；⑤区块链技术后面有椭圆曲线、哈希加密作为基石；⑥支撑互联网现在运行的是 TCP/IP 协议……由此可见，底层的问题很多是算法、共识、协议、标准、数学模型等。这些东西有一个共同特点，开始看起来好像都没有什么用，然而，正是这些"没用"的东西，它卡住了中国的"脖子"。企业创新行为并不是单一的研发行为，也不是单一的专利保护行为，企业创新是系统行为。创新主体并非孤立创新，而是多主体构成的系统；创新对象也不仅仅是单一的技术，也是多维对象构成的系统；创新主体、创新对象与创新环境构成创新系统（赵玉林，2017）。因此，全面实施国家创新发展战略，必然提出全面系统评估企业创新行为和绩效的问题。

在我国经济转型发展背景下，坚持高质量发展，坚持以经济建设为中心，坚持并深化系统观念，宏观政策要稳健有效，微观政策要持续激发市场主体活力，结构政策要着力于畅通国民经济循环，科技政策要扎实落地，要大力促进企业创新，形成创新主体创新发展的良好制度环境，不断提升创新系统绩效。那么，政策制定者战略性导向下的系统创新政策，如何优化市场结构和市场绩效？内外双循环的系统创新政策对市场结构与市场绩效影响的正相关边界在哪里？如何尽快形成符合我国国情的有效竞争秩序？近些年来随着制度经济学和经济研究数量化趋势的发展，产业组织理论研究更注重在厂商治理与企业内部组织上寻找厂商数量多寡之间，以及在产业之间厂商数量多寡的差异导致的厂商行为和绩效的不同。为了加速系统创新，一个国家应如何维持多元化的组织和机制，尤其是在市场失灵领域的国家治理，并为这种创造性的行为设置特殊的激励机制与监管机制？为此，迫切需要用规范经济学方法与实证经济学方法研究创新行为与市场结构和市场绩效的关系，为回答这一系列问题提供依据，为现实的决策提供参考。

磷化工产业是典型的传统产业，其转型升级为研究企业创新行为提供了实践经验借鉴。磷化工产业是以磷矿石为原料，通过化学方法提取其中的磷元素并加工成众多化工产品的行业，是化工产业的核心领域，是我国战略性稀缺资源[1]。磷是元素周期表的第15号元素，工业利用的磷资源主要有磷灰石、磷块岩和鸟粪石。磷化工产业链的上游是磷矿石的开采和筛选，中游是磷酸、磷酸盐（三聚磷酸钠）、草甘膦等含有磷元素的各种有机物和无机物，下游是磷肥、农药、食品和饲料添加剂等，广泛应用于农业、食品、阻燃剂、洗涤剂、电子等行业。全世界磷化工初级及其终端产品多达数千种，其中磷肥是磷矿石最大的终端需求，约占71%。据Mosaic统计，全球磷肥出货量在过去十年以2.2%的复合增速稳步增长，2021年全球磷肥出货量增长了2.6%。我国磷化工产业亟待转型升级：一是产业链的上中游大宗商品如磷矿石、黄磷等产值占比高，下游精细磷酸盐等产品占比低，磷化工产业整体产值难以提升。2019年，热法磷酸、中间产品、最终产品的比例是1∶1.5∶0.8。二是粗加工产品占比高，产品附加值低。2020年，磷肥等技术含量较低的产品占比仍高达70%以上。三是高能耗高污染，受节能减排约束。我国是世界上黄磷生产大国，而黄磷是一种高耗能、高污染的产品。磷矿是一种重要的不可再生资源，我国磷矿石的储采比低于全球平均水平[2]，现已被自然资源部列入24种国家战略性矿产目录之一。

磷化工产业依靠系统创新行为能力的提升加快转型升级的实践为研究传统产业的企业创新行为及其对市场结构和经济绩效的影响提供有效的经验支撑。传统产业创新发展与新兴产业创新发展具有不同特点。传统产业创新发展经历了从技术引进到技术创新（引进技术消化吸收基础上的再创新），从"组合创新"到系统创新的演化；而已有的产业创新研究更多关注新兴产业的形成。本书主要研究传统产业系统创新发展问题。

熊彼特早在1912年就提出创新是经济发展的根本动力和源泉的理论观点（Schumpeter，1934）。但在20世纪50年代之前，熊彼特的创新经济学理论被传统主流经济学家视为异端，未引起重视。20世纪50年代后，随着技术在经济增长中的作用日益凸显，创新经济学的研究得以复兴，70年代后持续兴旺，技术创新经济学（Mansfield，1971）、产业创新经济学（Freeman，1974）、制度创新

---

[1] 2016年国务院审批通过的《全国矿产资源规划（2016—2020年）》首次将磷列为"战略性非金属矿产"。

[2] 2017年中国磷矿储采比仅有24年，相比全球平均266年，差距巨大，也小于美国的36年。

经济学（Norch，1990）相继创立和发展。但是，限于那时 IT 及 AI 技术发展的局限，基本上是定性地研究创新行为及其对市场结构和经济绩效的影响，这也正是争论不断的根源。有研究表明，基于近十年来复杂理论的复杂网络视角对创新系统的研究，可运用抽象的数学语言和数学模型精确描述出创新网络的复杂结构，以社会系统网络视角对整体创新系统进行定量算法分析，把握其发展的重要节点与脉络，进而推广到创新系统其他方面的研究创新成为可能（李永周，刘日江，2011）。所以，研究系统创新的 CSP 模式与仿真实验，不仅具有迫切的现实需求，而且在技术和方法上也是可行的。

1.1.2 研究目的

本书的研究目的在于，揭示系统创新行为的规律及其对市场结构和经济绩效影响的作用规律，并建立一种基于较大样本实证的系统创新的 CSP 模式的仿真运行研判系统，为现实的决策提供一个直观和具体的参考；明确系统创新行为核心主体的类型及其创新行为特征，揭示系统创新行为运行机制及其对产业的市场结构和经济绩效的影响效应和作用机制，构建系统创新的 CSP 模式分析理论框架并进行仿真实验研究。具体目标分解如下。

（1）以磷化工产业为例总结提炼创新型企业类型及其创新行为特点

分析磷化工产业的创新行为现状，归纳总结提炼出两类创新企业：普通创新型企业（创新型企业、科技型企业、高新技术企业）和创新系统型企业，比较分析这两类企业创新行为的相似性、异质性、共性效应，两类企业创新行为的不同特征及其运行机理，以及在产业中的市场地位和市场效果。解决两个重要问题：一是产业创新系统中的核心创新主体有哪些类型，各类核心创新主体的创新行为各有哪些不同的特征；二是企业是怎样创新的，创新行为如何影响产业的市场结构与经济绩效。从中总结提炼出作为本书逻辑起点的系统创新行为概念。

（2）构建系统创新的 CSP 模式

以系统创新行为为逻辑起点，揭示系统创新行为的动因和运行机理，从理论与实践结合上论证企业系统创新行为（C）对产业的市场结构（S）和经济绩效（P）的影响效应与作用机制，构建系统创新的 CSP 理论分析框架。

（3）系统创新行为与经济绩效的互动演化过程和条件

以我国磷化工产业典型的创新系统型企业为例，系统考察企业系统创新行为提升经济绩效的过程，揭示企业如何通过多元创新主体协同、多维创新对象互动，建立充满创造活力的复杂适应创新系统，在急剧变化的市场面前破而后立，实现企业的蜕变与成长、转型与升级，激发经济增长效应的制度因素保障和激励,以及异质型企业家的主导作用和人力资源管理绩效等条件。

(4) 系统创新行为能力及其经济绩效评价

建立系统创新行为能力模式识别评价体系和产业中的市场地位与市场效果评价指标,设计开发评价研判系统仿真软件,对企业创新行为模式的经济绩效进行实证分析评价。用 IT 与 AI(人工智能)仿真技术和数据库技术来表示、存储、处理、输出及查询,为教学、科研及经济方面的决策人员和管理人员提供一个简明实用的"行为↔结构↔绩效"三者间双向关联系统影响的复杂关系辅助分析系统软件。开发系统管理算法实现系统参数设置、研判指标输入与输出、数据回归计算、结果报告自动生成、数据字典管理等功能。

(5) 建立创新行为↔结构↔绩效(CSP)研判的博弈数学模型

依据系统创新行为改善市场结构提升市场经济绩效的运行机理,建立 CSP 研判的博弈数学模型,设计仿真实验。构建"产业内的 N 家寡头企业系统创新行为对市场结构和市场绩效影响的博弈研判"数学模型。按照系统创新经济绩效运行机理函数,依据建立的"系统创新行为对市场结构和市场绩效影响的仿真研判系统"作实证研究,验证寡头企业系统创新行为对市场结构和市场绩效影响的正相关边际节点;找到产业内的创新系统型企业创新博弈数的最佳值。

1.1.3 研究意义

从理论层面上看,本书构建的"复杂适应创新系统",是由具有适应性、主动性、目的性和智能性的创新主体构成的系统。揭示这一系统创新行为(C)对产业的市场结构(S)和经济绩效(P)的影响效应及作用机制(简称 CSP 模式)将是对产业组织理论 SCP 范式的有效补充。本书构建的系统创新行为能力及其影响产业市场结构和经济绩效的博弈研判数学模型,以及基于博弈研判数学模型的"数智化"评价软件和仿真运行系统,具有普适性和范式性意义,可用于定量研判系统创新行为对产业市场结构和经济绩效的影响;可为政府制定推进企业或产业系统创新体系的完善和可持续发展的决策和政策,提供一个直观和具体的考核参照架构。

"仿真运行研判系统"功能在于:①通过系统创新的 CSP 模式影响的正相关效应边际研究,对"有市场势力的企业使市场结果无效率"(张玉杰,2005)的传统理论提出了不同看法,并通过规范的理论分析与实证获得了不同的结论,即因创新而使市场结构和市场绩效发生根本性正相关边际变化。②把冗繁常用的面板数据理论分析,改为自动化仿真系统分析。利用建立的"系统创新的 CSP 模式影响的仿真分析数学模型"经过信息化处理,变成简明的教学仿真系统评估软件，实现跨学科产教融合。③将系统仿真工具与技术引入到 CSP 模式的量化研判系统中，建立用（IT 与 ICT 及 AI）技术评价的新方法。经济信息系统研判的仿真系统技术手段运用的实现，有利于评估方法的发展。④建立的系统创新的 CSP 模式影响仿真运行研判系统，可用于定量测试企业或产业系统创新的 CSP 的影响。⑤利用仿真技术手段来分析经济管理的绩效指标，用预先设计的报告模板来快速地生成分析报告，可实现定性与定量分析信息化。⑥可将传统单一的经济指标计算改变为一个具有辅助研判的支持系统。⑦可为经济绩效指标体系的处理和分析，探索出一种新的易用的高效的非经济专家也能完成的经济评价方法。

从实践层面看，系统创新的 CSP 影响的正相关边际传导机制与研判的因果关系链，会对产业组织系统演进产生根本影响，促使整个产业发展。采用正统产业组织理论的结构与绩效衡量的现代理论——复杂适应系统理论、博弈论，以及定性、定量相结合的方法建立的仿真运行研判博弈数学模型，可用来解决经济运行中的信息定量研判；建立的"系统创新的 CSP 影响运行仿真研判系统"模型可用信息工程技术和数据库技术来实现经济指标数据的存储、计算、处理、输出和查询，可为产学融合提供信息化的实用仿真运行研判手段，为经济方面的决策人员和管理人员提供一个易用、适用的市场影响评估辅助仿真系统分析软件。

该"系统创新的 CSP 影响运行仿真研判系统"的功能分为：定性分析和定量分析两套系统数据库。定性分析数据库，可以用系统创新行为能力效应评价指标体系的表述性指标，对系统创新行为能力效应作评价。创新效应的体现形式是图表、效应的重要节点、发展趋势等。定量分析数据库，可以用系统创新行为能力绩效评价指标体系的量化性指标，尤其是系统创新的 CSP 关联影响的定量分析效应函数研判博弈数理模型，对系统创新行为绩效作评价，系统创新绩效的体现形式是数理图表绩效的重要节点数据、发展趋势等。用户企业只需把研判指标的外生变量信息参数、反需求函数参数、成本函数（a、b、c、t）等输入到系统中，系统就能够为用户提供考量指标变化 [未创新企业产量（q_{om}）、创新企业产量（q_{gm}）、集中度（CR_N）、集中系数（CI_N）、赫芬达尔指数（H_N）、勒纳指数（L_N）、未创新企业总产量（Q_N）、未创新价格（P_N）、利润（π_N）、消费者剩余（CS_N）、生产者剩余（PS_N）和社会总剩余（TS_N）] 研判情况，为用户提供考量指标变化情况数据报告，考量企业在市场结构中的地位和市场绩效中的效果。按照《中华人民共和国反垄断法》确定的社会福利最大化原则及消费者和生产者剩余均衡原则来判断企业市场势力的绝对大小，对市场势力进行科学化计算和权衡；可研判因垄断和不合理的赋税给社会福利带来的损失及隐藏的原因；为政府规范市场、促进创新，合理收取因资源供给和创新激励政策效应而产生的超额利润；研判企业或产业创新能获得多少超额利润剩余，是否应控制甚至取缔它们的垄断地位等提供研判考量指标和决策参考。

进一步研究可为经济信息处理仿真研判运行系统软件的综合评价方法提供需求分析与设计（算法）的丰富素材，有利于提高经济信息评价的科学性、准确性、完整性，为产业内的企业或产业创新状态的评价工作提供新（范式）的实用技术手段。这种复杂适应创新系统模式、系统创新行为及其运行机理与系统创新的 CSP 模式影响产业市场结构和经济绩效的仿真实验，可为现实的决策提供一个直观和具体的参考（范式），对我国现代企业集团或产业运行具有指导性的理论和现实意义。创新行为（C）与市场结构（S）和市场绩效（P）之间关系的理论争论，表现为理论分析与经验性分析之间难以沟通的缺陷；而系统创新行为改善市场结构，提升经济绩效的数理通道和运行机理的理论构建与仿真研判验证能引起学界共识，如能为经济政策的重大调整提供决策参考，也是很有意义的研究，因为这种研究结果引起的内外竞争性激励政策调整会深刻地影响着产业内企业之间的创新行为及其市场效应。

1.2　国内外相关研究文献综述

本书尝试构建企业系统创新行为对产业市场结构和经济绩效影响效应与作用机制的理论分析框架，并进行仿真实验。围绕这一主题，梳理国内外相关文献，从企业创新行为理论模式、创新行为与市场结构和经济绩效的关系、创新行为仿真模拟实验三个方面进行分析。

1.2.1　有关企业创新行为理论模式的研究

本书研究的企业系统创新行为，涉及有关企业创新理论、创新行为理论、创新系统理论、系统创新理论等研究模式。

（1）企业创新理论模型的研究

范式（Paradigm）一词源于希腊文，有共同显示之意，由此引申出模式、模型、范例、规范等意（郭斌和蔡宁，1998）。范式（模式）在创新经济学的应用存在三个主流：以多西（Dosi, 1988）为代表的技术范式（Technological paradigm）；以弗里曼和佩雷斯（Freeman and Perez, 1988）为代表的技术-经济模式（Techno-economic paradigm）；以日本学者小玉文雄（Kodama, 1995）为代表的创新范式（Innovation paradigm）。这些范式（模式）概念从不同层面来解释技术、产业乃至国家层次技术和经济的发展进程。综观企业创新理论模型的研究成果，可以概括为适用性、过程、知识、条件、领导力等五个维度十三类经典企业创新理论模型（表1-1）。

表1-1　企业创新理论模型汇总表

模型类型	模型名称	模型内容	代表人物
1. 适用性视角下的创新模型	创新行为增值链模型	用因创新行为所至而构建的增值链模型来解释为什么既有企业在突破式创新中比新进入企业创新行为表现出色，以及为什么它们也可能在渐进式创新中失败（创新有风险）	Afua & Bahram（1995）
	Tushman-Anderson 模型	既有的或新进入的企业，是否能够引入或发展创新，取决于该创新行为是属于渐进式还是突破式，并认为可以从组织视角和经济视角（即通过生产函数的变化）来阐述创新行为对企业的影响	Tushman & Anderson（1986）
	Abernathy-Clark 模型	试图解释为什么一些产业内既有的企业在发展"突破式"创新（行为）时会优先于新进入的企业	Abernathy & Clark（1985）
2. 过程视角下的创新模型	Utterback-Abernathy 模型	描述了产业及企业在技术进化中的动态（行为）过程，包括不稳定的浮动阶段（Fluid phase）、递进式的转换阶段（Transitional phase）、生产的专业化阶段（Specific phase）三个演变时期	Abernathy & Utterback（1978）
	Tushman-Rosenkopf 模型	创新行为对企业演进的影响力取决于技术成败的不确定性程度，亦即取决于技术的复杂程度和技术进步的演化阶段；创新行为越复杂，非技术的行为因素越重要	Tushman & Rosenkopf（1992）
	S 曲线模型	技术的提升效率取决于人为对技术的投入程度，认为其量化投入与产出的生产函数关系演进轨迹呈 S 形曲线	Foster（1986）
	Rothwell 的五代创新模型	基于系统一体化和网络化（SIN）提出了五代创新行为模型，依次为技术进步推动模型；需求行为拉动模型；配对或互动博弈模型；行为集成模型；系统集成及网络模型	Rothwell（1994）
3. 知识视角下的创新模型	Henderson-Clark 模型	用"结构创新"（Architectural innovation）等概念来对既有的企业创新行为绩效进行探讨。分析指出，由于组织劳动生产的产品是由许多零部件所组成，产品的产生必须基于人的两项知识，即所谓的"结构知识"（Architectural knowledge）与"部件知识"（Components knowledge）	Henderson & Clark（1990）

续表

模型类型	模型名称	模型内容	代表人物
4. 条件视角下的创新模型	知识的质量与数量模型	企业渐进式、突破式或结构式创新行为分别代表着人们不同知识的深度学习而改变,可以解释行为所致新知识的创新程度,所以创新行为也可以被定义为人或机器所掌握并使用新知识的量及形态	Arthur（1996）；Katz & Shapiro（1994）
	Teece模型	该模型可以解释为何有时即使企业拥有很强的技术能力,仍旧无法从创新行为中获利的现象。该模型认为有两个因素至关重要：专有制度（Appropriability regime）和互补性资产（Complementary assets）	Teece（1992）
	Porter竞争优势模型	从全球竞争力的角度来思考问题,认为"企业所在的产业、国家或地区对于企业在全球市场中的竞争地位有着集聚效应的重要影响,因此企业创新行为的绩效取决于所处环境的四个特性"	Porter M（1990）
5. 领导力视角下的创新模型	Roberts-Berry模型	该模型认为成功与否取决于企业使用的创新行为机制	Roberts & Berry（1985）
	战略领导力观（Strategic leadership view）模型	该模型认为领导者真正的职能在于积极推动变革,他们应该做三件事：①设定方向；②通过沟通和员工参与,使员工认同公司的愿景,并产生自我控制感；③激发士气	Hamel & Prahalad（1994）

资料来源：根据 Freeman, 1995；曹平, 2010；赵玉林, 2017

（2）企业创新行为的研究

关于企业创新行为的研究成果,主要涉及企业创新行为模式、创新行为的影响因素及创新行为对经济绩效的影响等。在企业创新行为模式研究方面,周及真（2018）基于新经济社会学"嵌入理论"归纳江苏省企业创新行为,基于"三层嵌入模式"构建企业自律创新行为的模型,解析企业创新行为的"四元驱动机制"并就国内外学者对于企业异质性,从不同的角度或不同视角所作研究的不同表述与企业创新行为关系的研究作了大致分类。在企业创新行为影响因素研究方面,孔伟杰和苏为华（2009）研究了中国制造业企业规模和知识产权保护对创新行为的影响,认为企业规模与企业创新投入之间呈现较明显的倒U型关系,并且存在规模"拐点"；企业知识产权保护对企业创新投入具有明显的促进作用。

吴福象和周绍东（2006）研究了产业集中度对企业创新行为的影响,认为"寡头主导型市场结构下的企业创新行为是最活跃的；集中度过低、企业规模差异过小是制约我国企业创新的重要因素;行政性垄断同样不利于企业创新"。诸竹君等(2021)研究了产业政策对企业创新行为的影响,基于异质性企业创新行为视角分析战略性新兴产业政策为何一定程度上不利于改善企业加成率这一"谜题",揭示引致战略性新兴产业政策实施效果差异的重要原因。

在企业创新行为对经济绩效的影响研究方面,廖中举(2013)研究了企业创新投入行为对经济绩效的影响,实证分析表明,R&D 投入与企业经济绩效显著正相关。张莉和李绍东(2016)基于 2008~2014 年中国工业企业调查数据,研究了企业规模、技术创新与经济绩效的关系,认为企业规模与研发经费比例和新产品、产值之间都呈现显著的倒"U"型关系;企业规模对经济绩效具有显著的正向影响,技术创新变量中只有研发人员全时当量对技术效率的影响呈现显著的正向影响,表明在企业技术创新过程中人力资本投入相对于研发经费是更为重要的影响因素。杨浩昌和李廉水(2018)采用动态面板数据模型实证分析了企业协同创新对制造业经济绩效的影响,认为东部地区协同创新程度显著高于中西部地区协同创新程度,东部地区协同创新显著正向促进制造业经济绩效提升。张永安和张瑜筱丹(2018)基于 2011~2016 年 252 家新一代信息技术产业上市公司面板数据,对外部资源获取、内部创新投入与企业经济绩效关系的实证分析表明,"从时间序列上看,无论当期还是滞后期,外部资源获取与内部创新投入都会促进企业经济绩效提升"。Rauter 等(2019)研究了开放式创新对经济和可持续创新绩效的影响,认为增加与大学等知名合作伙伴的合作创新,对公司经济绩效的提升是有益的,且经济绩效与可持续创新绩效正相关。这意味着经济和可持续创新目标可以同时实现。这些研究成果对本书研究企业创新行为对产业市场结构和经济绩效的影响提供了方法借鉴,但尚未涉及创新系统、系统创新等概念、变量和指标。

(3)创新系统理论的研究

从创新对象视角研究创新系统的思想起源于熊彼特的"创新组合"(Schumpeter,1934)。按照熊彼特的观点,技术创新就是引入一种新的生产函数,也就是把生产要素和生产条件的"新组合"引入生产系统,其目的是获得超额利润。"新组合"包括五种情况:一是引进一种新产品或产品的一种新特征,也称为产品创新;二是引入一种新的生产方法,包括新的工艺流程、工艺方法、工艺装备、测试手段等,也称工艺创新;三是开辟一个新市场,也称市场创新;四是获得原料或半成品的新的供给来源,也称供应链创新;五是实行新的组织形式,也称组织创新。企业家是这种"新组合"实践的推动者和实现者。经济活动中存在着潜在的利润,但并非是人人都能看到,更不是人人都能获得。只有通过创新,即生产要素的人为重新组织才能获得。正是具有战略眼光、有胆识、有冒险精神的企业家引入新组合，并不断创新，才持续获得超额利润，推动经济增长。创新组合实际是在企业发展战略引导下，受组织因素和技术因素制约的系统性协同创新行为。国内一些学者又叫"组合创新"，使"创新组合"有了各种创新行为聚合的含义。郭斌等（1997）对企业创新组合及其效益进行了探讨，指出创新组合实质上可认为是在企业发展"战略"引导下，受组织因素和技术因素制约的系统性"协同"创新行为，包括产品创新与工艺创新组合、渐进创新与重大创新组合、显性创新效益与隐性创新效益组合三个层次。

从创新主体视角研究创新系统的思想起源于国家创新系统的研究。弗里曼在研究总结日本的技术政策和经济绩效时首次提出国家创新系统（National innovation system）的概念，认为"国家创新系统是由公共部门和私营部门等各种机构组成的网络，这些机构的单独活动和相互影响促进了新技术的开发、引进、改进和扩散"（Freeman，1987）。伦德瓦尔从研究国家创新的微观组成出发，探讨用户和生产厂商之间的相互关系。他认为，国家创新系统就是由在新且经济有用的知识生产、扩散和应用过程中相互作用的各种构成要素及其相互关系组成的创新系统，而且这种创新系统包括了位于或者植根于一国边界之内的各种构成要素及其相互关系（Lundvall，1992）。纳尔逊则从宏观经济视角研究国家创新系统，认为国家创新系统是相互作用决定着一国企业的新实绩的一整套制度。他强调技术变革的必要性和制度结构的适应性，认为科学和技术的发展过程充满不确定性，因此国家创新系统中的制度安排应当具有弹性（Nelson，1993）。经济合作与发展组织发表的《国家创新系统》报告认为，国家创新系统是一组独特的机构，它们分别和联合地推进新技术的发展和扩散、提供政府形成和执行关于创新的政策的框架，是创造、储存和转移知识、技能和新技术的相互联系的机构的系统（OECD，1997）。国家创新系统由政府、企业、教育与培训机构、科研机构、中介机构等创新主体构成。将国家创新系统理论用于区域，形成区域创新系统理论（Cooke P & Morgan K，1998）；将国家创新系统理论用于产业，则形成产业创新系统理论（Dodgson and Rothwell，1994；Breschi，1997；Malerba，2002）。王松等（2013）考察了区域创新系统范式的渊源，认为区域创新系统理论源于区域经济理论、创新经济学和创新系统论。区域创新系统与创新系统论溯源关系如表1-2所示。

表1-2 区域创新体系与创新系统论溯源

理论	理论类别	代表理论	代表人物	溯源点
企业创新系统理论	微观创新系统论	产品创新理论 管理创新理论	Booz；Stata	区域创新体系微观产出与部分创新内容解释

续表

理论	理论类别	代表理论	代表人物	溯源点
产业创新系统理论	中观创新系统论	产业创新系统理论 环境创新系统理论	Dodgson & Rothwell Gremi	区域创新体系中观产出解释
国家创新系统理论	宏观创新系统论	国家技术创新系统论 国家制度创新系统论 国家知识创新系统论	Freeman; Nelson; OECD	区域创新体系宏观意义解释

资料来源：李永周和刘江日；2011；王松等，2013

现有的微观创新理论模型为区域创新系统、产业创新系统、国家创新系统及相应的创新内涵奠定了理论基础。当企业创新行为的集聚和创新系统行为链形成后，企业创新系统范式也逐渐上升到中观层次的区域创新系统范式、产业创新系统范式，以及宏观层次的国家创新系统范式，从而形成创新系统论。

随着技术创新理论和管理实践的进一步发展，系统论和复杂网络科学赋予"创新"以新的内涵，创新理论研究已不再局限于熊彼特理论的传统线性模式，创新系统范式越来越受到专家学者的认可和重视，并开始对创新"系统范式"进行理论和实践上的探讨论证，"线性模式"向"系统范式"或"系统观"的转变已成为学术界的共识，标志着创新系统理论的成熟与发展。依据创新系统的演化过程，创新系统模式依次经历了一个从宏观到微观，微观到中观，最后至一体化的过程。

关于创新系统模式的渊源，最早可以追溯到新经济地理学派的产业集群和工业区位理论；关于创新系统模式的发展和延伸，是区域和产业创新系统；关于创新系统模式的最新进展，是复杂网络和小世界模型（李永周和刘日江，2011）。余伟等（2019）研究表明，过去30年以来，创新系统研究已经成为一个重要研究领域，尤其与学者和政策制定者日益相关。目前，创新系统研究领域已经变得日益庞大和复杂，众多学者对创新系统的区分、边界、功能、分类方法等一直以来存在着争议。

与创新系统研究相联系的理论研究是系统创新。通过考察创新系统与系统创新多方面概念的演化，以系统分析它们的差异与共性，尤其是厘清创新系统理论与系统创新理论之间的概念关系十分必要。

（4）系统创新理论研究

21世纪企业面临的新环境及其挑战使系统创新成为企业创新的新模式，这种模式具有重要的意义。它有利于强化企业的核心能力，使企业在内外市场具有竞争优势（强自源，2002）。系统创新是通过技术、组织、管理、机制和市场等各种创新要素的相互融合，提升整个创新系统的效率和效果，从而形成独特的创新能力和竞争优势（黄速建等，2010）。在创新对象方面，系统创新行为涉及多维创新。从一个传统社会技术系统转型到另一个可持续性的社会技术系统，不仅涉及新的产品技术，还要涉及新的市场、消费者实践、管制措施、基础设施，甚至包含了新文化内涵（Elzen et al.，2004）。陈劲和童亮（2008）认为，企业系统创新是一项创新的组织管理技术，是对组成系统的诸要素、要素之间的关系、系统结构、系统流程及系统与环境之间的关系进行动态地、全面地组织的过程，以促进系统整体功能不断升级优化。在宏观决策方面，系统创新是一个跨领域的政策方法，是由技术、市场机制、管制措施、社会创新等要素间互动或互助构建的"社会—技术系统"（OECD，2015）。其核心是系统转型的动力机制及动力机制的进化，是运用系统方法实现从旧的社会技术系统转型为新的社会技术系统，特别是转向可持续发展的、环境友好的社会技术系统（Geels，2005）。Wieczore和Hekkert，2012）研究了解决系统性创新问题的系统性政策工具，认为"系统性政策工具作为一种以可持续性为导向的技术创新手段，越来越受到创新学者的关注。这些工具之所以被称为系统性政策工具，是因为它们将改善整个创新系统的功能"。在理论体系方面，系统创新也是将多元创新主体和多维创新要素统一到同一体系的一种新型创新系统，是将多层次、多元化、多维度的创新主体、创新要素和功能及创新资源等集成到相互关联的、统一和协调的系统之中，引导创新向着有利于系统配置、资源整合，以及经济、社会、科技系统之间的协调发展（隋映辉，2008）。系统创新是创新理论的一种新范式，反映了多元创新主体、多维创新对象、多层次创新系统的动态演化，在创新的进化模式、进化路径、进化动力、进化关联等问题上建立系统完整的理论（胡卫，2017）。邹同品等（2009）以中华老字号企业集团为例强调了系统创新的重要性，认为系统创新是企业发展的主题，更是企业核心竞争力的基本要素。隋映辉和于喜展（2015）以中国轨道制造的系统创新为例研究创新能力、创新类型与企业绩效的关系，认为轨道制造是中国改革开放以来通过系统创新，实现产业转型与战略重组的成功典范；主要体现在通过技术引进、吸收消化和再创新，整合重组多方面的创新资源，探索出了一套系统创新的独特模式。

1.2.2 有关创新行为与市场结构和经济绩效关系的研究

企业行为是指企业在一定市场结构条件下为实现理想的经济绩效而采取的策略性行为，包括定价行为、广告行为、兼并行为和创新行为等。市场结构是指企业在市场上的稳定联系方式，反映产业内企业之间的竞争与垄断关系。产业组织经济绩效是产业运行的最终经济效果，包括规模经济效率、资源配置效率、利润率水平和技术进步状况。企业行为、市场结构与经济绩效的关系是产业组织理论研究的核心问题。正是对这一核心问题研究提出各种不同的学术观点，形成了产业组织理论的诸多学派，如哈佛学派、芝加哥学派、新奥地利学派和可竞争市场理论等（赵玉林和汪芳，2020）。市场行为与结构和绩效的学派之争，实际上是受没有 IT 与 ICT 及 AI 技术加持评价的新方法时代局限性影响的研究方法之争。它以"市场结构理论始终面临着经验性分析与理论分析之间难以沟通的缺陷"而展现。齐兰（1998）对哈佛学派、芝加哥学派和新产业组织学派的产业组织理论作了概要简评，归纳了学者们对主流学派市场结构决定论的批判。孙天法（2002）认为，"市场结构范式是整个经济学构筑要件与基础，所以建设市场结构范式是经济学的当务之急"，试图通过一系列的反垄断把垄断改造成市场结构模式。

（1）创新行为与市场结构的相互关系

市场结构影响创新行为的成果较为丰富，创新行为影响市场结构的研究相对薄弱。在市场结构影响创新行为的研究方面，李伟（2009）认为，大规模企业具有垄断势力的市场结构是否有利于技术创新，是一个长期受到关注的问题。他还借鉴前人研究的基本思路，提出一个在产业演进动态过程中把握技术创新与市场结构互动关系的分析框架，分析了中国作为后发转型国家的技术创新与市场结构互动机制及四个阶段的变化过程，进而对熊彼特假说在中国产业发展中的具体含义做出新的解释，并分析了相关的政策含义。Huang 和 Ji（2019）建立了具有市场结构的产业研发增长模型，评估了产业基本面对全要素生产率增长和研发强度跨行业差异的影响。在这个模型中的内生，市场结构允许公司的市场规模对进入和退出做出反应。他们的研究发现，一个研发生产力或可分配性相对较高的行业在转型期间表现出内部创新增长和研发强度"相对"较低现象。此外，通过实施非对称和对称政策规则来检验研发补贴与专利宽度政策对行业差异的影响，发现只有非对称的研发补贴对全要素生产率增长和研发强度差异有影响。Montegu 等（2019）研究了竞争对智利企业创新投入和创新产出的影响，通过调查检验了在创新过程的不同阶段是否存在倒 U 型关系；使用的样本涵盖了 1347 家公司，分别对第四次智利纵向企业调查和第十次智利创新调查作出回应。他们的研究结果表明，"竞争以及研发和创新的强度是由倒 U 型曲线联系在一起的。竞争对创新产出和劳动生产率的影响相当模糊。因此，市场结构将影响企业的创新激励，但不一定影响其创新绩效"。Sabri 等（2020）研究了合作竞争类型（上游/下游）、市场结构（集中/竞争）和创新（低创新程度与高创新程度）对消费者感知新产品价格（不）公平性的关键作用。他们的研究考察了三个涉及不同参与者群体及产品类别的受试者间实验，以测试研究假设，研究发现，"合作竞争类型（上游/下游）对价格公平性的影响程度取决于市场结构和与新产品发售相关的创新程度。在竞争激烈且分散的市场中，下游（而非上游）的合作竞争对价格公平性的看法比在竞争激烈且分散的市场中更为不利。然而，在竞争激烈的市场中，当新产品发售具有高度创新性时，下游合作可能比上游合作带来更大的价格公平性"。孙林杰等（2019）基于SCP范式，通过构建包含外溢效应的CDM模型，以我国电子信息行业部分上市公司作为研究对象，实证研究创新投入、创新产出、环境政策及产业内效应对企业创新绩效的影响机制，并总结出提升我国电子信息企业创新绩效的观点和建议。

康志勇（2012）使用2001～2007年中国制造业企业微观数据，系统考察了企业自主创新行为对本土市场结构的影响，研究发现，"无论从创新投入还是创新产出来看，总体上本土企业自主创新活动中存在本土市场效应"。他认为，"研究本土市场效应对于中国企业创新活动的影响机制，对于处于经济转型期的中国而言可能更为重要"。遗憾的是，创新行为影响市场结构的研究成果屈指可数。在创新行为影响市场结构的研究方面，胡川（2006）构建了工艺流程创新博弈模型，分析了工艺流程创新对市场结构的影响。周任重（2013）研究了市场结构与企业创新的相互关系，总结了企业创新对市场结构演变影响的文献观点，对市场结构和企业创新关系研究作了简要评论；关于市场结构对企业创新的影响，他指出，在产业组织领域，主要是沿用SCP模式对企业的创新行为进行分析；关于企业创新对市场结构的影响，他指出，大多数学者在研究市场结构对企业创新行为影响的静态研究中，通常把市场结构假设为不受企业技术创新影响的外生变量。实际上，行业内企业的创新行为对市场结构的演变有重要的影响，主要体现为领导型企业创新时对市场结构的影响，以及不同产业阶段企业创新的影响。他认为，从长期趋势来看，市场竞争和"创造性破坏"导致产业市场结构的竞争将最终形成由寡头垄断企业支配的市场结构。

（2）企业创新行为与市场绩效的关系

Zeng（2020）构建了创新组合对市场结构及市场绩效的影响研究模型，认为市场结构是受企业技术创新影响的外生变量，行业内企业的创新行为对市场结构的演变有重要的影响。Osman和Sinem（2020）认为，创新绩效是任何公司竞争优势的潜在来源，一个有能力的市场部（MD）能为所提供的新产品和服务的市场成功作出重大贡献。因此，了解市场营销的创新相关能力在创新过程中的影响是实现公司更具创新性和竞争力的重要研究领域。他们还考察了相关管理层决策能力、市场营销对创新发展的决策影响与公司创新绩效之间的关系，研究结果表明，管理层的能力与企业的创新绩效密切相关。他们的研究结果亦显示，"市场推广能力与部门对创新发展的影响有正面关系。然而，部门对创新决策的影响并不影响公司的创新绩效。"Zeng（2020）认为，政策制定者战略性导向下的整合式创新政策，优化了市场结构与市场绩效；明确了垄断、寡头、垄断竞争的正相关效应边界，建立了创新行为的市场效应理论，并用构建的数理模型，进行仿真实验与实证分析，得出了一般性结论。淮建军和刘新梅（2007）认为，由于管制和市场都具有政治、经济、文化等综合属性，两者始终密切联系。政府管制会直接影响市场结构和市场绩效，也会通过不同市场主体的策略性行为，以及产权等因素间接影响市场结构和市场绩效。

（3）企业创新行为与市场结构和经济绩效的关系

胡志刚（2011）对市场结构理论分析模式演进的研究，展望了市场结构理论未来的发展趋势，认为从方法论创新上，博弈论将研究重点转向了企业策略性行为；从范畴拓展上，品牌经济学将开创对消费者行为研究的新领域；而市场结构理论始终面临着经验性分析与理论分析之间难以沟通的缺陷"。他对方法论创新、理论范畴拓展与分析模式演进的关系进行比较分析；最后对市场结构理论的未来研究进行了展望。他对分析模式演进的结论：方法论的创新与理论范畴的扩展都是分析模式演进的重要动因，而经济学理论的根本性变革往往是由分析模式演进而引发的。他还就方法论创新、理论范畴拓展与市场结构理论分析模式演进的关系进行了简要归纳（表1-3）。

表1-3 分析模式演进的动因

类别		模式演进		
约束条件		SCP模式	行为主义模式	新制度主义
		结果理性	理性预期	过程理性
动因	方法论	计量分析	博弈论	
	理论范畴			交易成本、产权

注：空白部分表明随着分析模式的演进，空白处可增加相关的理论研究成果
资料来源：胡志刚，2011

丁梅（2012）对结构与行为决定论的旷世之争作了研究，认为"市场结构决定论与行为决定论的争论还将继续下去，是一个没有定论的定论。这种争论主要缘于经济实践的变化，随着各国经济实践推演和变化，某一时期或市场结构占据主导，或者市场行为凸显出来，或者两者交织在一起日趋复杂。但是有一点可以肯定，每一次理论的争论都预示着经济政策的重大调整，这种调整深刻地影响着每一个人的生活"。

（4）创新行为的动因

孙从军和晁蓉（2008）分析了产业集群技术创新的动因，运用系统分析法从产业集群内企业间的竞争与合作、有效的集体学习机制、创新文化价值观的激励等六个方面的行为对促进产业集群技术创新的内在张力和外部推力两大动因进行

初步探讨，强调技术创新行为的主体要素、功能要素及环境要素的共同作用对产业集群发展的重要性，以引导企业更好、更快地成长。他们认为，产业集群技术创新是企业融入世界经济循环、不断提高国际竞争力的重要途径。刘兰剑和李瑞婷（2019）依据2006~2015年中国ICT产业数据，实证分析了企业内部创新与外源创新谁更有效的问题。研究表明，企业内部创新是ICT产业最重要的创新动力，企业内部研发经费支出显著性水平高于新产品开发经费支出，但前者对经济绩效的影响程度小于后者；外源创新总体绩效不佳，多种创新模式正向协同效应未充分发挥。

产业创新是对原有的与过时的产业结构的创造性破坏与扬弃，它实质上是产业突变与系统创新综合性影响的重组过程，更重要的动因是制度因素的保障性。现期的产业突变与系统创新的重组动力来自何处呢？抽象地说，现期产业突变与系统创新的重组动力，来自于现期的产业内部或产业之间结构严重地不适应我国内外循环发展的需求结构、技术水平的价值彰显、资源耗损率结构偏高的综合压力及世界经济发展的演进趋势。具体地说，现期产业突变与系统创新的重组动力，来自于国家实施的创新驱动发展战略和经济转型发展战略背景下，因"政策制定者战略性导向下的系统创新优化的扶持政策"所形成的利益驱动系统中；同时也来源于产业系统创新的基础主体（创新型企业）、主导主体（科技型企业）、核心主体（创新系统型企业）企业集群的发展的需求，技术创新的价值诱惑，企业家创新精神的价值追求，产业内企业集群的竞争压力，等等。正是这些动力相互作用，激励诱发并推动了不同产业系统创新行为的加速演进，在一些成熟产业形成具有复杂适应系统机能的，且参差多态的产业系统创新行为模式（曾悟声，2023）。

《中华人民共和国科学技术进步法》明确规定：国家建立以企业为主体，以市场为导向，企业同科学技术研究开发机构、高等学校紧密合作的技术创新体系，引导和扶持企业技术创新活动，支持企业牵头国家科技攻关任务，发挥企业在技术创新中的主体作用，推动企业成为技术创新决策、科研投入、组织科研和成果转化的主体，促进各类创新要素向企业集聚，提高企业技术创新能力。国家培育有影响力和竞争力的科技领军企业，充分发挥科技领军企业的创新带动作用。因此，坚持高质量发展，坚持以经济建设为中心，坚持并深化系统观，宏观政策要稳健有效，微观政策要持续激发市场主体活力，结构政策要着力于畅通国民经济循环，科技政策要扎实落地，都是企业创新发展的保障与动力。市场在资源配置中发挥决定性作用，必须得到更充分的强调与政策的保障。产教深度融合构建区域产教联合体，是市场保有活力，经济持续增长的根本保证（曾悟声，2023）。

1.2.3 从 CAS 理论和仿真视角对创新行为的研究

系统创新行为模式的研究尚在探索中。已有的企业创新系统理论和系统创新理论、产业创新系统理论、区域创新系统理论、国家创新系统理论，为系统创新行为模式及其对市场结构和经济绩效的影响效应及作用机制的研究奠定了理论基础。复杂适应系统（CAS）理论方法与 IT 和 AI 仿真技术的发展和应用，为系统创新行为模式及其对市场结构和经济绩效的影响效应和作用机制的仿真实验研究提供了可能。

（1）从复杂适应系统理论视角对创新行为的研究

从复杂适应系统（CAS）理论视角对创新系统行为模式的研究方法，做归纳性研究正是希望能通过追溯不同创新系统多方面概念的演化，以点成线分析它们的差异与共性，为仍在艰难进行中的系统创新的普适性理论体系形成作探索性的努力。

从 CAS 理论视角对产业创新系统行为模式进行研究，是近十年来的一个新方向。张琼瑜和李武武（2012）基于 CAS 理论研究了产业集群协同创新动力机制，从产业集群协同创新动力机制的内涵入手，运用复杂适应系统 CAS 理论对产业集群创新活动进行特征分析，基于 CAS 理论的"刺激—反应"模型构建了集群协同创新的动力机制，认为创新是产业集群竞争优势的重要来源，并从动力因素的角度及企业、集群和政府三个层面对促进产业集群创新提出了改进策略。卜凡彪和薛惠锋（2014）将协同创新系统视为一个复杂适应系统，应用复杂适应系统理论对该系统进行研究，在对系统的结构、复杂适应性进行分析的基础上，提出了该复杂系统协调发展目标的概念模型及实现途径，以期为协同创新研究提供一种新的理论研究视角。刘和东（2016）运用复合系统协同度模型，对高新技术产业创新系统进行结构解析；收集 2000～2013 年我国大中型企业的相关数据，对我国高新技术产业创新系统协同度及子系统的有序度进行准确测度，并对实证结果进行分析。研究发现，高新技术产业明显不协调，在此基础上，提出提升我国高新技术产业创新系统协同度的针对性建议。

（2）从仿真实验视角对创新行为的研究

袁旭梅等（2018）根据高新技术产业在国民经济发展中的重要性，基于协同学理论，建立了高新技术产业协同创新系统的创新实体和创新环境子系统，确定了高新技术产业协同创新系统的影响因素，给出了高新技术产业协同创新系统因果关系和系统流图，在此基础上，构建了高新技术产业协同创新系统仿真模型，设计了五种动态仿真实验方案，并依据近 8 年京津冀地区高新技术产业的相关统计数据，运用 Vensim 软件进行了仿真，根据仿真结果，提出了提高高新技术产业协同创新能力的对策。邵必林等（2018）从驱动力、资源供给、合作模式三个维度，研究 AI 产业技术创新系统运行机制。研究表明，产业技术创新系统具有自组织性和共生性特征；AI 产业包括硬件、系统和应用三个技术创新子系统，子系统之间既有技术关联又存在较大发展差异；AI 技术创新存在底层关键技术创新能力不足、创新资源供给障碍和技术创新合作思路不明等现实问题。在机制研究基础上，基于共生理论提出人工智能产业可持续发展优化对策，构建了基于 AI 的 AI 产业技术创新系统基本框架与运行机制仿真模拟框架。高伟等（2018）对产业创新系统结构作了概念界定，认为产业创新系统结构是指产业内企业、政府及科研机构等主体在空间方面的组合形式，或系统运行过程中各要素相互作用的方式和顺序；并将产业创新系统分为无标度网络的集中结构和随机网络的分散结构两种，并进行了仿真模拟展示。高德步和王庆（2020）利用产业创新系统理论，探究我国高速铁路产业成功实现技术引进并高质量完成技术赶超这一现象背后的原因，构建了"知识—技术行为主体—网络制度"三维度分析框架。

这些研究从 CAS 理论和仿真实验视角对创新系统和系统创新行为的研究方法作考察对象，既为特定产业创新系统的模式框架奠定了要素与构成基础，又显示了作为市场创新主体系统存在的产业才是系统创新行为的强主体；但也显现了企业系统创新行为模式、产业创新系统模式的研究尚在探索中，迄今为止，尚未检索到较系统的系统创新行为的研究成果。因此，系统创新行为模式的仿真实验研究和实证研究仍存很大的探索空间。

1.2.4 文献评述

文献评述以期能总结出紧密围绕本书研究主题的相关文献成果、重要的观点和结论及方法以供本书研究借鉴，依据存在的问题、分歧、争论，明确本书拟解决的问题是否有进一步开展研究的空间，以便作深入研究。本部分将分三个方面对相关研究成果和重要观点进行总结概括，并与后续研究相联系，简要说明后续会运用这些重要的观点、结论及方法研究什么问题。

首先，在制度因素保障下，才能形成产业创新主体的"行为—思维—结果"三者之间关联系统，以促进系统创新整体功能不断升级优化，规范经济互动系统模式，形成内在的价值观共识。

从有关企业创新行为的文献归纳分析可见，已有研究主要从技术创新行为的适用性、过程、知识、条件、领导力等维度对创新行为模式进行了理论分析，其立足点是技术创新。而从系统理论角度看，这些研究成果针对性较强，但适应性较窄。已有关于企业创新系统和企业系统创新的研究，都只是涉及企业异质性与创新行为关系的某个方面，尚未将企业或产业系统创新行为的"相似性""异质性""共性效应"等要素聚合为一个系统创新行为的系统理论。本书在系统理论框架下构建了一个相对完整的系统创新行为范式分析体系，将系统创新行为作为一个整体变量的复杂适应系统，剖析其内在机理，进而深入系统地分析系统创新行为范式对产业市场结构和经济绩效的影响，以促进系统创新整体功能不断升级优化，规范经济互动系统模式及其价值观共识，构成系统创新的 CSP 模式分析框架。

企业系统创新模式研究的众学者中，最具代表性、系统性的观点认为，企业系统创新是一项创新的组织管理技术，是对组成系统的诸要素、要素之间的关系、系统结构、系统流程及系统与环境之间的关系进行动态的、全面地组织的过程，以促进系统整体功能不断升级优化。显然，该观点是一种"行为—思维—结果"三者之间关联系。系统创新，是借用计算机网络系统概念对创新发展演变及其过程模式的解释，是功能互动、网络对接、界面集成等多种系统创新方式，其实现的关键在于解决系统之间的互动关联和协调发展。其内涵与要素由知识创新、制度创新、政策创新、管理创新、科技创新、服务创新等一系列活动构成。互动机理决定创新的系统演进，创新要素的变化是产业转型与市场竞争的要求。系统性政策工具作为一种刺激技术创新手段，越来越受这些研究果为本书的研究提供了有益的借鉴与启示。

有关企业创新行为中异质性的研究，大体可归结为三条线：一是从企业规模异质性视角探讨异质性与创新行为的关系；二是从开放度异质性视角，构建理论模型研究其异质性对企业创新经营行为的影响；三是从市场规模、生产效率、企业利润、地理距离、企业家精神、人力资本等多角度异质性视角，探讨异质性与创新行为的关系。

创新系统和系统创新，虽然都是从系统论视角研究创新行为，但并未形成两者间关系公认的概念界定。本书研究了系统创新行为的概念，尤其是整合了创新的系统观。社会环境是多维度变化的，新事物的适应性演化也是多维度的复杂适应过程，并受到相关主体之间及内外环境的互相作用的影响。所谓演化的方向是在局部演化过程中，在适宜的相对稳定环境选择压力下，作为创新主体的人在某个维度性状态变化的适应性演化，以及由此发生的多样性、异质性、共性，蜕变、嬗变演化把不可能变成可能，是非常不容易的事情。这也是本书研究人的创新行为能力和推崇企业家精神的重要原因，企业家做的事就是把不可能变成可能。这需要正确的理念和强领导力，即见识、信仰、魄力、能力、情怀。显然，在一个环境中更为适应的企业类群（传统产业与新兴产业），未必在其他环境中适应。所以，演化过程的方向性，只体现在空间和时间的局部。这也是系统创新只是在传统产业，因环境选择压力下，应新事物的适应性而演化，也是多维度的复杂适应过程。从对上述学者们的研究，在梳理观点和重要结论及分歧的基础上，可以认为：随着系统创新行为的演变，从企业系统创新行为视角到产业（区域产教联合体）系统创新行为视角至国家系统创新行为视角，更注重创新对象、创新主体如何创新，注重合作创新，强调对技术、管理、制度、文化、环境等"相似性"创新、合作创新、异质性创新、共性效应创新，再递进到产业发展、产业政策、产业环境等进行系统创新，即从熊彼特"组合创新"及德鲁克式"创新"、相似性创新、异质性创新、共性效应创新，演变至整合式创新，形成系统创新的概念、内涵与要素及运行机理。因此，构建系统创新行为范式是可行的。

在对关于系统创新与创新系统之间概念区别的代表性重要观点进行概括总结的基础上，通过对系统创新与发展、创新系统多方面概念的演化追溯，分析它们的差异与共性，尤其是厘清系统创新理论与创新系统理论之间的联系与区别。可以看到，其联系在于两种理论都强调创新的过程，区别在于研究的视角不同，即系统创新论与创新系统论视角之别。系统创新理论更注重关联演变过程；创新系统理论既有过程也注重在理论指导下的结果；而且前者的系统性研究较少，后者的研究较多，也存在两者概念的不分问题。从创新的演变来看，不少学者认为，系统创新是比创新系统更高阶段的系统研究。理论研究已表明，在理论体系方面，系统创新是将多元创新主体和多维创新要素统一到同一体系的一种新型创新系统，是创新理论的一种新范式。因此，构建微观、中观、宏观的系统创新理论框架是有十分重要理论意义的。而理论指导下的现实探索研究表明，并在演变的实践中获得理论与实证一体的有共识的、普适性的、核心价值的三个层次系统创新行为理论模式研究仍有很大空间。

从有关企业创新行为与企业创新系统范式相关研究来看，已有研究成果主要涉及企业创新行为与企业创新系统对产业集中度、市场结构、企业规模与企业创新投入、研发投入、人力资本投入、企业异质性、企业加成率、企业协同创新等的影响，企业创新行为影响经济绩效与市场效应的研究观点依然存在分歧，且研究结论都是定性的，没有涉及并解决"系统创新行为对市场结构与市场绩效影响的定量研判问题"。真正基于系统创新行为的演化过程和条件，深入到一个成熟的有代表性产业，作系统创新行为范式探索和可作为成熟产业系统创新核心作用的企业系统创新范式，以创新系统型企业的系统创新行为实践考察为支撑，而形成一个作为成熟产业系统创新行为范式的研究仍是空白；研究系统创新行为对市场结构和市场绩效的影响，并用仿真模拟作定性、定量分析的研究仍是空白。

其次，企业行为与市场结构和经济绩效关系的研究长期存在学派之争，其局限性因信息技术的加持可明确化。

始于20世纪50年代哈佛学派的结构主义理论，强调市场结构的决定作用，按照"结构—行为—绩效"（SCP）路线的理论分析框架，形成强硬的反垄断政策主张。这一理论分析框架和政策主张遭到芝加哥学派的猛烈抨击。市场结构理论始终面临着经验性分析与理论分析之间难以沟通的缺陷，行为主义学派则更强调企业行为的决定作用，反对政府的任何干预。关于创新的市场影响研究也存在三种不同的学术观点和技术路线：一是结构—行为—绩效；二是行为—结构—绩效；三是行为—绩效—结构。结构决定论（SCP）与行为决定论 CSP）的旷世之争，以及最新动态的行为与绩效决定论（CPS）相互借鉴，逐渐倾向于企业行为、市场结构与经济绩效三者相互作用。这为本书主张的行为与结构和绩效关联互动奠定了理论基础，在此基础上构建企业创新行为—市场结构—经济绩效（CSP）模式分析框架。

产业组织理论的现代方法，表现为新分析工具的应用和非主流经济学派对研究范畴的扩展，使得市场结构和绩效衡量的理论分析模式兼具了规范性和实证性的特征。尤其是，由于博弈论作为方法论的引入，使得人们可以从理论模型上对企业创新行为的分析更为精致、深入，从而最终突破了结构主义经验性的分析模式。本研究属于用新的分析工具和作为非主流经济学派赞同者对市场结构和市场绩效衡量理论研究范畴的扩展。

企业创新行为—市场结构—经济绩效（CSP）模式研究仍存在有三个方面的研究局限：一是市场结构与企业创新行为的相互动态演进关系有待进一步研究，尤其忽视了大量实证研究表明的产业系统创新会影响市场结构，而市场结构是内生于产业内企业（特别是作为创新型企业、科技型企业）创新行为、创新系统型企业的系统创新行为的事实；二是对不同产业创新的（相似性、异质性、共性效应）系统特征变量研究尚缺乏足够的重视；三是各产业创新的企业集群网络，纵向、横向关联的创新企业之间的创新及相互影响研究有待加强。通过分析比较，可以看出学者们在"结构与行为还是行为与结构决定论"及行为与绩效决定论的异同上研究结论和观点难趋于一致，分歧仍见。一些学者，尤其在有关系统创新行为对市场结构和市场绩效的影响研究方面与传统的结构—行为—绩效（SCP）理论框架，虽有观点分歧，结论有异，但都没有利用信息工程的理论工具作深入的分析比较和理论构建与实证分析验证。对这一问题的价值和研究困难还存在不少的争议，更难的是很少有学者能借助IT与ICT及AI技术加持开展深入的跨学科研究。

为此，本书利用IT与ICT及AI技术开展深入的跨学科研究，在系统分析三种决定论的差异与共性的基础上,通过厘清系统创新行为对市场影响(效应和绩效)的多方面概念与内涵及运行机理的演化,完成系统创新行为的市场影响仿真系统构建。主要体现在将同时研究两个重要的问题,即从两类创新主体的企业创新行为的影响中概括出两大主题:一个主题是试图发展有关创新过程本身的理论——研究企业是怎样创新的,以及企业是怎样为有关的问题找到一个合理的解释;另一个主题是研究企业的创新是如何影响产业结构的发展和变化,以及是如何影响整个经济的表现的,这也是本书的研究目的。本书采用新产业组织理论观点,按照非主流产业组织理论框架C↔S↔P,做到使分析框架不再是单向和静态的,从产业组织研究中的结构主义转向厂商主义,并在产业组织研究中引入博弈论,使企业行为的分析更为丰富。在理论上吸取现代微观经济学的新进展,修正传统的新古典假定,采用芝加哥学派、新制度学派、新奥地利学派的理论观点,并通过IT与ICT及AI仿真技术手段实证验证,用大数据获取的途径及准确的研判,用实证分析陈述行为与结构和绩效三者交织在一起日趋复杂的双向关联互动系统效应,为旷世之争的主要观点和争论画个圆,为学派观点有机融合,形成行为与结构和绩效三者交织在一起日趋复杂的双向互动系统效应分析框架。用现代信息技术(IT与ICT及AI)构建的C↔S↔P三者双向互动关联系统理论分析模式兼具规范性和实证性的特征,其具备仿真系统功能的CSP研判理论,也是本书研究的目标。

最后,CAS理论和仿真实验为产业创新系统、系统创新行为研究提供了有效的方法论和实现技术。

近十年来的最新研究进展是从复杂适应系统(CAS)理论视角并利用IT与ICT及AI技术对企业创新行为、产业创新系统理论模式进行研究。学者们研究的代表性观点和结论主要有:从驱动力、资源供给、合作模式三个维度,研究AI产业技术创新系统运行机制;运用复合系统协同度模型,对高新技术产业创新系统进行结构解析;根据高新技术产业在国民经济发展中的重要性,基于协同学理论,建立高新技术产业协同创新系统的创新实体和创新环境子系统,确定高新技术产业协同创新系统的影响因素,给出高新技术产业协同创新系统因果关系和系统流图;对产业创新系统结构作概念界定。我们认为产业创新系统结构是指产业内企业、政府及科研机构等主体在空间方面的组合创新形式。在前人研究的基础上,利用产业创新系统理论探究中国高铁产业成功实现技术引进并高质量完成技术赶超这一现象背后的原因,并构建"知识和技术—行为主体和网络—制度"三维度的分析框架。

对于产业创新的动因,目前研究还不深入不系统。就产业创新的动因而言,先期产业突变与系统创新的重组动力,来自于国家实施的创新驱动发展战略和经济转型发展战略背景下，因"政策制定者战略性导向下的系统创新优化的扶持政策"所形成的利益驱动。同时也来源于产业创新的基础（创新型企业、主导科技型企业）、核心（创新系统型）企业发展的需求、系统创新的价值诱惑、企业家创新精神的价值追求、产业内企业集群的竞争压力等，正是这些动力相互作用的激励机制诱发并推动了不同产业系统创新行为的形成，演进成既有相似性特征及其效应、异质性重要特征变量及其共性效应，且参差多态的产业系统创新行为范式的形成。

这些最新研究都运用了复杂适应系统（CAS）理论，但是这些研究的针对性较强，实用性较弱，理论无普适性，依产业不同而自成框架，内涵不足，并且还是在马勒尔巴的总体理论框架下进行的。通过分析比较可以看出，学者们在创新系统方面的研究较多，而涉及系统创新模式层次的研究较少。因研究视觉、对象的不同，相应结论参差多态，观点也不尽一致，各有所长。本书将基于 CAS 理论的运行机理和仿真实验视角，研究系统创新行为范式及其运行机理，形成一个系统创新的 CSP 模式及其对市场结构和经济绩效影响的仿真模拟实验体系。

仿真模拟在经济学研究中已得到较多应用，并形成实验经济学新分支，但将其运用于系统创新行为对市场结构和市场绩效影响的研究尚未发现。

"系统仿真理论工具"是近十多年来逐渐形成的一个相对独立的新的学科领域。同其他学科一样，系统仿真作为一个学科也应该有它的基础理论。关于什么是系统仿真学科的基础理论，观点不尽一致。目前，比较统一的观点是仿真理论是在已经建立的系统模型雏形的基础上，对系统模型进行测试和计算，并根据测试和计算结果，反过来对系统模型进行研究改进，直至得到满意的模型为止。利用复杂性科学、模拟仿真、系统工程等相关领域理论工具，深入研究技术系统或产业创新系统的演化规律和运行机制是创新系统范式研究的发展趋势。已有系统仿真构建相关理论与实证研究，为本书研究提供了十分重要的系统仿真测试和计算手段借鉴。在对高新技术产业在国民经济发展中的重要性研究基础上，构建了高新技术产业协同创新系统仿真模型；构建了基于 AI 的产业技术创新系统及其运行机制仿真模拟框架；在对产业创新系统结构作研究的基础上，将产业创新系统分为无标度网络的集中结构和随机网络的分散结构两种仿真模拟展示。这些研究成果为本书的研究提供了重要的方法启示和技术支撑。

本书研究的重点是形成一个系统创新的 CSP 模式及其市场影响的仿真模拟实验体系。前人的相关研究既没有结合系统创新行为范式和基于系统创新实践的自适应创新系统型企业的普适性，也没有用 IT 与 ICT 及 AI 技术，用系统创新行为对市场结构和经济绩效影响作仿真研判的理论与实践范本。本书利用软件工程的知识，从复杂适应系统理论的复杂网络视角对系统创新行为进行研究，运用抽象的数学语言和数学模型精确描述出创新网络的复杂结构，以社会系统网络视角并通过 IT 与 ICT 及 AI 仿真技术手段实证验证，用实证分析陈述行为与结构和绩效三者间双向关联互动系统影响，进行定性、定量算法分析，把握其发展的重要节点与脉络，进而推广到系统创新的其他方面。本书为研究中国产业发展中的系统创新行为与市场结构和市场绩效三者间的双向关联关系提供了新的理论与实证一体化思路及新的方法论。

  本书建立一种基于较大样本实证的系统创新行为范式，及其运行机理的普适性理论框架，和简明实用的系统创新行为对市场影响的仿真运行研判系统，为现实的决策提供一个直观和具体的参考。本书所构建的系统创新行为评价指标体系研判软件的功能分为：定性分析与定量分析两套系统数据库。定性分析数据库，可用系统创新行为能力评价指标体系的表述性指标对创新行为效应作评价。创新效应的体现形式是图、表、效应的重要节点、发展趋势等。定量分析数据库，可用系统创新行为能力评价指标体系的量化性指标，尤其是本研究所做的创新行为对市场结构与绩效三者间的双向关联互动影响的定量分析绩效研判博弈数理模型，对创新行为绩效作评价。创新绩效的体现形式是数理图、表、绩效的重要节点数据等。本书的进一步研究可为经济信息处理仿真系统软件的综合评价方法提供需求分析与设计（算法）的丰富素材，有利于提高经济信息评价的科学性、准确性和完整性，为产业创新状态的评价工作提供新的实用技术手段。这种"复杂适应创新系统型企业及其运行机理框架""系统创新行为模式及其运行机理框架"及"系统创新 CSP 仿真研判系统"，可为现实的决策提供一个直观和具体的参考，对我国现代产业组织及产业运行具有指导性的理论意义和现实意义。

1.3 拟解决的关键问题和研究方法

1.3.1 拟解决的关键问题

  第一，科学界定产业创新系统、系统创新行为等核心概念，探索产业创新系统、系统创新行为模式演化的规律和运行机理。用规范分析与实证分析一体化方法客观研判系统创新行为所致的产出和绩效，即产业内企业的市场地位和市场效果，可据此提出改善产业创新系统的措施和建议。建立一种基于较大样本实证的普适性理论体系和简明实用的系统创新行为的市场影响仿真运行研判系统，即系统创新行为模式构成及其运行机理，以及系统创新行为对市场结构和市场绩效影响的仿真运行研判系统，为现实的决策提供一个直观和具体的参考。

第二，构建 CSP 研判仿真博弈数学模型，研发 CSP 仿真实验系统。通过系统创新行为引起寡头博弈研判模型的价格要素与边际成本变化来定量论证系统创新行为对市场结构和市场绩效三者双向互动关联系统影响，完成 CSP 三者双向互动关联影响理论构建；根据因创新行为而致使市场结构趋于合理市场绩效提升的假设论证后，对传统理论认为"垄断、寡头、垄断竞争，这些有市场势力的企业会使市场结果无效率"结论作学理性修正；界定垄断、寡头、垄断竞争，以及企业市场势力正相关的边界，找到产业内的创新系统型企业创新博弈数的最佳值。

第三，建立系统创新行为能力模式识别评价体系与产业中的市场地位和市场效果评价指标博弈研判数理模型，设计开发评价研判仿真运行系统软件，对企业创新行为模式的经济绩效进行实证分析评价。用 IT 与 ICT 及 AI 仿真技术和数据库技术来表示、存储、处理、输出和查询，为教学、科研、产业及经济方面的决策人员和管理人员提供一个简明实用的"行为↔结构↔绩效"三者间双向互动关联系统影响的复杂关系辅助分析软件系统。

1.3.2 研究方法

在综述研究的基础上，运用创新的经济学理论、产业经济学的现代产业组织理论（现代产业组织创新与产业组织相互关系理论）、复杂适应系统论、博弈论等相关理论，以及复杂性科学、（IT 与 ICT 及 AI）仿真技术等相关领域工具跨学科进行集成，用规范分析与实证分析一体化方法疏通（理论分析与经验性分析之间难以沟通的）瓶颈，以磷化工产业为例，作系统创新的 CSP 模式与仿真实验研究。以期能反映磷化工产业系统创新行为与经济绩效的关联演化规律和运行机理；能用构建的系统创新的 CSP 模式理论分析框架与仿真实验研究的实证结论一体的系统方法，为各产业的系统创新行为影响，尤其是产业经济绩效研判提供研究范式，为现实的需求提供对策建议。

(1) 文献归纳综述法

由点到线，求同、求异，以期发现已有研究的不足与新观点、新结论。在最新研究发展前景评述的基础上，归集梳理出与本书研究相关的，不同的、趋同的争论，希望能通过追溯"结构与行为、还是行为与结构决定论及行为与绩效决定论"学派观点的异同。在系统分析三种决定论的差异与共性基础上，通过厘清系统创新行为对市场影响的多方面概念与内涵及运行机理的关联演化，为本书主张的行为↔结构↔绩效三者双向互动关联影响的观点，用兼具规范性和实证性特征的方法论形成"系统创新的 CSP 模式的市场影响理论"。

(2) 复杂适应系统理论方法

把复杂适应系统（CAS）理论方法在经济学中应用，构建和分析产业创新系统、创新型企业、企业系统创新行为模式，考察比较磷化工产业实际存在的典型的创新型企业和具有（领军）主导功能的科技型企业，加之已完成的创新系统型企业研究结论，从理论研究角度找出普通创新型企业与创新系统型企业创新的相似性、异质性、共性效应和关联，以及四要素聚合特征及其效应与运行机理。以规范分析与实证分析相结合，定性与定量分析相结合的方法对样本的相似性、异质性、共性效应和关联四要素聚合特征及其效应作考察比较，用作案例归因研究（用确凿、充分、典型的事例证明论点）。最后获得作为形成系统创新行为效应的基础与主导、核心的二类（普通创新型与创新系统型）企业创新主体及其相似性、异质性、共性效应和关联四要素聚合特征及运行机理，为拟完成的系统创新的 CSP 模式与仿真实验研究作铺垫。

(3) 比较分析方法

比较分析创新系统型企业与普通创新型企业的行为和绩效差异，研究磷化工产业系统创新行为与经济绩效的互动关联演化，以磷化工产业内的创新系统型企业 WF（集团）的创新实践考察为引理，研究其典范样本的相似性、异质性、共性效应和关联四要素聚合演变至系统创新行为特征及其运行机理，凸显磷化工产业系统创新行为与经济绩效的互动关联演化，以及动因、过程和条件与结果。以磷化工产业系统创新行为实践考察为基础，综合运用创新的经济学理论、现代产业组织理论（现代产业组织创新与产业组织相互关系理论）、复杂适应系统论、博弈论等相关理论，利用复杂性科学、IT 与 ICT 及 AI 仿真技术等相关领域工具跨学科进行集成，开展深入的跨学科研究，为本书进一步研究及博弈数学模型的构建奠定实践基础。

(4) 仿真系统实验方法

计算机仿真模拟实验是研究 CAS 的重要途径。因为，模拟实验研究能有效地弥补传统经济学研究数据不足的缺陷。运用 IT 与 ICT 及 AI 技术，构建系统创新的 CSP 模式影响仿真研判运行系统，建立输入、输出指标体系，对二类创新企业创新行为能力和 N 家企业创新行为作定性或定量实证分析，分析探讨（CSP）博弈数学模型研判的结果。运用系统创新行为对市场结构与市场绩效相互关系理论反映创新行为，用能引起市场结构↔市场绩效相互关系变化指标，和可以作为生产函数、市场需求函数、价格函数、利润函数输入与输出指标体系的指标，在理论研究和实证分析数据的基础上，梳理出有操作性的系统创新行为对市场结构和市场绩效影响仿真运行研判系统，并加以论证。

1.3.3 技术路线

本书按照问题提出→理论基础→机制分析→实证分析→结论与建议的思路展开，全书共 8 章（图 1-1）。第 1 章提出问题，第 2 章建立理论基础，第 3、第 4 章机制分析，第 5、第 6、第 7 章实证分析，第 8 章是结论与建议。

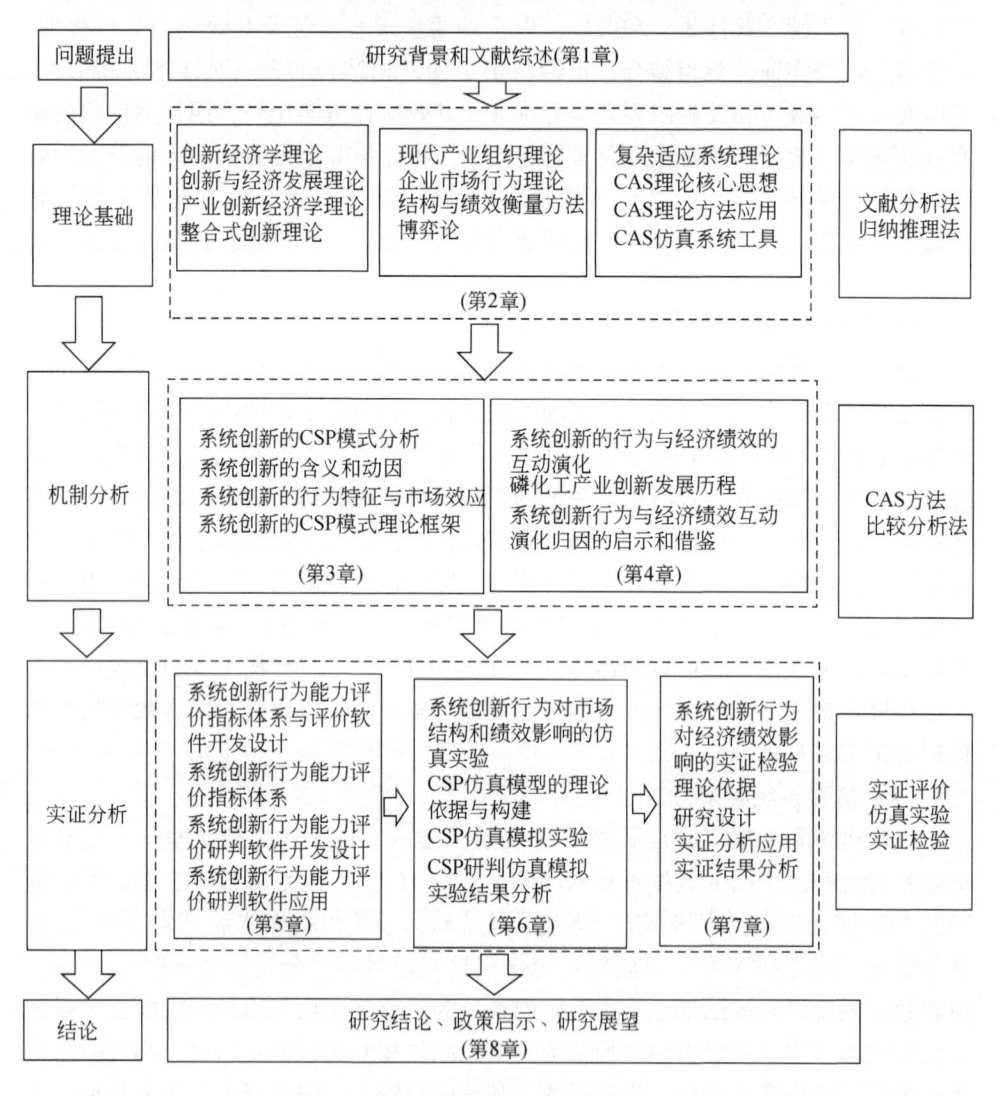

```
问题提出 ──► 研究背景和文献综述(第1章)

理论基础 ──► ┌─────────────────────────────────────────┐  文献分析法
              │ 创新经济学理论    现代产业组织理论   复杂适应系统理论 │  归纳推理法
              │ 创新与经济发展理论 企业市场行为理论   CAS理论核心思想  │
              │ 产业创新经济学理论 结构与绩效衡量方法 CAS理论方法应用  │
              │ 整合式创新理论   博弈论           CAS仿真系统工具  │
              │                    (第2章)                       │
              └─────────────────────────────────────────┘

机制分析 ──► ┌─────────────────────────────────────────┐  CAS方法
              │ 系统创新的CSP模式分析    系统创新的行为与经济绩效的 │  比较分析法
              │ 系统创新的含义和动因     互动演化                │
              │ 系统创新的行为特征与市场效应 磷化工产业创新发展历程  │
              │ 系统创新的CSP模式理论框架 系统创新行为与经济绩效互动 │
              │                       演化归因的启示和借鉴      │
              │      (第3章)              (第4章)              │
              └─────────────────────────────────────────┘

实证分析 ──► ┌─────────────────────────────────────────┐  实证评价
              │ 系统创新行为能力评  系统创新行为对市场  系统创新行为 │  仿真实验
              │ 价指标体系与评价软  结构和绩效影响的仿  对经济绩效影 │  实证检验
              │ 件开发设计         真实验              响的实证检验 │
              │ 系统创新行为能力评  CSP仿真模型的理论   理论依据    │
              │ 价指标体系         依据与构建          研究设计    │
              │ 系统创新行为能力评  CSP仿真模拟实验     实证分析应用│
              │ 价研判软件开发设计  CSP研判仿真模拟     实证结果分析│
              │ 系统创新行为能力评  实验结果分析                    │
              │ 价研判软件应用                                     │
              │      (第5章)          (第6章)          (第7章)    │
              └─────────────────────────────────────────┘

结论 ──► 研究结论、政策启示、研究展望
                        (第8章)
```

图 1-1 技术路线图

第 2 章　理 论 基 础

构建系统创新行为模式，研究系统创新行为对市场结构和经济绩效的影响机理，并进行仿真模拟实验，涉及创新经济学理论、现代产业组织理论、复杂适应系统理论和方法等。本章将对这些理论的相关概念、理论观点与思想方法进行梳理和阐述，为后续研究奠定理论基础，并提供方法论指导。

2.1　创新经济学理论

创新（Innovation）的经济学研究，主要是从使用稀缺资源配置效率角度考察创新的系统运行规律和战略选择。自美籍奥地利经济学家熊彼特在《经济发展理论》一书中首次提出创新概念并建立创新经济学理论后，创新在经济增长中的作用日益引起经济学界的关注。弗里曼的《产业创新经济学》建立了创新的宏观经济学和创新的微观经济学完整体系，被欧美许多大学选作本科生和研究生的教科书。20世纪90年代，技术创新的研究成果相继被引入中国，柳卸林于1993年出版了国内第一部《技术创新经济学》著作，国内学界对于技术创新的理论研究日益深入。1996年，科学技术部和国家经济贸易委员会分别组织实施技术创新工程，技术创新实践在我国企业广泛展开。在这一背景下，对国内外关于技术创新及其相关创新研究的理论成果进行系统总结，对我国企业技术创新的实践进行系统的经济学分析，成为我国经济学领域的重要课题（赵玉林，2006）。

2.1.1　熊彼特的创新与经济发展理论

经济理论往往倾向于将完全竞争美化成最有效率的市场结构；相反，不完全竞争者则把价格定得很高，以赚取超额利润，且不顾及产品质量。这种关于垄断的观点受到约瑟夫·熊彼特的挑战。他指出，经济发展的本质在于创新，而实际上垄断是资本主义经济技术创新的源泉。熊彼特的《经济发展理论》打破了传统的静态分析方法，强调了企业家精神和创新者的重要性，将"新组合"引入到新产品或新工艺中。创新在短期内会产生超额利润，在长期内却由于被模仿，这些利润最终会消失。熊彼特的创新概念和理论观点主要体现为：①创新组合；

②创新是经济增长的动力和源泉；③大规模企业更有利于创新。后人对熊彼特理论的发展也都是沿着这三方面展开。

熊彼特"创新组合"概念是将生产要素和生产条件的新组合引入生产系统，包括产品创新、工艺创新、市场创新、原材料来源创新、组织创新等，都是生产要素新组合，这为后人研究企业创新行为提供了有力的理论支撑。就创新是经济增长的动力和源泉而言，互联网技术确实是现代社会经济增长的动力和源泉。就小规模企业还是大规模企业更有利于创新的理论观点而言，熊彼特Ⅰ型创新模式更强调小企业对创新的贡献，而熊彼特Ⅱ型创新模式则更强调大企业对创新的贡献。熊彼特假说的现代意义，即支持创新型垄断，公众生活的现代水平是由相对不受约束的"大企业"的时代派生出来的。观察20世纪以来进入现代工人家庭预算的项目的价格变动过程，就不能不对技术进步之迅速感到惊讶；若再考虑到质量上的惊人改良，则技术进步的速度远远大于有史以来的任何时代。本书并不追溯到那些在自由竞争条件下发展的熊彼特Ⅰ型创新，而重点研究熊彼特Ⅱ型创新。许多抗争性产业所获得的进步，如农业机械、高铁、大飞机等，都应该主要归功于大企业。

虽然事实比假说要复杂，但半个多世纪的创新实践实证，熊彼特假说是成立的。首先，这个观点适应现代经济发展的现实。其次，个人与小企业在发明的过程中还是起着重要作用的，他们在主要的发明和创新中也占有一定比例。

总而言之，创新与市场力量之间的关系是复杂的。为了加速创新，一个国家必须维持多元化的组织和机制，并为这种创造性的行为设置特殊的激励机制与监管机制，尤其是对于空间位置、地理、轨迹、交通、交易数据外流的专门监管。

保罗·罗默发展了熊彼特的创新理论，创立了内生增长理论。而信息经济学（Economics of information）的创立进一步拓展了创新经济学的研究空间。信息是一种与一般物品有着本质区别的商品。因为信息的生产成本很高，而再生产的成本却极低，信息市场存在严重的知识权问题。就像本研究准备研发的这套研判仿真运行系统软件，产品的构思与开发花费一年时间。但是，一旦结果尤其是推演源代码被写在纸上、计算机里，则在那时刻，它实际上可以毫无成本地被他人再生产和使用。因此，政府要加强对知识产权的保护，并为这种创造性的行为设置特殊的激励机制。

彼得·德鲁克（2009）提出企业的创新=创新选择+创新管理+创新战略，并提出四种创新战略："孤注一掷"、"攻其软肋"（包含"创造性模仿、企业家柔道"）、"生态利基"、"改变产品、市场或一个产业经济特征"。这四种创新战略，彼此不是互相排斥，而且并不总是界限分明的。战略元素的整合在于企业家的智慧。本书后续的"德鲁克式"创新动因分析溯源可看到，企业的创新行为或多或少包含着德鲁克的四种创新战略行为。

2.1.2 产业创新经济学理论

产业创新经济学的创始人克利斯·弗里曼和罗克·苏特（2022）研究产业创新经济学理论近20年。他们首先从产业革命以来的重大产业创新历史进行分析，然后对创新微观经济学、宏观经济学和创新政策进行分析，基本上全面、系统和历史地分析了创新经济学中主要的现象和规律。而张伯伦和琼·罗宾逊夫人的产业组织理论没有关于企业系统创新行为的专门理论，这是"因为在很长的时间内，技术和创新并不是经济学家关注的对象"，而且存在通常的分析框架不能解决经济学理论与技术创新活动兼容的现象。克利斯·弗里曼和罗克·苏特（2004）的工业创新经济学理论改进了经济学研究的方法，他们从历史发展和进化理论中得到营养，建立了一种在IT与ICT及AI技术未发展之前更科学的分析框架，以此来分析与经济学理论不兼容的技术创新活动现象。

（1）企业创新中的成功与失败

在关于20世纪70年代和80年代创新项目成功与公司成功的著作中，Rothwell（1994）试图将其研究结果与对80年代创新的其他实际证例研究综合起来（表2-1）。Rothwell除强调他的著作证实了萨福项目对其他公司和其他工业的

表2-1 成功因素

影响因素	项目执行因素	公司水平因素
具体内容	①内部和外部充分交流：获取外部技术诀窍 ②将创新作为全公司范围的任务：有效的内部职能协调，各种职能全面平衡 ③执行详细的计划和项目指挥程序：高质量的前期分析 ④开发工作效率高、生产质量好的项目 ⑤强烈的市场导向：强调满足用户需求，研制着重于创造使用价值 ⑥为用户提供最佳技术服务：有效的用户培训 ⑦有力的产品主管和技术把关者 ⑧高质量开明的管理：旨在发掘利用优秀人才资源 ⑨争取项目间最佳协作效果和项目内互相学习	①高层管理明确地支持创新 ②长期公司战略及与之相关的技术对策 ③长期支持重大项目（提供专利费用） ④公司对变革作出灵活反应 ⑤高层管理承担风险 ⑥形成接受创新，并使之与企业精神相容的文化

资料来源：Rothwell（1994）

调查结果外，还着重强调管理计划和指挥程序的重要性。但他并没有提供有力的证据证明这种指挥程序是否有效。Rothwell 引用 Dodgson（1993）的著作来支持自己的观点：创新不断成功取决于在相当长时期内关键性技术诀窍的积累。Achilladelis 等（1990）对萨福项目中的很多化学工业创新作过研究，接着他又对化学工业各个部门公司的创新进行了极其透彻的研究，尤其是农药、石油化学品和药品。在他诸多颇有意义的研究结果中，最重要的是他证明了：借助突破性创新取得最初成功的化学公司接下来往往能在同一领域取得一系列更大的创新成功。

Rothwell（1994）研究了信息技术（ICT）对创新管理和创新成功的影响。这使得他更加强调被他称作"第五代"创新的各种形式"网络化"的重要性（表 2-2）。对创新成功而言，系统因素总是很重要，纺织、化学、电子工程和汽车的历史事实已经清楚地证明了这一点。但本研究越来越发现，对创新成功而言 ICT 更加重要。首先，ICT 为机构内，以及个人与机构之间数据积累和快速传输提供了非常有效的手段。其次，现在很多创新，包括一些电子设备或计算机元件创新，都常常需要与电子硬件或软件公司进行某种形式的合作。研究 20 世纪 80 年代和 90 年代公司间合作规模迅速扩大时发现，其中涉及 ICT、生物工程和新材料的公司占比很高。目前 ICT、生物工程和新材料等技术开发十分复杂，非一个主体独立研究开发能够承担，因此迫使各个公司筹划多方合作。现在已有足够的证据证明网络化对创新的作用。如果说 19 世纪最典型的模式是发明家兼企业家，20 世纪最典型的创新模式是与外界充分交流的企业内部研发（R&D）部门，那么现在这些模式正逐渐被 21 世纪网络化合作系统的创新模式取代。促使这一转变有两个最重要的因素：一是技术革新日益复杂，二是很多 ICT 创新本身具有系统性。以 IBM 公司为例，就能很好地说明这一转变。20 世纪 50 年代及 60 年代 IBM 公司几乎没有任何合作研究开发的安排，其自身庞大的研发能力一直处于自给自足状态，到 80 年代和 90 年代公司在各行各业与其他公司进行了大大小小诸多合作。而现在，由国家致力推动的现代职业教育产教融合的五要素（专业、课程、双师型教师、基地、教材）基建将重构创新链。

(2) 创新与公司规模

公司规模、研发规模、发明成果与创新的关系，与工业、技术和历史都有关系。在工业或技术发展的初期阶段与后期阶段，小公司的作用大不相同。要获得较好的创新成绩，集中程度是高好还是低好，这个问题是不能用一个简单化的结论来回答。竞争压力是激发更多创新的原动力，这对谁都是一样的（克利斯·弗里曼和罗克·苏特，2004）。

表 2-2　第五代创新过程：系统一体化和网络化（SIN）

影响因素	基本策略要素	主要特点
具体内容	①时间策略：更快更有效地开发产品，研制重点在于质量及其他非价格因素，强调公司灵活性和责任感 ②用户至上策略 ③与主要供应商相结合的策略 ④横向技术合作策略 ⑤数据电子处理策略 ⑥全面质量管理策略	①整个机构和系统一体化；平行和集成（横向作用）开发方式；初期供应商参与产品开发；技术领先的用户参与产品开发；适当建立横向技术合作 ②组织结构更简单灵活，旨在快速有效地作出决策；授予基层管理者更大的权力；授予产品主管（项目主管）权力 ③全面开放的内部数据库；有效的数据分享系统；产品研制衡量标准、计算机探试、专家系统；采用三维一CAD系统和仿真模型的计算机辅助产品开发链接CA/CAE系统以提高产品开发灵活性和产品生产能 ④有效链接外部数据；通过链接CAD系统与供应商合作开发；用户接口采用CAD；与研发合作者有效的数据链接

资料来源：Rotllwell（1994）

这意味着竞争政策并不像某一时期看上去那样简单。Symeonidis（1996）在一份 OECD 调查报告中对自己研究"熊彼特假设"后得出的结论作了极为简洁的概括：目前文献调查表明，似乎很少有实际证据支持这一观点，即公司规模大或高度集中是促使创新活动水平提高的原动力。当然，一旦证实这些变量都是内源性，由内部因素决定的话，研究的重点将由对偶然事件转向对相互关系的考察。目前也没有证据表明创新与市场结构或公司规模存在着普遍的正比关系。虽然这种正向联系的环境肯定是存在的。这意味着在竞争政策和技术进步之间并不存在着对应关系。尽管在某些科研强化型的工业中不可避免地会存在高度集中，但行业集中度是多因素综合相互作用的产物。

尽管有很多同一主题的文献引用了规模大对创新有利这一"熊彼特假说"，但熊彼特本人并未明确及系统地阐述过这一假说。事实上，熊彼特的确曾以相当容易引发争议的口气指出大公司的优势，但本研究认为实际上他指的是只有大公司才能担负起极其复杂的产品和工艺的开发。熊彼特在其早期著作中主要谈到的是发明家兼企业家和小公司的优势，而本研究也在第 1 章指出了他的早期模式（"熊彼特Ⅰ型创新"）与后期模式（"熊彼特Ⅱ型创新"）之间的区别。虽然熊彼特明确指出研发集中于大公司，但他也指出了大机构官僚主义的危险。而且，他也缺少统计数据这一有利条件，因为统计数据是他去世后才开始出现的。因此，那些认为熊彼特的假说正被驳倒的判断通常是没有公正地用历史观点衡量他的学术思想，也没有合理地考虑各个工业部门和各种技术之间差异的复杂性。

(3) 创新与项目评估

由于创新的不确定性、人的有限理性、信息的不对称等主客观因素，很少有企业对任何一个项目都能做出合理的估算。这就意味着企业发展是杂乱无章的，并且没有一家企业能非常清楚地预见到自己和竞争对手的行为的后果。如果有谁怀疑这一点，那就请他们想一想 1950~1990 年美国和欧洲计算机工业界的企业的所作所为，或者 1900~1930 年无线电工业界的情况。尽管如此，这种参差不齐的创新活动所造成的社会利益和代价也是非常巨大的。这种程度的技术不确定性和市场不确定性局面下，使企业要面对各种策略，即创新与公司战略构成。

(4) 创新与公司战略

根据历史证据，研发的专业化过程是 20 世纪工业中最重要的社会变化之一。成功的创新的需要和工业内部出现研发机构，都深刻地改变了公司行为的模式（克利斯·弗里曼和罗克·苏特，2004）。这意味着只通过对外部环境中价格信号作出反应，通过调节实现平衡来解释公司行为不再令人满意。世界技术像世界市场一样是公司环境的一部分，而且公司对技术变化的适应性反应不能简化为对价格变化的可预测的反应。这给经济学家造成了困难，并意味着必须对工程师，对社会学、心理学和政治学给予更多的注意。

人们承认公司无法像新古典主义所假设的那样对未来作出分析判断，但是却认为竞争保证了那些存活并发展起来的公司是符合这一预测，所以它们也就"好像"能够有这样的能力一样。但是无论是生物的进化，还是公司和工业的进化，都不会达到最佳效果。多西所提出的那种公司理论，看来更有道理（Dosi，1988）。这种理论全面地阐述了受限制的理论，不完善信息、市场和技术的不确定性等方面的问题。此外，好的公司理论也必须考虑到不同工业部门、不同历史时期行为的不同。

艾迪思·彭鲁斯（Peruose, 1959）用她的"以资源为基础"的公司理论为经济学指明了新的方向。这种理论涉及"工作能力"及技能和知识积累的各种组合。最近的理论界在追随蒂斯（Teece, 1987）发展的有关公司内部各种功能，如研发、制造和销售方面竞争能力的概念。如果这走向极端，就可能导致出现"空心公司"，把制造工作部分或全部分包出去。但是，上面讨论过的一些例子并不表明情况一定会这样。甚至贝纳通（Benetton）公司也认识到有必要维持一定的最低制造能力，以便能够检查分包商的工作，和避免因突然出现的新技术而被赶超过去。

Stoneman（1995）提出了一种有趣而且新颖的想法，他对创新资源的四种通用类别进行了概念性的区分：①科研资源；②工艺创新资源；③产品创新应用资源；④美学设计资源。最后一类在工作能力的理论化时经常被忽略，但是在许多工业和服务业中却是极为重要的。虽然有些时候，创新可能只依赖于这四项资源中的一两项，但更为通常的是需要把一批资源动用起来。这些资源存在于各种各样的、经常重组的组织机构环境之中。Stoneman 的理论为许多的经济学家、社会学家和组织理论学家指出了研究的激动人心的途径。

创新的微观经济学揭示出，产业的产品创新大大丰富了消费范围，而且价格有所下降。很多创新企图以失败告终，因此，系统地比较成功的创新和失败的创新会得出一些有意义的结论。

这促使本研究讨论一下那些常常创新成功的公司的特点。公司的规模肯定会影响公司根据技术复杂性和成本来决定主攻何种项目，但规模本身并不决定结果，在某些地区和某些工业，小公司在创新中发挥出很重要的作用，历史事实也确实证明了这一点，小公司决策快速灵活，开发工作成本常常很低，因此占有某些优势。本研究再次发现历史环境的至关重要性，因为技术和（或）工业的发展阶段是决定大公司和小公司的相对创新贡献以及能选择何种创新类型的主要因素之一。这为本研究创新行为的市场效应提供重要的理论基础。

创新与公共政策理论认为，支持创新的政府开支主要应用于四个方面：①基础研究，主要在大学；②通用性的技术及其推广普及，特别是信息通信技术（ICT）；③组织结构不利于有效地在企业范围内发挥研发效果的行业，农业是其中的典型；④计量标准检测系统（SYS）的基本结构投资，如计量标准服务数据库和其他信息服务。

从上述成熟的可用于指导本研究的创新的微观经济学理论可知，"创新的微观经济学：企业理论和创新与公共政策"的这些理论是对产业组织理论的企业行为理论中创新行为理论不可或缺的填补。创新与公共政策理论是国家创新与公共政策的指导理论。

就本研究而言，这些理论奠定了本研究的相关理论依据，同时也为本研究的理论与现实意义提供了比较的价值，即为构建属于中国的"创新的微观经济学：企业理论和创新与公共政策"作些探索性努力。

从理论发展演进过程来看，创新的经济学理论是以工业的企业和技术为单位来研究创新系统，考察专业化基础上的工业部门在创新过程中的技术转移和供需联系。工业的创新系统结果形成是基于技术的本质和特点来研究创新过程的内在规律。其代表理论是产业创新系统理论和环境创新系统理论。理论的最新进展应该是借助 IT 与 ICT 及 AI 技术建立科学合理的行为能力评价指标体系，定性和定量分析相结合，客观评估产业（区域）创新系统的创新主体、创新对象、创新支持、创新产出和绩效，并据此提出改善产业系统创新的措施和建议。

2.1.3 整合式创新理论

本研究所涉及的系统创新行为演变的脉络,是从德鲁克式"机遇"开始到熊彼特"创新组合"至德鲁克式"创新"演进再至"整合式创新",形成系统创新。本节将对整合式创新的内涵、理论范式和主要观点进行阐述。

(1) 整合式创新的内涵

"整合式创新"是陈劲(2021)构建的一种系统创新型理论范式。整合式创新不同于单一的技术创新,它是以需求作为推动力,而不是只关注技术本身。在技术扩散不断加速的全球化时代,整合式创新对于中国企业既是挑战,更是机遇。一般认为,整合式创新是以价值增值为目标而进行的全员、全方位、全过程创新。通过利用并行的方法把企业各创新要素(如观念、文化、战略、技术等)、创新能力和创新实践整合在一起,通过有效的创新管理体系,力争人人都创新,事事有创新,从而产生新的核心竞争力的创新方法。整合式创新的关键在于,通过并行的方法,将横向、纵向乃至企业和产品生命周期各个组成部分的创新主体、创新要素、创新能力、创新行为等整合起来,充分利用团队协作,形成开放、交互的系统创新和持续的核心竞争力。

(2) 整合式创新的理论范式

整合式创新研究起源于东西方在制度、哲学和文化价值观上迥然不同,这种思维与范式层面的差异为整合式创新的提出提供了条件。西方近代以来形成的还原主义思维方式,强调研究过程中的"分"和"析",将事物分解、切片到最小单位并作为切入点,将每个部分的每个细节都认识清楚即可认识整体,整体等于各个部分之和。而中国古代的有机整体思想则强调整体、全局。中国古代的有机整体思想与西方近代以来形成的注重定量和实验的思想有机结合即形成系统思想。"系统思考"的思维方式则是强调局部与整体、个体与集体、战略与文化、过去与未来等多个维度的整体思考和兼顾,形成万物一体、天地人的整合观。整合式创新为中国本土创新范式理论框架的提炼和形成提供了一种新视角,并能够有效地运用在大科学、大工程、大发展之中。陈劲的《整合式创新》一书回顾了目前各国的创新范式(表2-3)及其不足,结合企业最佳创新实践,提出整合式创新这一基于东方智慧的全新创新范式,阐述了其定义和概念框架,论述了其内涵,并总结了理论贡献和政策启示。

整合式创新是战略视野驱动下的创新范式,是战略创新、协同创新、全面创新和开放创新的综合体,体现了中国情境和东方文化的智慧。整合式创新是顺应人类文明进化、全球和平与可持续发展时代背景的,满足企业技术创新战略管理需求和支撑科技强国战略实施的原创性理论范式,也是促进我国企业构建全球创新领导力的实战思维。

表 2-3　各国主要创新范式

国家/区域	主要创新范式	代表人物
美国	用户创新	Von Hippel
	颠覆式创新	Christensen
	开放式创新	Chesbrough
欧洲	设计驱动创新	Verganti
	社会创新	Nicholls and Murdock
	公共创新	Swann
	责任式创新	Owen;Stilgoe
亚洲	精益创新	Womack
	知识创新	Nonaka and Takeuchi
	朴素式创新	Radjou
	模仿创新/追赶	Kim and Nelson
	自主创新	陈劲
	全面创新	许庆瑞

资料来源:陈劲(2021)

整合式创新范式有四个核心要素:战略创新、全面创新、开放创新和协同创新,四要素相互联系,有机统一于整合式创新的理论范式中。战略创新(Strategy innovation)强调创新行为的统领性、全局性、整体性、长远性;全面创新(Total innovation)强调创新主体的全要素调动、全员参与和全时空贯彻;开放创新(Open innovation)强调充分利用创新的外部资源和外部机会;协同创新(Collaborative innovation)强调企业、政府、高校、科研机构、中介机构和用户等多创新主体的协同合作。整合式创新是战略驱动、纵向整合、上下互动和动态发展的新范式。整合式创新的框架如图2-1所示。

(3)整合式创新的理论观点

第一,整合式创新是战略创新、协同创新、全面创新和开放式创新的综合体。整合式创新范式有四个核心要素,包括战略创新、全面创新、开放创新和协同创新,强调创新行为的统领性、全局性、整体性、长远性,创新主体的全要素调动、全员参与和全时空贯彻,充分利用创新的外部资源和外部机会,企业、政府、高校、科研机构、中介机构和用户等多创新主体的协同合作。这四要素相互联系,战略引领看未来,组织设计重知识,资源配置优质化,文化宽严为基础,

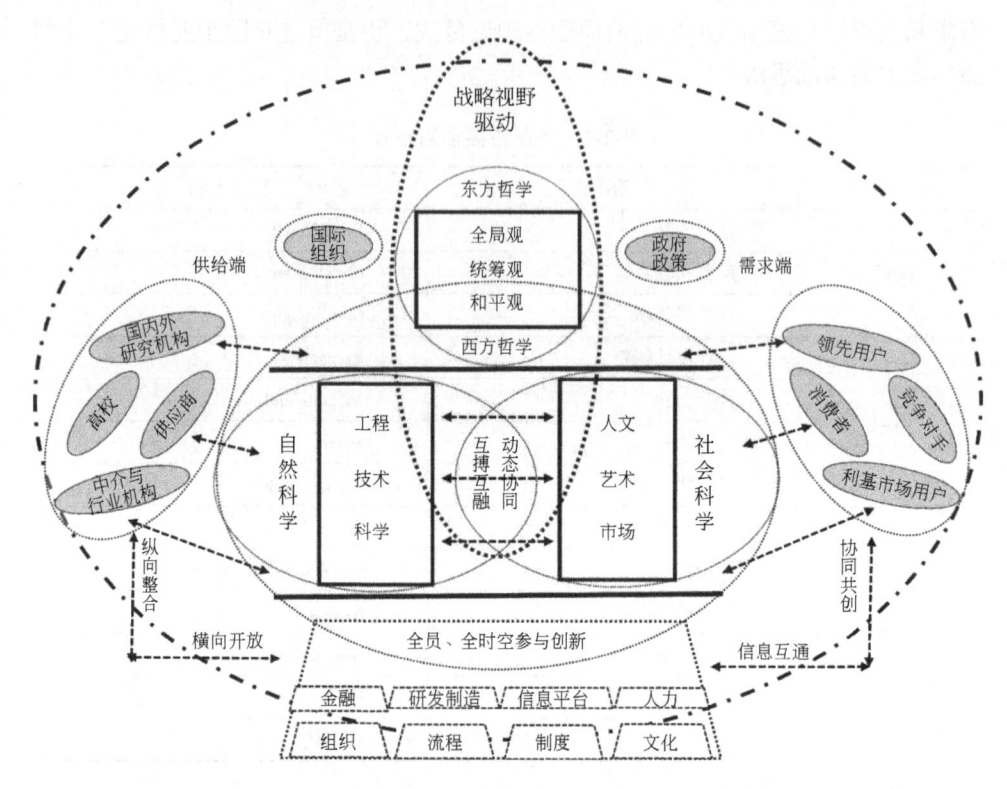

图 2-1 整合式创新的理论范式

在开放式创新的环境下通过统筹全局的战略设计创新，调动全要素参与，实现各个部门主体与利益相关者的协同创新。只有将战略、组织、资源与文化有机整合，实现动态创新，企业才能构建稳定、柔性和可持续的核心竞争力。

第二，整合式创新是一种系统创新观。整合式创新基于系统科学的系统观，从战略上设计创新的长远目标和全局行为，从系统与环境的关系上着眼于企业创新发展密切相关的外部资源供给（如高校、研究机构、供应商、技术与金融服务机构等）、创新政策与制度支持（政府、国内外公共组织和行业协会等）及创新成果的需求（消费者、领先用户、竞争对手和利基市场用户等），从系统与其内部构成的关系上助力企业调动创新所需的技术要素（研发、制造、人力和资本等），以及从系统内的部分与部分关系上提升企业创新能力的非技术要素（组织、流程、制度和文化等），构建和强化企业的核心技术和研发能力，打造创新系统型企业。

第三，整合式创新是一种总体创新、大创新（Big innovation）的创新管理范式。整合式创新不同于传统的相互独立的研发管理、制造管理、营销管理和战略管理，而是通过战略引领和战略设计，从总体、全局、整体上将企业创新管理的方方面面进行有机整合，为企业、产业和国家实现重大领域、重大技术突破性创新提供支撑。

2.2 现代产业组织理论

产业组织（Industrial organization）理论就是运用微观经济理论来分析企业、市场和产业相互关系的一门学科（唐·E.沃德曼和伊丽莎白·J.詹森，2009）。如果从30年代初张伯伦和琼·罗宾逊夫人分别发表垄断竞争理论和不完全竞争理论算起，产业组织理论已有了近一个世纪的历史。哈佛大学梅森、贝恩等创立SCP分析框架，强调市场结构对市场行为和市场绩效的决定作用。首先分析市场结构（Structure）的状况，即市场集中度、产品差别化、进入壁垒、退出壁垒等市场结构影响因素；然后分析企业在市场上的生产行为、定价行为、创新行为、兼并行为、广告行为等市场行为（Conduct），以及市场结构对市场行为的影响；再分析企业各类市场行为对产业经济绩效（Performance）的影响，如企业的创新强度、技术进步水平、利润率水平、规模经济和资源配置状况，这被称为结构主义学派。该学派提出严格的反垄断政策主张，为美国的反垄断政策奠定了理论基础。芝加哥大学的斯蒂格勒、德姆塞茨等对结构主义学派的研究框架和严格反垄断的政策主张进行强烈的抨击，强调经济绩效的决定作用，认为只有企业经济绩效好，才有可能将其他企业兼并从而改变市场结构，因而主张政府放松管制。以米塞斯、哈耶克为代表的新奥地利学派强调企业市场行为的决定作用，发展了产业组织理论的行为主义学派。行为主义学派的分析框架是以企业为中心的，认为企业市场行为是企业决策者基于自身组织结构和经营目标而作出反应，作出决策和实施决策的结果与企业所处市场结构状况无关。与结构主义重在分析市场集中度、进入壁垒对企业行为的影响不同，行为主义重在分析企业内部产权结构、组织形式、经营目标和合理预期对企业行为的影响，认为企业行为内生于企业内部结构和决策人员自主预期。因此，行为主义的产业组织理论深入到了企业内部的组织管理，出现了委托代理理论、管家理论、产权理论等。

2.2.1 企业、企业目标与行为差别

企业是产业组织理论研究的基本单位。对于步入市场经济国家路径演变中的中国而言，业主企业和合伙企业的产权关系是简单的，经营目标就是利润的最大化。然而随着与19世纪产业革命同等重要的组织革命的进展，以现代企业制度

主导形式存在的组织形式变化，又引致实际存在的企业行为↔市场结构↔市场绩效的三者双向互动关联影响，进而影响资源的配置和经济成长。正是由于这些变化，一些学者把研究视角转向这一领域，特别是所有者主导型（O-M）企业与经理主导型（M-M）企业在企业目标和企业行为方面的差别，在曾悟声（2010）推进贵州化工创新型企业发展研究中，涉及的"贵州三线企业创新体系及其相似性和差异性（异质性）考察比较研究"，发现异质性、共性效应表现的创新系统型企业虽少，但它们的范式作用，确实可成为产业内企业系统创新行为研究的标本。

2.2.2 企业市场行为

传统产业组织理论着重研究的企业市场行为包括两个方面：一是价格行为，二是非价格行为。前者包括定价行为与价格歧视问题，后者包括合并（纵向、横向和混合）和广告等。对传统产业组织理论的企业行为考察可知，传统产业组织理论没有对企业系统创新行为的专门研究。对企业创新行为有开创性研究的是熊彼特经济学相关理论。本研究的第一层目的是研究系统创新行为（C）↔市场结构（S）↔市场绩效（P）三者双向互动关联影响。

2.2.3 市场结构和绩效衡量的现代方法

"市场结构和绩效衡量的现代方法"是丹尼斯·W.卡尔顿和杰弗里·M.佩洛夫（2009）的《现代产业组织》一书的核心内容，它为本研究构建产业系统创新行为能力评价指标体系提供了定量衡量的理论依据。

（1）市场结构理论

产业组织学的现代方法努力地在理论和经验依据之间达到平衡。产业组织学的市场结构包括那些决定市场竞争程度的因素。在产业结构和绩效衡量的现代方法中，竞争和非竞争市场理论认为企业面临的竞争越少，其市场势力就越大。市场势力表达了企业有利可图地把价格设定在高于边际成本和平均成本水平的能力。因此，在具有大量进入壁垒的产业中，市场势力（以及由此决定的价格和利润）将较大，因为这些壁垒降低了现实和潜在的竞争。进行经验调查来检验上述理论的意义在于：①可知特定企业（产业）行使的市场力量究竟有多大；②决定市场势力的主要因素是什么；③创新对市场结构与市场绩效的影响有多大，关联正相关的边界在哪里。

本研究所构建的市场影响仿真研判数理模型，可以根据创新行为的变量函数来考量"系统创新行为对市场结构与市场绩效的影响"并用仿真的经济信息处理系统来研判这种影响（给出定性的结论或定量的研判数据）。

几十年来，经济学家从事的"结构—行为—绩效（SCP）"研究集中于第二个问题，即"决定市场势力的主要因素是什么"这个问题关注的是市场绩效与市场结构的关系。而将产业绩效的测算和集中度、进入壁垒联系起来的跨产业研究遇到了一些概念问题。集中度和绩效之间统计上的显著关系并不一定能推出集中度，导致价格高于竞争性水平。另一个解释是由于企业有效率而变大了，即集中度上升。如果这样，那么在一个产业中，最大企业的利润会高于最小企业的利润，即创新的影响。经验结果表明：集中度和进入壁垒要么对绩效没有影响，要么具有较小的正影响（而且这些效应通常是统计不显著的），市场结构通过企业行为或行动来影响市场绩效。就传统而言，SCP研究者假设市场势力或市场绩效的衡量要相对简单些，集中关注绩效与结构的关系，对绩效测算关注较少，但因SCP的一些概念问题和解释问题不清楚而受质疑。

萨顿和他的同事所做的研究对SCP方法提出了许多批评，同时利用产业信息对集中度做出了推测。尽管不能避免所有问题，但单个产业的研究可以避免许多传统SCP横截面研究的概念问题。这些研究通常发现集中度对产业绩效指标（如价格）的影响虽然很小，但却是统计显著的。

新产业组织理论（NEIO）研究者用新数据和新技术来更好地测算市场势力的程度及其市场绩效之间的关系。该理论采用系统的统计证据对单一行业进行研究，而不是行业横截面研究。NEIO的主要观点如下：①价格成本边际是不能被观察到的。②由于制度细节不同，各个行业是独特的，因此研究者不可能通过宽泛的行业横截面研究得到有价值的结论。③确定并估计市场控制力的程度。

从NEIO研究得到的实证案例迅速增加，研究方向主要集中于市场控制力测量而不是造成市场控制力的原因。当前的研究可概括为两点：第一，一些研究已经发现个别市场存在市场控制力的证据，如交易行为的"二选一"。第二，反竞争行为是高价格—成本边际的一个重要原因，一些研究已经找到了明显的共谋行为的证据案例，如国内外一些已被处罚的互联网企业。

NEIO研究的成功之处在于它已经避免了针对SCP方法的概念与解释不清部分的批评并对其进行修正。但继续对更多行业的研究仍然是必要而艰难的，尤其是"系统创新行为对市场结构与市场绩效的影响仿真研判实证方法"还是空白，这正是本书所致力于研究并努力完善的。

约翰·萨顿发展了一种新方法来研究决定市场价格的因素，即研究高内生沉没成本和市场集中度的关系。其理论可概括为：在高外生沉没成本的行业中，集中度随市场规模的扩大而降低；而在高内生沉没成本的行业中，集中度并不随市场规模的扩大而降低。按照广告—销售额比率划分行业（高投入广告—销售额比率表明高内生沉没成本），萨顿用计量经济学证据和行业案例研究证实了他的理论。然而，萨顿也发现，相同的行业尽管有相似的成本，但它们的发展方式却不尽相同。这一发现提醒我们，沉没成本和市场结构的关系不能一概而论。例如，经济运行创新和非创新的区别就是其不同的生产函数通过边际成本的变化来体现的，这正是本书所研究的重要问题之一。

　　研究者使用静态和多阶段的（离散）模型来测算市场势力和绩效的现代方法的价值与 SCP 方法相比较有三大主要优势：第一，它们没有用会计指标来测算市场绩效。第二，它们使用了外生变量（工资、税收和需求增长）的变化来解释绩效的变化，而不是使用集中度和广告等内生变量。第三，它们是基于单个产业最大化模型，因此有关行为的假设可以得到验证。它们的主要缺陷是许多这类模型都要求对供给和需求曲线的形状及其函数关系的建立，以及对垄断、寡头、垄断竞争企业模型做出详细的假设。这正是本研究所致力完成的目标。而且，现代方法仍没有解决使用跨产业的横截面变量来进行预测，并由此得出哪些因素使得不同产业具有不同的竞争程度。对这些因素的搜寻才是 SCP 方法和萨顿方法的核心。

　　现代研究利用统计方法来测算特定产业的企业价格成本加成，而不是依靠会计指标。这些研究本身具有缺陷：研究者通常必须对需求、成本函数或是寡头垄断行为做出详细的假设。许多这样的产业研究发现存在大量的加成。这些方法仍未被用来详细探究市场结构与偏离完全竞争行为的程度之间的关系。

　　产业组织理论的现代方法努力地在理论和经验依据之间达到平衡，本书的研究贯穿了这种方法。现代经验和方法关注绩效与市场势力的测算，并用利润最大化行为的规范理论来测算市场势力。本研究在继承传统有益经验和新理论的基础上，着重用仿真实证方法研究第三个问题，即"系统创新对市场结构和市场绩效的影响有多大，关联正相关的边界在哪里"。

（2）市场绩效指标

　　市场绩效是指产业在市场上运行的最终经济效果，其衡量指标包括产业利润率水平、技术进步状况、规模经济效率和资源配置效率等，反映出一个市场在为消费者提供利益方面的成功之处，如市场价格接近生产的边际成本，则市场是运行良好的。

　　大多数基于静态模型的现代研究可分为：关于直接测算边际成本的研究、关于测算一个市场整体模型（因此得到了对边际成本价格加成的估算）的研究，以及关于观察价格要素成本的变化之间的关系来检验产业是否具有竞争性的研究。本书拟作的创新行为对市场结构与市场绩效影响定量研究就是通过创新行为对寡头竞争博弈模型价格要素与边际成本的变化来研判创新的影响。

1) 使用成本数据测算边际成本。如果可以得到有关总成本的信息,就可以通过测算总成本和总产出之间的关系,而后计算出边际成本。于是可以较简单地得到价格成本加成:①企业边际成本。由企业总成本信息通过测算总成本和总产出的关系,而后计算出企业边际成本,进而得到企业价格成本加成。②行业边际成本。由行业总成本信息通过测算行业总成本和总产出的关系,而后计算出行业边际成本,进而得到行业价格成本加成。

2) 使用产业模型测算加成。使用关于需求和边际成本曲线 MC 的假设,通过观察均衡价格和产量在一段时间内如何变化来推导加成,这一方法被称为新经验产业组织学。

3) 识别市场势力的勒纳指数。如果有边际成本 MC 和市场价格,就可以直接计算出市场势力的勒纳指数。通常,使用参数 λ 来测算市场势力的程度,勒纳指数为

$$(P-\mathrm{MC})/P = -\lambda/\varepsilon$$

式中,ε 为拟测算的市场需求弹性参数。如果市场是竞争性的,$\lambda=0$,价格和边际成本之间没有差距。如果市场是垄断的,$\lambda=1$。如果 λ 介于 0~1,那么市场势力的程度在竞争性市场和垄断市场之间。

几乎所有市场经济国家或地区的市场都会延续多个时期,我国也不例外。本研究建立的寡头竞争博弈模型是典型的 N 家企业合谋行为,而系统创新的行为影响经济绩效则是通过降低边际成本提高市场效率来体现,而且只有这个通道可以定量考量系统创新行为的市场效应作用。有研究认为,我国行业集中度与行业利润率之所以不存在确定的关系,主要原因在于国家对高集中度的行业实行了较为严格的价格控制,从而在这些行业,价格不是由具有垄断结构的市场决定,而是由政府制定。于是市场结构与企业价格行为的链条就中断了,从而市场结构与行业绩效在市场经济中那种较为确定的关系也就不存在了(马建堂,1995)。

正如前述,经济运行创新和非创新的区别就是其不同的生产函数通过边际成本的变化来体现的。Stigler(1971)认为,寡头企业合谋的机会和愿望为解释所有寡头行为提供了基础。在这一理论中,价格低于垄断水平是因为没有完全实行卡特尔。在这一说法中,市场结构关系重大。例如,产业中的企业越多就越难发现任一企业的欺骗行为,因此会出现更多的欺骗,平均价格就会下降。这一合谋和重复静态博弈是可以用来研究寡头竞争行为的。

2.2.4 价格加成和利润理论

市场结构和绩效衡量的"价格加成和利润理论"表明的是 P 和边际成本 MC

之间的关系，以及经济利润的存在性和可维持性取决于市场结构（表2-4）。

基于表2-4所总结关系可得两个重要结论：首先，对长期利润是否为正的检验相当于对自由进入的检验，而不是对（完全）竞争的检验。自由进入保证了长期利润为零，但不能保证让价格等于边际成本，即使价格高于边际成本，垄断竞争产业中的企业也可能获得零利润。为了确定价格是否高于边际成本，本研究必须检验价格数据而不是利润的数据。其次，由于在所有的市场结构中，短期利润可能为正也可能为负，因此，短期利润对产业中企业竞争程度的揭示作用很小。表2-4仅列出了四种市场结构，事实上存在多种市场结构，而且，对任何给定的市场结构，产业间企业的差异也可能非常大。

表2-4 基于四种市场结构的估计

结构类型	P-MC	πSR	πLR
完全竞争	0	+或-	0
垄断竞争	+	+或-	0
寡头	+	+或-	+或-
垄断	+	+或-	+或-

注：P=价格；MC=边际成本（短期）；πSR=短期利润；πLR=长期利润

2.2.5 博弈论

博弈论（Game theory）研究决策者如何在相互依赖的决定中做出选择。博弈论为理解寡头垄断竞争者的相互作用提供了十分有用的框架。博弈要素必须有：参与者、行动、信息、策略、收益、结果和均衡。行动和结果共同决定了博弈的规则（唐·E.沃德曼和伊丽莎白·J.詹森，2009）。寡头垄断中，参与者是两个或更多的对称寡头垄断厂商；行动包括参与者所能作出的所有行为；信息根据模型定义为在博弈的过程中是连续且对称的；策略是在拟博弈的每一点上决定参与者采用何种行动的规则；收益是指利润或者所有参与者选取策略、博弈结束后参与者所期望获得利润；博弈的结果是指当博弈结束后，模型设计者或使用者从行动、收益和其他变量的值中选取的一组有用的结果；均衡是指包含每个参与者在博弈过程中做出的最优策略选择的集合。

博弈论的信息结构分四种：完全信息（Perfect information），即每一个参与者知道其他参与者在采取行动前所决定的行为；非完全信息（Imperfect information），即参与者无法知道另一个参与者的同时行动选择；对称信息（Symmetric infomation），即当每个参与者行动时，所有参与者拥有完全相同的信息；非对称信息（Asymmetric information），即一些参与者知道与其他参与者不同的信息。

博弈论已经成为将不同的寡头垄断行为模型的纽带。所有的寡头模型都可以看作非合作博弈论的特例。寡头垄断市场的均衡价格在竞争与垄断的均衡价格之间。各种寡头垄断模型的差异体现在面对的剩余需求曲线的差异上。

三个著名的寡头垄断模型，分别是：古诺模型、伯川德模型和斯坦克尔博格模型。在古诺模型和斯坦克尔博格模型中，企业战略在于设定产出水平，而在伯川德模型中，企业设定价格。在古诺模型和伯川德模型中，所有企业同时行动，而在斯坦克尔博格模型中，一个企业先于其他企业设定产量水平。这些企业所采取的行动及行动次序上的差异导致了不同均衡的产生。寡头模型分静态或单阶段博弈模型（适用于仅持续一个较短时期的市场）和动态或多阶段博弈模型（用来分析 $n>2$ 家）。在多阶段博弈中，可能会出现比阶段博弈更为复杂的可置信战略（Credible strategy），企业可能采用根据前期产出而对本期行为进行调整的复杂战略。参与者知道竞争对手的前期行动，并以此调整自己本期行为的博弈，这被称为超级博弈（Supergames）。

2.3 复杂适应系统理论

霍兰创立的复杂适应系统（Complex adaptive systems，CAS）理论，是继20世纪40年代末出现的系统论、60年末形成的自组织理论之后诞生的第三代系统科学方法论。

2.3.1 CAS 理论的核心思想：适应性造就复杂性

CAS 理论核心思想是"适应性造就复杂性"，将系统内部成员看作是具有自主性、目的性和智能性的"活的"主体，能够在与环境进行相互作用中主动地改变自身的方式和结构，最终达到适应环境的合理状态，这也是系统发展和进化的根源。主体之间通过选择竞争或者合作进行互动，来适应不断变化的环境，并寻求自身的生存和发展。正是这种具有适应能力的主体使得系统的复杂性得以呈现，即所谓"适应性造就复杂性"。这正是霍兰 CAS 理论的核心思想。本研究的产业组织创新系统就是一个复杂适应系统，该产业组织系统创新的核心主体就是复杂适应创新系统型企业。

2.3.2 CAS 理论的核心概念：适应性主体或行为主体

复杂适应系统（CAS）是由具有自治性（Autonomy）、反应性（Reactivity）、主动性（Pro-activeness）和适应性（Adaptive）的主体（Agent）构成的系统。主体的概念有着不同的理解，不同的译名。有代理、自治体、主体、智能体、智能主体等，本书暂且称之为主体。无论如何称谓，重要的是都强调其自治性、反应性、主动性和适应性等特性，这是霍兰 CAS 理论的核心概念。本研究的创新主体，无论是创新型企业、科技型企业，还是创新系统型企业都是具有适应性、主动性、目的性、智能性的活的主体。

2.3.3 CAS 理论在经济学中的应用

CAS 理论不仅为经济学研究复杂现象提供了强有力的方法论，而且为经济学进行仿真模拟实验提供了有效的遗传算法。CAS 理论在经济学的应用形成了计算经济学（Agent-based computational economics，ACE）。

计算机仿真模拟实验是研究 CAS 的重要途径，模拟实验研究也有效地弥补了传统经济学研究（无法短期内获得大量数据）而作出统计研判的不足。在 ACE 的视角下，产业经济系统可以看成是由大量具有适应性的主体不断地进行着相互作用，并在这种相互作用的过程中"自下而上"地形成一个 CAS，通过建立多主体相互作用的统计模型进行 CAS 的仿真模拟实验，能够更为深入地理解经济系统的自组织演化，且能够更融洽地将宏观经济与微观经济结合在一起（Arifovic and Karaivanov，2010）。近年来，随着经济全球化的发展，信息经济、网络经济、数字经济等新概念不断涌现，企业、产业、区域，甚至国家的经济发展都需要运用复杂适应系统思想去思考，并找出合理的对策。CAS 理论在产业经济学中的应用研究，目前主要集中于产业集聚的演化和创新动因的研究，如孙冰和袭希（2014）基于 CAS 理论的观点研究知识密集型产业技术创新呈现的新特征，揭示了知识密集型产业中技术演化规律。系统仿真技术也称系统模拟（System simulation），就是根据系统分析的目的，在分析系统各要素性质及其相互关系的基础上，运用算法编制计算机软件系统模型，建立能描述系统结构或行为过程的、且具有一定逻辑关系或数量关系的仿真模型，在计算机上进行仿真实验，对系统模型进行测试和计算，并根据测试和计算结果，对系统模型进行研究改进，据此进行试验或定量分析，以获得正确决策所需的各种信息。本研究的实证应用研究表明了 IT 与 ICT 及 AI 人工智能技术、系统仿真技术是将经济学、产业经济学的产业组织理论应用，完成"发展趋势"实证的最好方法。

2.4 本章小结

本章系统疏理了本研究相关的创新经济学理论、现代产业组织理论和复杂适应系统理论，为后续研究奠定理论基础和方法论指导。

创新就是将生产要素的新组合引入生产系统，包括引入新产品、新工艺、新市场、新资源、新组织。创新是经济增长的动力和源泉。创新是新技术与市场的结合，创新不断成功取决于在相当长时期内关键性技术诀窍的积累，借助突破性创新取得最初成功的企业往往能在同一领域取得一系列更大的创新成功。目前没有证据表明创新与市场结构和公司规模存在着普遍的正比关系。虽然这种正向联系的环境肯定是存在的。由于创新过程固有的不确定性，以及企业缺乏理性运作必需的信息，或者缺少时间和意向去获取这些信息，或者缺乏应用非常复杂的评估方法的能力，多数企业对任何一个项目都不能做出非常合理的计算。发展的杂乱无章，使企业不能清楚地预见到自己和竞争对手的行为后果。"以资源为基础"的企业理论为经济学指明了新的方向。这种理论涉及"工作能力"行为及技能和知识的积累的各种组合。企业作何种创新性及适性反应都要体现在因素输入和价格变化上。整合式创新是战略创新、协同创新、全面创新和开放式创新的综合体，是一种系统创新观，是总体创新、大创新（Big innovation）的创新管理范式。

企业创新行为是一种重要的市场行为，是现代产业组织理论研究的重要问题。市场行为、市场结构与市场绩效的相互关系是产业组织理论长期争论不休的问题。严重的度量问题困扰着这样的结构—行为—绩效（SCP）研究。绩效的会计指标可能无法准确地衡量经济利润和成本，当存在长期资本资产时尤其如此。这种测算只有当单个产业构成相关经济市场时才有意义。通常进入壁垒的测算是主观的，同时无法区分长期进入壁垒和进入发生的速度。而将产业绩效的测算和集中度、进入壁垒联系起来的跨产业研究遇到了一些概念问题。集中度和绩效之间统计上的显著关系并不一定能推出集中度，导致价格高于竞争性水平。另一个解释是由于企业有效率而变大了，即集中度上升。如果这样，那么在一个产业中，最大企业的利润会高于最小企业的利润，即创新的影响。经验结果表明：集中度和进入壁垒要么对绩效没有影响，要么具有较小的正影响（而且这些效应通常是统计不显著的），市场结构通过企业行为来影响市场绩效。对长期利润是否为正的检验相当于对自由进入的检验，而不是对（完全）竞争的检验。自由进入保证了长期利润为零，但不能保证让价格等于边际成本，即使价格高于边际成本，垄断竞争产业中的企业也可能获得零利润。为了确定价格是否高于边际成本，本研究必须检验的是价格数据而不是利润的数据。其次，由于在所有的市场结构中，短期利润可能为正也可能为负，因此，短期利润对产业中企业竞争程度的揭示作用很小。尽管大多数经济学家认同寡头垄断市场的基本特征，但是对如何最好地模型化这些市场特征并没有达成一致观点。寡头垄断模型对企业行为做出了非常不同的假设。其结果是，它们对均衡的特性得出了差异很大的预测。博弈论的再度出现使我们能更好地了解战略何时对其他企业更为可信这一问题。有关研究仍在继续，以图限制可能出现在存在或不存在不确定性的多阶段博弈中的均衡数量，其模型均假设企业的数量是固定的，企业生产同质产品，通过设定边际收益等于边际成本来最大化利润。模型的区别仅在于企业计算其预期边际收益的方式。近年来随着制度经济学和经济研究数量化趋势的发展，产业组织理论研究更注重在厂商治理与企业内部组织上寻找厂商数量多寡之间及在产业之间厂商数量多寡的差异导致的厂商行为和绩效的不同。考虑到制度因素影响，从而使研究更加接近现实，对解释和指导现实经济实践更加直接。

复杂适应系统理论为本研究提供了重要的方法论启示和指引。霍兰创立的复杂适应系统（Complex adaptive systems，CAS）理论，是继20世纪40年代末出现的系统论、60年末形成的自组织理论之后诞生的第三代系统科学方法论。系统演化的动力本质上来源于系统内部，微观主体的相互作用生成宏观的复杂现象，其研究思路着眼于系统内在要素的相互作用，所以它采取"自下而上"的研究路线。其研究深度不限于对客观事物的描述，而是更着重于揭示客观事物构成的原因及其演化的历程。与复杂自适应系统思考问题的独特思路相对应，其研究问题的方法与传统方法也有不之处，是定性判断与定量计算相结合，微观分析与宏观综合相结合，还原论与整体论相结合，科学推理与哲学思辨相结合。本研究的产业创新系统、创新系统型企业、系统创新行为都是复杂自适应系统。本书试图用IT与ICT及AI人工智能技术、系统仿真实验工具与技术，以期建立一种更科学的分析框架，以此来分析与传统理论不兼容的技术创新及系统创新活动现象。

第 3 章　系统创新的 CSP 模式分析

本章拟运用第 2 章的基础理论，研究系统创新的行为（Conduct）及其对市场结构（Structure）和经济绩效（Performance）的影响，为与哈佛学派结构主义观点的 SCP 模式相区别，称为 CSP 模式。本章拟解决的关键问题是：什么是系统创新行为（含义、类型特征、内涵和效应，磷化工产业中的具体表现），企业为什么要系统创新（创新动因），企业如何进行系统创新（创新运行机理），系统创新行为对市场结构和市场绩效有何影响（创新的市场效应），由具体因果，获得抽象因果，形成系统创新的 CSP 理论分析框架。

3.1　系统创新行为的含义、特征和内涵

按照创新理论创始人熊彼特的观点，创新就是"生产要素的新组合"，是将从来没有的"新组合"引入生产系统，包括引入新产品、新工艺、新市场、新的原材料来源和新组织。从产业组织理论的角度讲，企业创新行为是市场行为的一种，是企业在变化的内部和外部环境中为提高竞争优势与实现长远发展而关于创新战略及策略的决策行动。产业组织理论中所讲的行为是市场行为，即企业为实现其既定目标而采取的适应市场要求的各种决策行为，包括定价行为、兼并行为、广告行为、创新行为等竞争性行为，以及价格协调、产品协调等协调性行为（赵玉林和汪芳，2020）。本书重点研究的是创新行为。从不同角度可以对创新行为进行不同的分类。从创新主体的角度，可将创新行为区分为自主创新行为和开放创新行为、独立创新行为和合作创新行为；从创新对象的角度可以将创新行为区分为技术创新行为和制度创新行为、单一创新行为和组合创新行为；从创新强度的角度又可以将创新行为区分为激进性创新和渐进性创新、颠覆性创新和持续性创新、突破性创新和模仿性创新，等等。按照复杂适应系统（CAS）理论，具有主动性、适应性、智能性的主体与其他主体之间及其与环境的交互作用构成复杂适应系统（Holland，2006）。从系统的观点来看，创新是一个大系统，是由创新主体系统、创新对象系统和创新支撑系统相互作用构成（赵玉林，2017）。本节从复杂适应系统（CAS）的视角考察创新行为。

3.1.1 系统创新行为的含义、类型和特征

运用系统原理和方法研究创新问题,形成了创新系统和系统创新两个重要概念。创新系统的概念早在20世纪80年代就已形成,如国家创新系统、产业创新系统、区域创新系统、技术创新系统等。本书重点研究的是系统创新,而系统创新概念直到21世纪初才出现,尚未形成统一的认识。本书重点从创新行为的角度研究系统创新。

3.1.1.1 产业创新系统的复杂性

根据CAS理论,CAS的构成要素是具有适应性的主体(Agents),正是主体的适应性造就了系统的复杂性(Holland,1992)。创新行为与行为主体是不可分割的,任何主体都有其行为,任何行为都是主体的行为。产业创新的核心主体是企业,企业与企业之间及其与科研机构、高等院校等其他创新主体交互作用构成创新主体系统。产业创新系统的创新行为在一定的创新环境下运行,如政府、教育培训、金融、信息等部门就是产业创新系统的环境。本书从产业创新主体、创新对象和创新支持三重视角考察企业创新行为,提出系统创新行为概念。企业作为产业创新系统的核心主体与科研机构、高等院校等其他创新主体交互作用,并与创新对象、创新支持、创新环境交互作用形成复杂适应创新系统(Complex adaptive system of innovation,CASI),这一复杂适应创新系统的行为就称为系统创新行为。

产业创新系统(Industrial systems of innovation;Sectoral systems of innovation)的研究起源于熊彼特的产业创新理论观点。熊彼特在1912年出版的《经济发展理论》一书中详细阐释了由创新创业的新型企业家大胆尝试的创新,这些新型企业家所推进的创新有足够的能力,也足够幸运地取代产业中的现有企业;而在其1942年出版的《社会主义、资本主义与民主》一书中描述了来源于大型企业的创新,大型企业在特定的领域积累着难以被模仿的知识,获得了持续的和可自我繁殖的技术优势和产业领导力,从而引起了学术界关于企业规模、市场结构对创新影响的一系列研究和争论(Sutton,1998;Marsili,2001;Cohen,2010)。Freeman等(1982)依此将创新分为两类:熊彼特Ⅰ型创新和熊彼特Ⅱ型创新。基于熊彼特的两类创新,Nelson和Winter(1982)区分了两种技术体制:基于科学的技术体制和积累的技术体制,以及企业家精神机制和惯例机制。Pavitt(1984)依据创新来源和独占性机制提出了四类产业创新模式(表3-1)。Klepper(1996)把熊彼特Ⅰ型和熊彼特Ⅱ型产业间转化与产业生命周期联系在一起。

Breschi 等（2000）提出了更多技术特征、创新类型和市场结构之间关系的实证研究证据。Malerba（2002）整合并深化了产业创新分类理论和产业生命周期理论有关知识基础、创新行为者及网络、制度与公共政策等多个维度对产业创新差异识别和研究的成果，创立了产业创新系统理论。该理论既包括创新主体，也包括创新对象，还有创新环境；既体现创新主体间的空间网络关系，也包含创新主体与创新对象、创新环境的交互作用，还有创新与产业的协同演化，开启了基于 CAS 理论研究产业创新系统的先河，自提出以来引起了学术界广泛关注与共鸣，成为 21 世纪以来最有影响力的创新理论之一（戚聿东和朱正浩，2022）。

表 3-1　Pavitt 产业创新模式分类及其特征

企业部门分类	主要创新技术的来源	创新的类型	企业的规模	技术多样性的强度和方向
供应商主导部门	供应商	工艺创新	小	低度垂直
规模集约部门	企业内部供应商	工艺创新	大	高度垂直
特殊供应部门	企业内部用户	产品创新	小	低度同层面
基于科学部门	企业内部供应商	混合型	大	低度垂直高度同层面

资料来源：Pavitt，1984

按照产业创新系统理论，产业创新系统的创新行为主体为创造、生产和销售特定产品而进行市场与非市场交互作用，创新行为主体通过沟通、交换、合作、竞争和控制发生互动，并受到制度影响，通过不同要素的共同演化发生变迁及转型。产业创新系统具有与国家创新系统、区域创新系统和技术创新系统相同的创新系统特征，这四类创新系统都把创新和学习过程置于核心位置，重视分析的整体性、跨学科性和非线性，强调制度作用等。但国家创新系统聚焦于非企业型组织和制度概念，区域创新系统关注区域边界，技术创新系统更关注技术，而产业创新系统则聚焦于比较产业间的创新差异。国家创新系统理论起源于弗里曼对 20 世纪 80 年代日本汽车、家电等产业赶超欧美的现象的经验考察，并被迅速应用到发展中国家产业追赶的研究中（Freeman，1987）。然而，国家创新系统理论无法解释同一创新政策和制度难以跨产业成功复制的现象，如信息技术产业的成功政策与制度不一定适合生物技术产业（Radosevic，1999）。产业创新系统理论克服了国家创新系统理论对产业创新现象解释的不足，因为各产业具有不同的知识基础、行为者和网络、学习方式和制度，产业创新系统与产业特定情境相匹配从而更好地解释产业创新现象。

产业创新系统由交互作用的三个子系统组成：第一个子系统是创新主体行为

者与网络构成的创新主体系统。创新行为者包括企业（实验用户、中间用户企业、上游供应商、衍生企业、知识密集型创业企业）和非企业组织（高等院校、科研机构、金融机构、政府等），以及产业联盟、产业协会或者个人（包括消费者、科学家和创业者）等；产业创新网络是各创新行为者的联系方式，各行为者特定学习过程、能力、信念、目标、组织架构和行为塑造，通过沟通、交换、竞争、合作和控制进行互动。对于一些产业而言，如制药、生物技术和合成染料化学产业，企业与高等院校和公共科研机构的紧密联系对知识获取、产业创新与创新绩效至关重要（产教融合）。而对另一些产业而言，如软件行业，用户-生产者互动、全球和本地网络以及熟练人力资本的高流动性都至关重要。

第二个子系统是知识与技术构成的创新对象系统，包括支撑产业研发、生产和分销的基础性投入，作为研发成果的技术诀窍和专利技术，以及创造、交换、溢出相关知识并将其商业化的全过程。产业知识基础、学习过程与知识创造和交换过程密切联系。知识基础决定了企业内部或企业之间创新活动过程，如早期制药技术缺乏正式研究，随机筛选天然和衍生化合物方法的普及导致了研发爆炸式增长，随着分子生物学的出现，技术研究过程开始分为专业技术和通用技术。不同类型知识基础对新创企业的重要性因产业而异，在制药和电子产业，技术知识和市场知识重要性相当，而在生物技术产业，技术知识更重要。知识溢出效应对产业创新活动的影响也存在差异性，国内研发的产业间知识溢出效应比国际研发更强，而国际研发的产业内部知识溢出效应则比国内研发强得多。

第三个子系统是制度和公共政策。行为者受到制度影响，制度包含规范、惯例、公共习惯、规则、法律和标准等。制度可以是正式的（如专利制度）或是非正式的（如企业惯例），可由行为者创造，也可能在不同行为者互动过程中建立，如合同（Malerba，2005）。政府在产业发展不同阶段制定出口、教育、研发培训、知识产权保护、公共采购等支持和激励政策，对产业创新发展具有重要的积极作用。例如，美国政府在机身和发动机技术上的巨额投资促进了喷气式客机产业的发展，德国先进（双元）教育制度对现代化学发展起到了基础性支持作用，印度宽松的知识产权制度为国内制药企业初期创新能力发展提供了机会，等等。制度和公共政策也存在产业异质性，如研发税收抵免效应表明，研发倾向较高行业的平均研发投入和产出附加效应更强。三个子系统交互作用构成产业创新系统，如图3-1所示。

可见，产业创新系统是个多创新主体之间互动相互适应与多维度创新对象之间互动相适应，且与创新环境互动相适应构成的复杂适应系统。正是创新主体间的相互适应性，创新主体与创新对象、创新环境的适应性造就了产业创新系统的复杂性，形成不同产业及同一产业不同发展阶段创新行为的异质性。

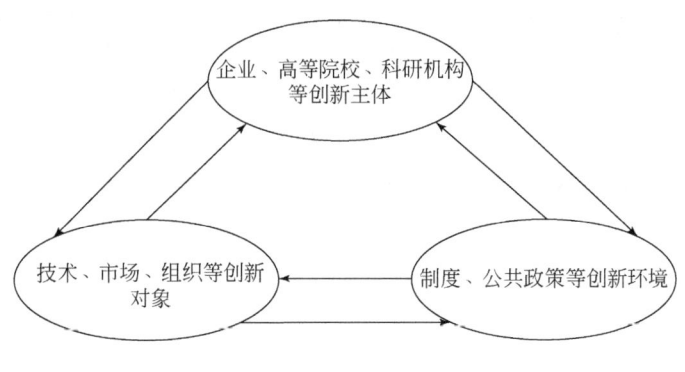

图 3-1 产业创新系统

3.1.1.2 系统创新行为的结构维度

进入 21 世纪以来，创新对象日益复杂，创新环境复杂多变，资源环境约束加剧，产业面临转型升级，企业独立地开展单一技术创新已陷入困境，系统创新应运而生。从创新主体的角度来讲，从企业独立创新向多主体协同创新转变，出现合作创新行为、开放创新行为；从创新对象的角度讲，从企业单一创新向多维创新转变，出现组合创新行为、集成创新行为。从创新主体和创新对象双重视角考察创新行为，可将创新行为分为四类：①单一主体单一对象的技术创新行为；②多元主体协同的技术创新行为，通常称为合作创新行为、开放创新行为；③单一创新主体的多维创新行为，通常称为组合创新行为、集成创新行为；④将多元主体协同，在一定创新环境下进行多维创新的行为，本书称为系统创新行为（表 3-2）。

表 3-2 创新对象主体行为组合分类

项目		创新主体	
		单一主体	多元主体
创新对象	多维对象	组合创新行为 集成创新行为	系统创新行为
	单一对象	技术创新行为	合作创新行为 开放创新行为

在这里，既存在多元创新主体间的协同互动，也有多维创新对象的互动作用，还涉及创新主体与创新对象、创新环境的交互作用形成的创新行为。这是对上述将多元创新主体之间交互作用，创新主体与创新对象、创新环境交互作用构

成复杂适应创新系统的行为称为系统创新行为的进一步细化和具体化。

在创新对象方面，系统创新行为涉及多维创新。从一个传统社会技术系统转型到另一个可持续性的社会技术系统，不仅涉及新的产品技术，还要涉及新的市场、消费者实践、管制措施、基础设施，甚至包含了新文化内涵（Elzen et al., 2004）。最初的系统创新是将企业的技术创新、管理创新、制度创新三者有机结合起来，进行系统化集成运作，创造持续竞争优势（强志源，2002）；是通过技术、组织、管理、机制和市场等各种创新要素的相互融合，提升整个创新系统的效率和效果，从而形成独特的创新能力和竞争优势（黄速建等，2010）。在宏观决策方面，系统创新是一个跨领域的政策方法，是由技术、市场机制、管制措施、社会创新等要素间互动或互助构建的"社会–技术系统"；其核心是系统转型的动力机制及动力机制的进化，是运用系统方法实现从旧的社会技术系统转型为新的社会技术系统，特别是转向可持续发展的、环境友好的社会技术系统（Geels, 2005）。在理论体系方面，系统创新也是将多元创新主体和多维创新要素统一到同一体系的一种新型创新系统，是将多层次、多元化、多维度的创新主体、创新要素和功能及创新资源等集成到相互关联、统一和协调的系统之中，引导创新向着有利于系统配置、资源整合，以及经济、社会、科技系统之间的协调发展（隋映辉，2008）。系统创新还是创新理论的一种新范式，反映了多元创新主体、多维创新对象、多层次创新系统的动态演化，在创新的进化模式、进化路径、进化动力、进化关联等问题上建立系统完整的理论（胡卫，2017）。

按照系统创新理论，系统创新行为包含四个结构维度：第一个维度是创新行为主体，包括民间团体、政府、非政府组织、公司（初创企业、中小企业、大型企业、跨国公司等）、知识机构（高等院校、技术机构、研究中心、技术院校等）及其他各方（法律机构、金融机构、中介机构、知识经纪人、顾问等）。第二个维度是创新行为过程，包括人工制品形成的生产、流通和使用三个环节。其中，人工制品的生产环节涉及资本、生产工具、自然资源等生产要素，还包含了科学知识、技术知识、知识转移（教育）等知识要素；人工制品的流通环节涉及流通网络、市场和基础设施，以及能够促成人工制品生产端和使用端进行交易的法律和规范；人工制品的使用环节涉及人工制品的文化含义、设备维修与维护、配套的其他与技术相关联的人工制品。人工制品和基础设施是技术和知识的物质性载体，是资本、劳动力、文化等资源投入产生的物质性成果。第三个维度是创新行为环境，包括制度和基础设施。其中，制度有三类：一是以法律为基础的规制性（regulative）规则，包括具有强制性的正式规则、法律、制裁和激励结构、治理机制、协议、标准、程序等；二是以道德为基础的规范性（normative）规则，包括具有社会责任和约束的价值观、行为准则、期望、权威体系、职责等；三是以文化和观念为基础的认知性（cognitive）规则，包括问题议程、信念、知识体系（范式）、现实模型、分类、术语/语言、搜索技巧等。这些规则相互关联，被连接在一起，并组织成规则系统（Geels，2004）。基础设施也有三类：一是物理基础设施，包括人工制品、仪器、机器、道路、建筑、电信网络、桥梁和港口等；二是知识基础设施，包括知识、专业知识、专有技术和战略信息等；三是金融基础设施，包括补贴、金融项目、赠款等（Wieczorek and Hekkert，2012）。第四个维度是联结上述三个维度的社会网络，包括生产端的社会群体、使用端的社会群体、流通环节的社会群体三个网络。其中，生产端的社会群体网络由企业、设计师、工程师、设计公司、技术研究与咨询机构、风险投资者、银行、保险公司、原料与设备供应商、大学与公立私立实验室、大学与学校等教育机构、劳动者与技术技能型人才交互作用构成；使用端的社会群体网络由媒体、社会组织（非政府机构、消费者群体）、消费者、维修服务商交互作用构成；流通环节的社会群体网络由公共权力机构（中央政府、地方政府、国际组织等）、消费市场、分销网络交互作用构成。

3.1.1.3 系统创新行为的基本特征

如上所述，系统创新行为是复杂适应创新系统的行为，是多元创新主体互动相互适应及其与多维创新对象、创新环境互动相适应的创新行为。系统创新行为具有如下三个特征。

首先，系统创新行为是多维创新对象的互动，这与组合创新、集成创新有联系又相区别。组合创新概念起源于熊彼特对创新的概念界定。熊彼特认为，所谓创新就是"建立一种新的生产函数"，也就是说把一种从来没有过的关于生产要素和生产条件的"新组合"引入生产系统。这种新组合包括引入新产品、新工艺、新市场、新的原材料来源和新组织，经济发展就是"执行新组合"。新产品和新工艺是以技术为核心的创新，称为技术创新；新市场和原材料新的来源是由技术的变化引起或依赖于技术变化，是市场创新；新组织是适应技术变化而形成的管理创新和组织创新。德鲁克将创新概念进一步推广，认为"创新并非仅在技术方面"，"凡是能改变已有资源的财富创造潜力的行为，都是创新"，如体现在管理、市场营销和组织体制等方面的新能力、新行为，即属于管理创新、市场创新和组织创新。创新行为=创新选择+创新管理+创新战略，这被称为德鲁克式创新，其特征体现在创新内涵很丰富，创新选择多样性。系统创新行为不仅维度更广，包括技术创新、管理创新、制度创新、文化创新、环境创新行为等，而且更强调各创新对象间的互动，以及创新主体与创新对象的互动适应性。

集成创新概念起源于Rothwell（1994）关于技术创新过程模式的研究。技术创新过程模式经历了20世纪50年代至60年代的技术推动模式，60年代至70年代的市场拉动模式，70年代至80年代的技术推动与市场拉动交互模式，80年代至90年代初的一体化并行发展模式，90年代中期形成了诸多创新要素集成模式，被称为第五代技术创新过程模式。第五代技术创新过程模式的核心在于创新战略集成，即企业在创新过程中提高开发效率、减少开发时间、降低开发成本和提高可持续竞争力的一组战略集成，包括率先开发出一种新技术、新模型或新产品，率先将新产品或新服务推向市场的时间战略；技术积累、技术外购、技术融合的技术战略；根据制造能力进行设计/柔性设计、并行和一体化开发、全面质量控制的运作战略；企业的灵活性及快速反应、供应商整合、关注用户、产学研合作、考虑政府及行业组织的组织和网络战略；企业内部信息化、企业与创新网络成员有效的信息连接的信息化战略。这里的集成创新不仅包括创新对象，也涉及多元创新主体及创新网络，但创新对象主要是指技术创新，"通过组织过程把好的资源、工具和解决问题的方法进行应用称为技术集成，它为提高R&D的性能提供了巨大的推动力"（Iansiti，1998）；而系统创新行为的维度更广，包括技术创新行为、管理创新行为、制度创新行为、文化创新行为、环境创新行为等，而且更强调各创新对象间的互动，以及创新主体与创新对象的互动适应性。

其次，系统创新行为是多元创新主体的协同，这与合作创新、开放创新有联系又相区别。合作创新（Cooperative innovation）是企业与企业之间、企业与高等院校和科研机构之间，以共同利益为基础，以资源共享或优势互补为前提，按照合作目标、合作期限和合作规则展开联合研发的行为（赵玉林，2017）。合作创新更多地发生在科技型中小企业、新兴技术企业和高新技术企业，有委托代理、研发基地、研发公司、战略技术联盟等多种组织形式，体现了系统创新行为的多元创新主体协同，但合作创新涉及知识产权、利益分配等复杂问题，更适合公共产品创新、技术创新的前端、基础研究，而对于更关注技术创新后端商业化应用的企业而言，主要是有效利用外部资源提升自身创新能力的问题，这就有了开放创新的概念。

开放创新（Open innovation）强调创新的来源不仅包括企业内部，还包括企业外部，企业的技术创新过程是开放的（Chesbrough，2003）。外生要素可以通过过程参与、资源输入、双向反馈三种形式转化为企业的内生创新能力（黄速建等，2010），如表3-3所示。开放创新关注的是企业自身创新能力和竞争优势提升，并非多元主体的协同，也不是多维创新对象的互动，这是与系统创新行为的显著区别。

表 3-3 外生要素到内生创新能力的转化机制

转化机制	过程参与型		资源输入型	双向反馈型
外部主体	产学研	用户组织	市场	终端用户
参与阶段	基础研究 应用研究	产品开发	创新资源投入	产品设计 产品试验 商业化
参与方式	股权合作 契约合作	信息交流 契约合作	市场交易 风险投资	市场调查 售后服务
要素输入	科学基础知识	产品应用知识	人才、技术、资金	需求信息
系统支撑	研发体系 项目管理 利益分配机制 知识产权保护机制	信息沟通机制 知识产权保护机制	灵活组织 激励机制 技术采购 融资管理	市场营销 客户服务
能力输出	学习与吸收能力 技术研究能力 创新活动管理能力	产品开发能力	创新投入能力	产品开发能力 商业化能力

资料来源：黄速建等，2010

最后，系统创新行为是创新主体与创新对象、创新环境的互动相适应，这与整合式创新有联系又有区别。整合式创新范式有四个核心要素："战略创新""全面创新""开放创新"和"协同创新"。强调创新行为的战略统领，创新主体的全要素调动、全员参与和全时空贯彻，充分利用创新的外部资源和外部机会，企业、政府、高等院校、科研机构、中介机构和用户等多创新主体的协同合作（陈劲，2021）。整合式创新体现了系统创新观，从战略上设计创新的长远目标和全局行为，从系统与环境的关系上着眼于企业创新发展密切相关的外部资源供给（如高等院校、研究机构、供应商、技术与金融服务机构等）、创新政策与制度支持（政府、国内外公共组织和行业协会等）及创新成果的需求（消费者、领先用户、竞争对手和利基市场用户等），从系统与其内部构成的关系上助力企业调动创新所需的技术要素（研发、制造、人力和资本等），以及从系统内部与部分关系上提升企业创新能力的非技术要素（组织、流程、制度和文化等），构建和强化企业的核心技术和研发能力，打造创新系统型企业。但整合式创新是一种创新管理范式，是总体创新、大创新的创新管理范式，是通过战略引领和战略设计，从总体、全局、整体上将企业创新管理的方方面面进行有机整合，为企业、产业和国家实现重大领域、重大技术突破性创新提供支撑，解决的是怎么做的问题，而本书讲的系统创新行为则是一种经济性行为，是产业经济的一种市场行为，解决的是做什么的问题，更强调多元创新主体的互动相适应，多维创新对象互动相适应，创新主体与创新对象、创新环境的互动相适应，且结合产业实际，更符合特定产业特征和产业发展阶段性特征。

3.1.1.4 系统创新行为的理论内涵

如前所述，系统创新行为是复杂适应创新系统的行为，是多元创新主体互动相互适应及其与多维创新对象、创新环境互动相适应的创新行为。本书的系统创新行为是产业经济的一种市场行为，与德鲁克式困境、德鲁克式创新、组合创新、合作创新、整合式创新具有相似性，又具有异质性。

德鲁克式困境是指企业在生产经营过程中遇到了似乎无法解决的困难处境，必须摆脱困境才能重生。其特征体现在对困境摆脱的人为性、制度因素、政策环境决定性。德鲁克式创新是指创新＝创新选择+创新管理+创新战略，其特征体现在创新内涵很丰富，创新选择多样性。组合创新就是熊彼特创新，由：①产品创新；②服务创新；③工艺流程创新；④原料或半成品来源创新；⑤市场创新；⑥组织形式创新组合。其特征体现在创新要素之间是相互依存、有机统一的组合。系统创新行为与之比较具有相似性，但创新维度更广。技术创新行为、管理创新行为、制度创新行为、文化创新行为、环境创新行为，只是系统创新行为的相似性要素。合作创新是指多元主体的合作创新行为，这与系统创新行为的多元创新主体协同具有相似性，但系统创新行为又有其异质性，体现为：①企业是一个整合的系统，有产权约束机制；②市场约束机制；③企业组织系统与环境相互渗透，边界面积增大，开放度增加；④企业组织系统独具的动态能力[1]与协调过程；⑤是组织系统的流程、定位和路径。其特征体现在其形成独有的并异于其他企业创新行为完全不同的网络化和小世界的异质性创新行为。系统创新行为具有各类创新行为的共性效应，又有其特殊效应，如：①自催化效应；②低成本扩散与收益放大效应；③风险分散效应；④技术导向效应；⑤协调整合效应。其特征体现在创新主体靠这五种效应，奠定了创新主体在创新活动中的优势地位，是有别于"相似性"创新行为的旺盛的生命之源。关于整合式创新范式的"战略创新""全面创新""开放创新"和"协同创新"四个核心要素，其本质特征仍然体现在要素相互联系的系统观中。

综上所述，系统创新行为是复杂适应创新系统的行为，是多元创新主体互动相互适应及其与多维创新对象、创新环境互动相适应的创新行为，可以从三个方

---

[1] 动态能力（Dynamic capabilities）。本研究将动态能力或行为定义为企业学会认识变革的需要，继而重新配置内部和外部资源的能力或行为以抓住迅速改变的环境所创造机遇的能力或行为。因此，考虑到路径依赖和市场定位，动态能力或行为反应了为获得新的、创新型的竞争优势，组织进行调整和适应的能力或行为。

面把握：一是创新对象区别于单一创新行为，系统创新行为是多维创新对象的互动适应性；二是创新主体区别于独立创新，系统创新行为是企业与外部资源的互动适应性；三是多元创新主体与多维创新对象、创新环境的互动适应性。在系统性政策工具刺激下的系统创新行为，与组合创新、合作创新具有相似性、异质性、共性效应，整合式创新范式"战略""全面""开放""协同"四要素聚合特征，具有相互适应性、主动性、目的性、智能性的行为主体子系统与政策环境、社会系统构成的运行机理。系统创新行为及其运行机理如图3-2所示。

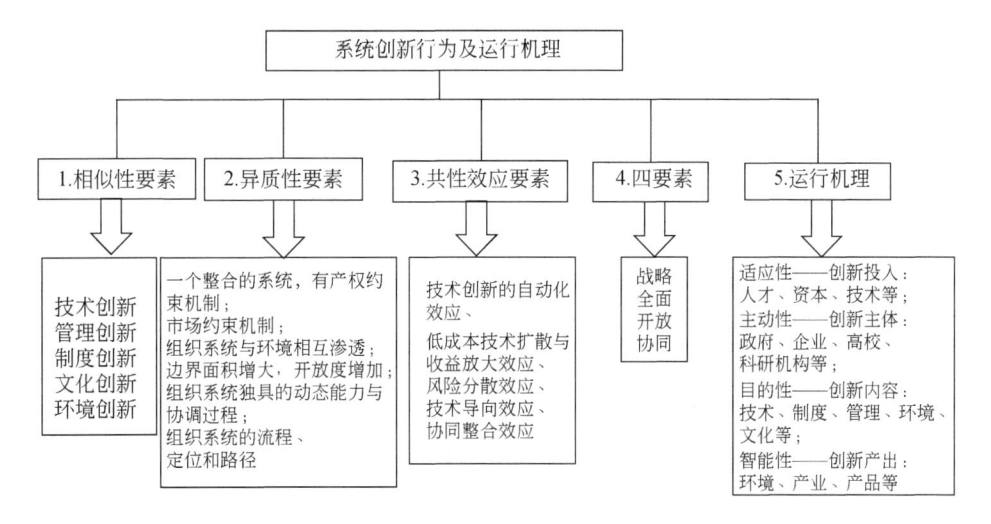

图3-2 系统创新行为及其运行机理图

3.1.2 系统创新行为形成溯源

本节溯源归因的目的是要从历史事实中归纳出结论、观点和规律。本书以贵州磷化工产业为例，贵州磷化工产业系统创新行为溯源归因的共性图景可以成为我国企业系统创新行为历史车轮碾过的样本。

产业组织理论日益从同一产业内部企业之间的关系的研究，深入至企业组织变动、企业内部组织及其治理问题的研究，也就是已经涉及企业内部这个"黑箱"了。例如，对于磷化工产业组织的企业购并、企业集团、战略联盟、公司治理等问题的研究，既涉及企业外部又涉及企业内部的研究。本节所归集研究的企业是贵州上百家磷化工企业中具有代表性的创新企业。从他们"德鲁克式"困境、创新动因与创新组合归因分析，可以得出具有理论意义的启示和借鉴。

李金顺（2005）在《贵州企业史话》中概述了为改变企业生存现状而创新

的动因：贵州企业从无到有，从弱到强，从单体分散到自成体系，从原始状态到高新科技，经过萌芽产生、艰难成长、健康发展几个阶段的创新，出了多少企业家，凝聚了多少仁人志士的心血，流传着多少苦辣酸甜的故事，应该写部史书，传及后世。他认为贵州企业发展的基本特点是融入性、二元性、机遇性和跨越性。融入性是指在历史上不少企业都是从省外迁进并融入贵州的，它们为贵州奠定了完整的工业体系。二元性是指具有先进生产力的企业和具有原始生产力的企业并存，一方面是原始生产力的大量存在，另一方面先进生产力的企业可以和全国的先进水平媲美，即"墙外刀耕火种，墙内导弹升天"。机遇性是指贵州企业发展的机遇很强，特有的机遇有抗日战争、三线建设，尤其是西部大开发更是为贵州提供了千载难逢的大好机遇。跨越性是指历史的机遇必然带来发展的跨越性，体现在：第一，企业规模迅速扩大，企业数量大幅增加；第二，企业实力明显增强，布局更加合理；第三，技术力量迅速增强，管理水平显著提高。改革开放和西部大开发，比历史上任何一次机遇都更为难得。国家的建设靠企业，建设又需要为企业搭建平台。以经济发展为中心的观念等软环境为企业的发展提供了良好的外部大环境，现代企业制度的"十六字"方针（产权清晰、政企分开、权责明确、管理科学）使企业家有了充分发挥才干的可能。

李金顺（2005）在史话内容中着重所写经营者的素质和员工的积极性、创造性；技术进步和技术改造的水平，尤其是核心技术的领先性和垄断性；产品的适销对路和市场的占有率；管理水平的不断创新和提高；企业的可持续发展等五个方面是绝好的创新组合归因分析研究企业内部这个"黑箱"的依据。

改革开放使贵州企业迅速发展并逐步成熟。这种创新组合式发展和成熟，体现在以下十个方面现：一是产权制度明显进步，出现了一批按现代企业制度建设的企业，如南方汇通、振华科技、赤天化、黔轮胎、贵州茅台、盘江股份、贵州益佰等股份公司组建并成功上市。二是法人治理结构明显进步，股份制企业普遍建立了董事会、监事会和以经理为首的执行层。三是民营企业明显进步，出现了像贵州神奇、老干妈、益佰制药等全国知名的民营企业。四是经营机制明显进步，企业普遍推行了岗位工资制度、聘用合同制度、竞争上岗制度。五是企业管理明显进步，如赤天化的"11863"管理模式和"621"管理手段、贵州茅台酒厂的6R法、风华冰箱的模特排时法、建工集团的流程再造等。六是科技含量明显进步，出现了一批努力走新型工业化道路的企业。七是企业文化建设明显进步，如水钢的企业文化建设、六枝工矿集团的"三立文化"等在企业管理中发挥了巨大作用。八是品牌知名度明显进步，如在保持传统名牌茅台酒、华光铝锭、赤牌尿素等基础上新增了磷酸二铵、贵轮子午胎等全国名牌。九是经营规模和效益明显进步，如高等级公路开发公司等企业拥有超过万亿以上的资产、水城钢铁公司等企业年销售额在40亿元以上、茅台酒厂等企业每年税利超过10亿元（近几年，上几百亿）。十是领导人员和职工素质明显进步，出现了一批优秀企业家。

从上述贵州工业"德鲁克式"困境解脱、创新动因的激发与创新组合的溯源可知：在反思教训基础上形成的发展共识是创新的原动力。在对贵州磷化工产业创新演变初期的溯源考察表明，其企业集群初期的创新行为是零星而微弱的，显然还不能作出"德鲁克式"困境解脱、创新动因的激发与创新组合的现象归因。但磷及化工产业创新的天时、地利、人和的政治、经济、文化、社会环境已然形成，更重要的是，演进中的中国特色社会主义市场经济体制确立，国家创新制度的建立使企业家们有了自主创新的权利。

贵州磷化工企业正是在改革开放的大好环境下因创新行为而摆脱困境，新生、复兴、发展乃至可持续。本节后续的"德鲁克式"创新动因的归因分析可看到企业的创新行为，既有熊彼特的"创新组合"又有德鲁克的创新=创新选择+创新管理+创新战略，战略元素的整合在于企业家的智慧，并与整合式创新行为关联。系统创新要素雏形已然初具，逐渐演变成为普通创新型企业（创新型、科技型）企业的创新行为、创新系统型企业的系统创新行为。

3.1.3 系统创新行为的动因

从事物发展的逻辑看，系统创新的动机始终贯穿于企业创新活动的早期、蜕变与成长、嬗变与发展，至可持续关联互动演化的过程、条件和环境之中。其系统创新行为形成的动力因素、动力机制、动态能力都具有强关联性，且蕴含于系统创新行为的全动态图景。

创新动因的先决条件是：好的制度保障，好的环境营造创新的氛围。体现在国内政治、经济、文化、社会环境的宽松与友好，尤其是中国特色的社会主义市场经济体制的建立。但是，在推动技术创新进步上，政治远没有市场有效。

就创新行为的政治经济动因而言，"改革开放"是最大的动因。党的十一届三中全会决定"以经济建设为中心"，使思想解放了的中国人民在几十间创造出了一个世界经济发展奇迹。尤其是中国特色的社会主义市场经济与科学技术的融合，极大促进中华民族向世界文明的迈进。因此，科技创新是一个民族、一个国家经济内外循环的原动力。

当前，中国经济发展面临三重压力交错。中央经济工作会议指出，三重压力交错，谨防政策出台"合成谬误"。显然，国家再次强调要把市场作为资源配置的决定性力量，就意味着以后中国的一切改革发展取向的最终目标是以市场结果作为最终标准，而不是行政意志，也不是眼前利益。只有当政界、工商界和民间都认识到市场才是资源配置的决定性力量，以市场为导向，以需求为准绳，才能彻底激活市场的活力，走出当下的发展困局。若资源配置不能在市场中起决定作用，市场公平被破坏，创新能力、行为和经济发展的内生性动力就会被削弱，就会出现既无创新主体又无创新行为的严重问题。

就企业系统创新行为的动力机制而言，需要面对的是：什么原因推动了企业（集团）的技术创新活动呢？现代技术创新理论认为，推动企业技术创新的动力主要有两个方面：一是创新利润的诱惑；二是市场竞争的压力。本研究认为，就企业而言，推动其技术创新的动力可以归纳为以下几方面的因素：一是摆脱困境的压力；二是市场竞争的压力；三是创新利润的诱惑；四是技术创新的激励作用；五是创新企业的社会条件（政府的政策扶持与债权转股权变更、中央政府自负的国债）；六是有卓越的异质型领导人及其决策层。显然，企业技术创新的动力机制的表述，仍然有很大的时滞性，是立足于"技术创新"这条线。

而企业为什么要系统创新（创新动因），则是企业从蜕变与成长、嬗变与发展必须面对的现实。如前所述，摆脱困境实现了突变型和渐进型创新的企业，把创造性地开展工作，以求又好又快成长与发展作为企业一切活动的最高目标。在形成多法人治理结构和系统内部相对稳定状态的非均匀分布过程中，为自身的成长与发展创造了一种在不危及自身安全前提下顺利实现嬗变与发展的机制。动态能力理论认为，企业是难以模仿的有形和无形资产的孵化器和储藏室。企业的成功典型案例说明了技术资产和知识资产是非常关键的。企业独特的流程支持了其专有资产（定义为企业专有资产的统一簇群）和创新、保护与增加。这些资产和能力同时反映了领导人个人的经验和能力，以及企业内部做事的特有方式。由于，这样的资产和能力很难模仿并且在市场上得到了有效的部署和重新配置（反映了动态能力），所以它们是竞争优势的基础。

产业集群技术创新是企业融入世界经济循环，不断提高国际竞争力的重要途径。孙从军和晁蓉（2008）运用系统分析法从产业集群内企业间的竞争与合作、有效的集体学习机制、创新文化价值观的激励等六个方面的行为对促进产业集群技术创新的内在张力和外部推力两大动因进行初步探讨，强调技术创新行为的主体要素、功能要素及环境要素的共同作用对产业集群发展的重要性，以引导企业更好、更快地成长。系统创新行为是对原有的与过时的产业结构的创造性破坏与扬弃，它实质上是产业突变与系统创新行为的重组过程。现期的产业突变与系统创新行为的重组动力来自何处呢？抽象地说，现期产业突变与系统创新行为的重组动力，来自于现期的产业结构严重地不适应我国经济内外循环发展的需求结构、技术水平的价值彰显和资源（耗损率）结构偏高的综合压力与世界经济发展的演变趋势。具体地说：其一，现期产业突变与系统创新行为的重组动力，来自于国家实施的创新驱动发展战略和经济转型发展战略背景下，因"政策制定者战略性导向下的系统创新行为而优化的扶持政策"所形成的利益驱动系统。其二，产业迫切需要转型升级。产业转型首先是驱动力的转型，即从要素驱动转变为创新驱动，从依靠要素高投入实现高速增长转向依靠创新实现高质量发展。产业升级包括产业结构升级和产业全球价值链的地位升级。当前，我国传统产业就迫切需要转型升级，亟须对传统产业系统创新行为作出转型升级后创新行为的探研。而传统企业系统创新行为是以传统产业系统创新行为为基石的。故，由实践的分析与总结形成传统磷化工产业"系统创新行为范式及其运行机理"成了本书研究的重要层次目标之一。其三，产业国际竞争日益激烈。西方发达国家再工业化、制造业回流、高技术封锁、高端产业打压、传统产业向东南亚转移，使我国制造业面临双重挤压。我国制造业大而不强，虽然进入世界500强的企业数量超过美国，但产业绩效低下，进入世界500强的制造业企业近半数为负利润。在这样的严峻形势下，通过产业系统创新行为对市场结构和市场绩效影响的研究，找出CSP相互关系，探究三者双向关联互动的正相关边界在哪里，N家企业创新行为博弈收益的最佳边界节点在哪里。故，构建系统创新的CSP模式分析框架，是本书研究的重要目标之二。其四，中国磷化工产业形成的产业系统创新行为模式亟待总结和推广。从上文国内外相关研究文献综述可以看到，传统产业组织创新发展与新兴产业组织创新发展的特点不同。传统产业组织创新发展经历了从技术引进到技术消化吸收基础上的再创新到"组合创新""相似性"创新至"系统创新"的演化，而现有的产业组织创新研究更多关注新兴产业组织的形成，因此本书的研究将着重于传统产业组织系统创新发展问题。

3.2 企业创新行为特征及其市场效应分析

贵州磷化工产业具有两类代表性的创新型企业：普通创新型（创新型、科技型）企业和创新系统型企业。本书将从其创新行为实践中解析出"德鲁克式"困境现象，归因出德鲁克式创新的内在机理；作为创新主体的核心作用，组合创新的市场效应、"德鲁克式"创新与整合式创新行为要素特征归因及其运行机理。

磷化工产业包括上游的磷矿石，中游的由磷矿石直接制成的黄磷、磷酸等，下游的磷酸盐、磷肥等。磷肥应用于农业，磷酸盐应用于工业洗涤剂、金属表面处理、工业水处理、食品添加剂、医药、塑料增塑剂等领域。我国现有磷化工企业400余家，主要分布在贵州、云南、四川、湖北等地，其中贵州祥宇磷化工特种装备制造有限公司、云南福贵磷化工有限公司等经评价入库全国科技型中小企业，云天化集团有限责任公司、湖北兴发化工集团股份有限公司、WF（集团）有限责任公司等被科学技术部认定为全国创新型企业，后又由工业和信息化部认定为全国技术创新示范企业。科技型中小企业可对应熊彼特 I 型创新，全国试点或示范的创新型大企业可对应熊彼特 II 型创新。本书将形成复杂适应创新系统的创新型企业称为创新系统型企业，将未形成复杂适应创新系统的高新技术企业、科技型中小企业称为普通创新型企业；相对于创新型企业而言没有创新行为的企业称为非创新企业。

3.2.1　创新企业类型及其在产业创新发展中的地位

按国家三部委的定义，创新型企业的类型特征体现在：①自主创新能力突出；②持续盈利能力强；③创新的全面性；④创新的持续性；⑤成果产权化[1]。

科技型中小企业的显著标志是科技人员占企业职工总数的比例在 30% 以上，研发投入占销售收入比例在 10% 以上，拥有自主知识的科技成果[2]。

创新型企业是产业创新发展的基础，科技型中小企业是产业创新发展的主导，但两者的创新行为都是组合创新，与创新系统型企业的系统创新行为既有联系又有区别。要通过演化过程实证形成"系统创新行为范式及其运行机理"就要研究创新型企业、科技型中小企业的组合创新行为，分析其创新行为要素特征及该创新主体子系统如何进行创新的创新运行机理与效应。

创新系统型企业是具有（组合创新、合作创新、异质性、共性效应、整合式创新等）创新要素聚合，形成系统创新行为特征及其运行机理的企业。创新系统型企业的显著标志是创新行为的系统性，而且创新绩效最高。

创新型企业是研发经费投入强度和研发人员占比较高，且拥有自主知识产权的企业，是产业创新发展的基础；科技型企业是科技人员为主体的高新技术领域的创新型企业，是产业创新发展的主导。形成复杂自适应创新系统的创新系统型企业，是产业创新发展的核心。如图 3-3 所示，只有创新系统型企业的创新行为才是系统创新行为。创新型企业为产业创新提供决策支撑；科技型中小企业为产业创新发展提供引领；创新系统型企业为产业创新发展提供示范，形成了创新主体创新行为、创新对象和创新支持子系统，以及联结上述三个维度的社会网络，反映的是创新行为主体的相互关系（图 3-3）。

---

[1] 科学技术部、国务院国资委、中华全国总工会《关于开展创新型企业试点工作的通知》（国科发政字〔2006〕110 号）。

[2] 《科技部 财政部 国家税务总局关于印发〈科技型中小企业评价办法〉的通知》（国科发政〔2017〕115 号）。

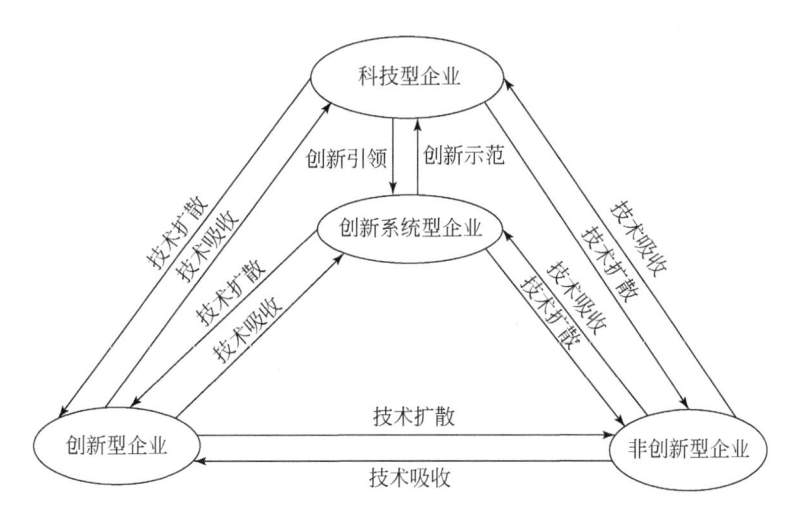

图 3-3 创新行为主体系统及其相互关系

3.2.2 普通创新型企业的组合创新行为要素特征及市场效应

上述分析将创新型企业和科技型中小企业归为一类，称为普通创新型企业，以示与系统创新行为的创新系统型企业区别。

产业是指产业内企业间的市场关系和组织形态，产业创新系统的主体子系统是企业。磷化工产业创新主体的创新决策行为，可归为二类：一类为普通创新型企业，在产业创新系统中起基础与主导作用；另一类是创新系统型企业，在产业创新系统中起核心作用。创新系统型企业的系统创新行为演化形成复杂适应创新系统（CAIS）。创新主体与创新行为有联系，创新行为是创新主体的创新决策行动，创新主体是创新行为的行为主体。创新行为主体子系统、创新对象子系统（创新行为过程）、创新环境子系统（创新行为环境，包括制度和基础设施）、创新支持子系统（作为联结上述三个维度的社会网络）与系统创新行为研判系统相互作用形成了创新行为系统，这是创新理论的一种新范式。

3.2.2.1 普通创新型企业的组合创新行为要素特征

国家部委定的创新型企业是指研发经费投入强度和研发人员占企业职工总数比例较高，并拥有自主知识产权的企业。

国内外学者对于创新型企业的含义都有一定的界定，其中比较有代表性的界定如，保罗·萨缪尔森和威廉·诺德豪斯（2006）认为："创新型企业是一个有创新思想、创新制度、创新组织、创新机制、创新人才的有机整体，拥有一定的自主知识产权和核心技术能力，能够持续创新并且创新为企业带来持续的收益，是一种以创新为根本特征和运行基础的新型企业管理和发展模式。"张林（2012）认为："创新型企业是以创新思想为指导，以创新体系为基础，以知识产权化的技术和品牌为核心，以实现全面而持续的自主创新为手段，以获取更多利润和取得不断发展为目标的新型企业。"

根据科学技术部、财政部、国家税务总局出台的《科技型中小企业评价办法》中，科技型企业的显著标志是科技人员占企业职工总数的比例在30%以上，研发投入占销售收入比例在10%以上，拥有自主知识的科技成果。显然，科技型企业与国家部委定义的创新型企业的主要特征是不同的，凸显了科技人员占职工总数比例、研发投入占销售收入比例、自主知识产权成果等都要达到较高的标准。科技型企业的研发能力更强，其产业领域更多集中于新兴产业、高技术产业，科技领域更集中于前沿，因而在产业系统创新中起主导作用、引领作用。陈志在其《科技型企业核心竞争力研究》中，通过七个方面的描述对科技企业进行了分析。夏金华和刘冬荣（2015）从人力资源管理角度对其进行了归纳，如表3-4所示。

表3-4 科技型企业创新行为的主要特征

特征类型	特征表现
人力资源为关键资源	人才密集；领军人物（T型人才）；专门人才
无形资产比有形资产创新更大价值	市场占有率；技术资产和智力资本是最关键和核心资产
经济性与公益性产出并重	产业多样化；产品附加值高；产品风险高
管理方式以尊重与激励为主	高学历群体占比高；核心业务主要为项目开发；管理过程更需要体现灵活
组织结构趋扁平化	由科层管理制转变为项目管理制
追求企业文化管理模式	丰富自我，不断创新；团结协作，共同发展；开放管理，以人为本

资料来源：夏金华和刘冬荣，2015

由表3-4可以清晰地知道科技型中小企业的主要特征，但从后面对其"组合创新"行为属性要素特征的归因分析，可知其在创新的经济、社会特征方面与创新型企业、创新系统型企业是有相似的创新行为，即也都有组合创新要素。科技型企业的高技术性质主要是基于两个方面的分析：第一，从企业的产品中知识含量和技术构成比例来看，企业所提供产品其技术与知识成本占比是否高于劳动力和原材料成本占比，如果要前者高于后者，则划为高技术性质，反之则不是；第二，可以从企业价值运动（行为）过程来分析，企业生产和服务的价值创造环节各个阶段中某一过程或者阶段中是否有高技术活动的影子，如果有则属于高技术企业，反之则不属于高技术性质。而国外对高技术企业的认定主要是基于两点：第一，依界定的高技术产业概念；第二，按照企业的产业属性对其对号入座划分是否属于高技术类企业。

科技型中小企业要将高技术转化为成果，形成具有特质的产品或者服务等，其产品和服务多具有知识密集、高研发费用占比、增速较快、技术发展快和产品附加值大等特点，这类企业除了具有企业的一般特点外，还具有自身的特色，其成立及发展的基础是基于高技术的特殊运作模式，因此，科技型企业是具有高技术的企业。目前，世界各国对高技术企业的认定不尽相同。由泛化的科技型中小企业定义、特征及效应内涵，可知其在企业创新系统中是一类，既具有创新型企业、创新系统型企业属性特征又具有自身高技术特性的企业（如华为就是典型的科技型企业、高新技术企业），其在产业系统创新行为主体子系统中具有重要的（领军）主导地位，是产业系统创新行为主体系统的主导型企业，起着引领作用。其特殊性体现在，它们都是以高新技术为显著特征，以利润最大化为经营目标的重要导向型（领军）企业。它是既具有组合创新特征又具有自身高新技术显著特征的企业。

上述叙述是依据国家三部委和学者们的相关研究归纳出的创新型企业、科技型中小企业创新行为特征。显然，这些特征并不能完全地、真实地体现出归为普通创新型企业多维的组合创新行为在创新方面的作为。本研究认为，普通创新型企业多维的组合创新行为是系统创新行为的基础与主导。要真正确立企业的创新主体地位，企业首先要具有普通创新型企业多维的组合创新行为。

由下面的普通创新型企业的组合创新行为归集可知，其创新要素特征体现在企业的组合创新行为中或多或少包含系统创新的"相似性"要素特征。它是两类企业创新行为类型中都具有的相同特征。

3.2.2.2 普通创新型企业的组合创新行为要素归因分析

归因分析是要从其各具特色的历史案例溯源始，从历史事实中归纳出结论、观点和规律，归因出系统创新行为演化过程内在机理因素。从这里可以看到企业是怎样创新的，以及企业是怎样为有关的问题找到一个合理的解释。

企业"组合创新"是基于熊彼特创新概念的生产要素和生产条件的"新组合"。组合创新实际是在企业发展"战略"引导下，受组织因素和技术因素制约的系统性"协同"创新行为及德鲁克式"创新"。组合创新的创新行为或多或少包含产品、技术、管理、制度、文化、环境等创新的"相似性"要素特征。本节选择赤天化工有限责任公司（简称赤天化）作为普通创新型企业、WF（集团）作为创新系统型企业演变初期的（组合创新）典型案例，分析其创新行为要素特征并归因。

一个能够 29 年盈利，连续 27 年无死亡事故，产品、企业和领导人都获得业内最高奖励的奇迹企业，也曾陷入困境，而后因创新而摆脱困境并可持续发展。

(1) 困境原因

按计划经济模式在深山沟建设的企业地处偏僻交通不便，建设期间多种因素投产后人心不稳，生活艰难（1984 年前）。

(2) 解困原因

有三个主要因素：有一个好的企业家群体，有一种符合实际的经营思路，有一套有效的管理办法。首先企业家群体不仅有艰苦奋斗的精神，而且充满了智慧和才干，充满了坚忍不拔的毅力和意志。其次坚持以人为本，紧紧围绕提高经济效益为中心，大力推进科技进步和管理进步两个轮子；坚持以人为本、育人为先，着力建设高素质的职工队伍，重点抓好人才选择、培训、实践，营造健康环境。

(3) 发展原因

首先是引进新产品，新的生产方法，并实行新的组织形式。赤天化从工厂建成投产第一天起，就以国际最先进水平为目标，不断进行技术改造：1979 年改造了燃料系统；1983 年自行设计安装投产了当时国内最大的烟道气 CO_2 回收装置；1984 年使用国产节能电机改造水汽循环泵。实行新的组织形式方面，建立现代企业制度。1987 年引进安装美国大机组诊断监测系统 DDM 和 ADRE；1988 年又引进意大利长萨公司的技术，为氨合成塔内件进行了改造；等等。其中，CENTUM 集散控制系统的引进解决了氨合成塔系统要靠控制人员从万余块表盘中识别 2000 多种信息的高强度劳作、不能精确化稳定运行的落后状况。赤天化是全国化肥业中唯一一家被国务院确立为"全国 100 家建立现代企业制度的试点单位"。

其次是文化软实力（服务创新）。坚持人人都是管理者、人人都是被管理者的管理理念，笃信"管理也是生产力，管理能够出高效益"。赤化天在实践中创造出运行有效的"11863"管理模式和"621"管理经验。"11863"管理模式："1 条路子""1 个关系""8 个字""6 个不断""3 个一步"。"1 条路子"是指在企业管理中走自己的路子，抓住一个根本，围绕一个中心，推动两个轮子，达到一个目标。其中，根本是以人为本，育人为本，（服务创新）；中心是紧紧围绕提高企业经济效益；两个轮子是科技进步和管理进步；目标则是把赤天化建设成中国特色的适应社会主义市场经济的一流企业。"1 个关系"是指要正确认识和处理管理与人的关系。"8 个字"是指"上下、左右、大小、内外"，它既是管理的原则，也是管理的辩证法。"上下"是指上下级关系，下级要服从上级，局部要服从整体，要有全局观念。"左右"是指既要正确认识自己，也要正确认识别人。"大小"是指大气候与小气候的关系，就是要营造并保持好自己的小气候，为形成大气候作贡献。"内外"是指要处理好内因与外因的关系，不等靠外部条件的改善，要眼睛向内，以我为主，在自己身上使劲，坚持练内功（苦功、硬功、细功），鼓三劲（狠劲、韧劲、创劲）。"6个不断""3个一步"是赤天化管理的方法和手段，也是赤天化管理的保证体系。"6个不断"就是不断检查、不断整改、不断巩固、不断提高、不断创新、不断发展。"3个一步"就是一步一个回顾——认真总结昨天；一步一个脚印——踏实干好今天；一步一个台阶——规划与开创美好明天。

"621"管理经验，即为："6全、2建、1现场"。"6全"即强化全面质量管理，走质量效益型道路，全员安全管理，强化员工的安全意识，把安全放在高、大、重、先的位置；全员设备管理，强化预知维修，突出抓好纵横交叉的过筛式巡回检查；全员目标管理，形成向下层层展开分解，向上层层确保的目标管理体系；全面经济核算，双增双节，降低成本，增强员工当家理财的意识；全员培训，进一步提高全体员工的素质。"2建"即抓好班组建设和文明家庭建设，使两个细胞充满生机活力。"1现场"就是保持生产现场的文明整洁，做到窗明几净、沟见底、轴见光、设备见本色。

(4) 可持续原因

有力推动企业第二次创业的战略构想：金融危机之后，享有"国字号"风采、"黔北一枝花"的赤天化在"有力推动企业第二次创业"的目标指引下，承受了金融海啸的影响，使断气78天、停产两个多月的赤天化企业很快恢复生产。

从本节一个普通创新型企业和一个创新系统型企业演变初期的（组合创新）行为作归因分析，可作出如下的组合创新理性分析：组合创新包含产品创新、服务创新、工艺流程创新、原料或半成品来源创新、市场创新和组织形式创新。

产品创新是企业参与市场竞争的根本筹码，是企业借以收回投入并获得收益的最终载体。创新型企业的产品创新可理解为创新者的新设想、新概念，转化成能在市场上销售并能获得利润、有显著改进的产品的生产过程。如开磷（集团）引进新技术产品；赤天化工有限责任公司引进新产品。

服务创新是指企业为社会提供的全面商业性服务。例如，WF（集团）公司创新者应用最新技术并大力提供新的或改进的服务方式（如农化服务、产品多样化），为公司带来可观的利润。

工艺创新是指研究和采用的或有重大改进的生产方法，这些方法包括设备和生产组织方面的重大变化。新工艺可以用来生产原方法无法生产的新的或改进的产品，也可以用来提高已有产品的生产效率、产品质量，或降低生产成本。例如，WF（集团）公司创新者重造工艺流程，用原来的设备来生产新的和改进生产新产品，既是产品创新和服务创新的重要保证，又对公司带来巨额利润。

国内外市场创新的行为范例。市场创新是指企业产品生产能够满足购买者或用户某种需求和有愿望的有形产品及无形产品（服务）的前提下，创造出新的有形和无形市场。例如，WF（集团）公司的创新者们不但满足了市场需求，更重要的是用诱人的储备式的研发、诱人的比较服务、诱人的比较利益创造市场需求和愿望。

原料或半成品创新来源是指企业在生产资料的供给上独辟蹊径，利用国内外市场实际存在的资源比较优势，组织原料或半成品的新来源。例如，WF（集团）的创新者们吸引一批中小型企业、关联企业成为自己的上游企业，形成了生产资料新来源，使生产成本大幅下降，在不增加配套设施投入、保障生产需要、获得巨大的利益的同时带活了一批中小型企业。

组织创新是技术创新的重要保障。企业组织创新是指形成新的共同目标认同体和原有认同体对其成员责、权、利关系的重构，其目的在于取得对新目标的进一步共识。由于技术创新日益成为企业内制度化安排，对组织结构的依赖性逐步减弱，使组织创新的重要性更为突出。例如，WF（集团）公司的创新决策者改原来单一法人（集团）组织结构，使原来组织刚性的组织变成组织柔性的多法人和原有认同体对其成员责、权、利关系的重构，其目的则在于取得对新目标的进一步共识。经济组织的多法人治理结构对原组织结构依赖性减弱，一个积极性变成多个积极性，自主创新性增加组织创新的功能明显地表现出来。

从上述两家代表性企业创新行为要素特征归因分析，可以使相关研究者看到企业是怎样创新，以及企业是怎样为有关的问题找到一个合理的解释。

依据上述的组合创新理性分析及"德鲁克式"创新，按照它们的定义与内涵来看，可得出如下的理性结论：普通创新型企业在陷入"德鲁克式"式困境后，因好制度保障，好环境营造的创新氛围激发的创新行为动因，形成了熊彼特"组合创新"及"德鲁克式"创新行为，而后因组合创新而摆脱困境可持续发展。

依据普通创新型企业的组合创新行为轨迹，可体现出它们（既有联系又有区别）的多维创新对象要素特征。可以认为，其创新的多维创新对象要素特征体现在企业创新行为或多或少包含产品、技术、管理、制度、文化、环境创新的相似性要素特征；但确无明显的科技型企业、创新系统型企业特征，即不具有系统创新要素聚合特征的一般性，而创新系统型企业演变初期的（组合创新）行为特征却体现出来。但是，归于普通创新型企业的（创新型与科技型）企业是产业系统创新的基础与主导，国家宏观创新体系的微观基础则是无疑的。

综上所述，可以得出具有理论意义的结论：产业组织当中的佼佼者是在改革开放、企业复兴（振兴）平台形成的大环境下，使陷入困境的企业获得新生的异质型企业家。其特质为：他们大都是集科研、经济、管理、核心知识于一身，理性与激情、素养与人文精神皆有的异质型领导人及其决策层，使他们在风云际会时能因势而动，因动而变，因变而立，起于精于业，成于敏于事。他们运用现代管理思想，在急剧变化的市场面前，因组合创新与创新组合的渐进式的系统创新行为而建立起一个充满创造活力的"复杂自适应创新系统"。可以再次印证，对于现代企业这个复杂的经济组织系统的驾驭，以及"德鲁克式"困境现象的把握的相对性，这两种结果都归结到人上，因为，无论什么样的复杂自适应创新系统都是由人创造的，由优秀的人带动而建立的，这种结果具有必然性。

3.2.2.3　普通创新型企业的组合创新行为效应

研究创新型企业的组合创新行为效应，就是研究企业的创新行为是如何影响产业结构的变化和发展，以及是如何影响整个产业经济的表现。

赤天化等普通创新型企业的组合创新行为效应，显著提升了企业创新绩效。具体体现在：一是在保持主导产业的同时，实施多元化战略，各子公司采取专业化经营，向健康及绿色环保产业进军，寻找新的经济增长点。二是加大研发开发投资，"黔北20万吨/年竹浆林纸一体化项目"获准立项，并建成投产。三是加强产业关联，充分利用赤水及周边竹资源和贵州丰富的煤资源，积极涉足造纸业，大力发展煤化工，主业带动，关联发展，优势经营。四是实行新的组织形式。改革用工制度，形成职工能进能出机制；改革人事制度，形成干部能上能下机制；改革分配制度，形成收入能增能减机制；改革管理制度，探索公有制有效实现形式，与国内多家知名民营企业合作。五是资本运作。优质资产单位与两家工业投资公司组合，引进资金1.86亿元，加速企业发展。六是提升文化软实力。承袭独特的企业文化，催生先进生产力，构建在新世纪的企业新文化。

普通创新型企业创新的行为是创新系统型企业演变初期的组合创新，与系统创新属性的组合创新或多或少包含着"相似性"创新行为效应，使普通创新型企业蜕变与成长。

在研究该系统创新属性的组合创新行为效应时，可看到一个须关注的涉及整合式创新行为"四要素"统一性的内在逻辑行为效应（为叙述方便，整合式创新"四要素"统称为关联"四要素"）。

理论表明，系统观着眼于重大创新，也即战略视野驱动下的（全面、开放与协同）创新行为，四者相互联系、缺一不可，有机统一于整合式创新行为的"整体范式"中。按照这个整体范式，显然，可以认为，赤天化等类似普通创新型企业的组合创新行为中的"战略""协同"要素只是整体范式四个核心要素之二。虽然，这些普通创新型企业的创新行为又或多或少地有了些"全面"与"开放"的些许行为，也即战略视野驱动下的全面创新、开放式创新的动因。但是，普通创新型企业在创新嬗变演进与发展过程中缺失整体范式，四者相互联系、缺一不可。有机统一于系统创新行为范式中的内在机理的忽略，导致曾经是全国化肥业中唯一一家被国务院确立为"全国100家建立现代企业制度的试点单位"的普通创新型企业在发展演进中再度陷入困境而失败。

要知道，企业是有边界的，而不同的产业也是有其特定的产业链。盲目的扩张，贸然跨产业运作必定是要失败的。赤化天因为盲目投资多项产业造成债务庞大，投资的项目又亏损巨大，再遇到原主营的尿素气源因为原材料天然气涨价导致其资金链断裂。2015年，赤天化终因天然气断供而关停，而后改制。

由此失败启示：对于企业而言，应从大处着眼、立足高远，通过前瞻性的战略设计引领自身及所处生态系统的发展演变方向，在战略执行中行动迅速，打通与横向资源子系统整合和纵向能力整合的脉络，依托大协同创新思维，实现总体思想下的技术集成和产品创新，才能达成"竞—合"双赢局面。

失败启示再印证，对于现代企业这个复杂的经济组织系统的驾驭，以及"德鲁克式"困境把握的相对性，这两种结果都归结到人上，因为，无论什么样的复杂自适应创新系统都是由人创造的，由优秀的人带动而建立的，这种结果具有必然性。

更为重要的是，针对现有中国语境下系统创新行为范式及其运行机理研究的不足，本节初探的普通创新型企业的组合创新行为特征及市场效应要素因果是正相关的结论，创新行为市场效应中的关联"四要素"统一性的内在逻辑机理之不可违的重要性更为凸显。

有益的结论与启示是，即使是归于普通创新型企业的科技型（领军）企业也要在系统创新的整体性战略视野的驱动下制定、构建和完善企业自身的系统创新行为，在整合内外部资源的同时实现战略、高新技术、市场和文化、人才等多维度的融合，实现全要素、全员和全时空参与创新，并通过内外协同、上下协调的组织系统创新打造可持续竞争优势，获得全面创新管理行为的升级。因为只有系统创新行为才能使其嬗变与发展。系统创新行为模式诱因放大过程的作用原理，才能使垄断竞争的经济绩效与社会影响发生正相关变化。

3.2.3 创新系统型企业的系统创新行为特征及其效应

研究创新系统型企业的系统创新行为，就是研究其创新行为除了前述的系统创新属性的组合创新及"德鲁克式"创新外,是否同时具有本书含义的系统创新行为的"组合创新"、"相似性创新"、"合作创新"、"异质性"、"共性效应"与关联"四要素"要素聚合特征。

相似性创新体现为:产品、技术、管理、制度、文化、环境创新行为。合作创新体现为:多元主体的合作创新行为,其特征体现了系统创新行为的多元创新主体协同。异质性体现为:一是企业是一个整合的系统,有产权约束机制;二是市场约束机制;三是企业系统与环境相互渗透,边界面积增大,开放度增加;四是企业独具的动态能力与协调过程;五是企业流程、定位和路径。共性效应体现为:自催化、低成本技术扩散与收益放大、风险分散、技术导向和协同整合,是创新行为的结果效应。关联"四要素"体现为:总体创新、大创新的创新思维范式,其精髓在于整体观、系统观和着眼于重大创新。

以 WF（集团）公司为例,这个特大型国有企业曾经陷入死地而后生,在急剧变化的市场面前创新、蜕变与成长,嬗变与发展,建立了充满活力的"复杂自适应创新系统",其系统创新行为产生的高效能经济绩效——社会影响的原因值得考量。

3.2.3.1 创新系统型企业的系统创新行为要素聚合特征

（1）技术创新

例如,WF（集团）公司新建的磷酸装置净增产能50%,获贵州省优秀技术创新项目特等奖的磷酸快速萃取结晶技术,获贵州省优秀技术创新项目一等奖的磷铵高新技术产业化等;引进智力,与四川大学联合开发新技术,组建了国家级企业技术中心,构筑了产学研平台。

（2）新的生产方法工艺流程再造

例如,WF（集团）公司重钙改磷铵、碳酸盐型磷块岩反浮选新工艺开发及产业化,建成世界上最大湿法磷酸生产净化装置。

（3）开辟新市场

例如,WF（集团）公司进行营销策略创新,其产品营销的"宏福村"模式使其找到了农化服务的最佳结合点与创新了服务方式,很好地解决了产品市场的定位;遵循二八定律,突出20%的重点客户,实行有限制的弹性价格;在磷化工产业中最早用电子商务手段组建网络化销售系统,开放拓展国际市场。

（4）原料或半成品的新来源

应用"搭车理论"获得了原料或半成品的新来源,为WF（集团）配套年产40万吨硫磺制酸项目解决了硫酸自供不足的问题。

（5）实行新的组织形式

WF（集团）公司进行内部体制改革,把直线式管理改为分层分块的矩阵式管理；推进管理创新，推行"一制一法"，即"目标管理责任制"和"倒推成本否决法"；推进机制创新，全面实行"三项制度"改革，即"人事制度、分配制度、工资制度"。

(6) 资产运作

通过资本运作获得了巨额外来资（开放）资金。

(7) 机会成本

在各种有效的决策中，WF（集团）公司在项目上决策的机会成本总是同另一种可得到的最好决策的价值来考量。

(8) 文化软实力

WF（集团）公司建立起一个充满创造活力的自适应创新系统，跃变成一个能对瞬变的外部环境迅速作出反应的有机体。

(9) 开辟新市场

发展内外双循环经济，培育新的经济增长点；积极开拓国际市场，形塑了公司创新的系统内生环境。

(10) 新组织管理形式升级

WF（集团）公司创造的自适应创新系统突破了"企业成长极限"对组织扩张的约束，形成了消化吸收引进技术并加以创新，提升行业技术装备水平。"相似性"创新行为在企业产品、技术、管理、制度、文化、环境创新均有体现。

(11) 多元主体的合作创新

其特征体现了系统创新行为的多元创新主体协同，与外部资源子系统协同创新。例如WF（集团）公司化学工程联合国家重点实验室和中低品位磷矿及其伴生资源高效利用国家重点实验室，牵手清华大学，提升磷矿资源利用率，联手推动磷资源高效和梯级利用，探索两类国家重点实验室之间的合作创新机制。

依靠WF（集团）公司的"异质性"与生成环境形成了异质性系统创新行为特征：一是WF（集团）是一个整合的系统，有产权约束机制。整合是一切组织的重要属性，它能把分化所产生的各个分化单位的活动协调一致，组成统一的整体，使各分化单位的活动成为组织整体活动的一个环节，保证整个组织有序运转。这说明"战略"是一个系统创新活动的重要方向选择。二是市场约束机制：①外部市场约束机制；②内部市场约束机制。三是使WF（集团）公司系统与环境相互渗透，边界面积增大，开放度增加：①WF（集团）公司成员企业是母公司的控股企业；②公司与环境之间并没有明显边界；③WF（集团）公司各子系统之间边界明确，层次清晰，具有典型的分型特征；④WF（集团）公司成员之间存在着较为激烈的竞争，组织内外平衡诱因较大。四是WF（集团）独具的动态能力与协调过程：①外部感知；②组织行动；③划定获取资源的范围与知识流动的边界；④市场和战略能力。五是 WF（集团）公司流程、定位和路径：①WF（集团）公司的组织和管理流程；②WF（集团）公司定位；③WF（集团）公司的路径。以上这些（制度性）社会系统行为特征构成了 WF（集团）内外平衡的内在机能与可持续发展方式。

3.2.3.2 创新系统型企业的系统创新行为要素效应

通过两类企业创新行为类型联系与区别的比较，筛选出绩效最高的系统创新行为作为形成磷化工产业系统创新行为范式分析框架的支撑，并据此考察创新系统型企业是如何影响产业市场结构的变化，以及产业经济绩效与社会影响，以期能获得些许的理论启示与借鉴，为解释产业系统创新行为主体系统协同关联、为形成系统创新的 CSP 理论分析框架作铺垫。

WF（集团）公司的系统创新行为的归因及市场效应如下：从濒临破产到"百亿集团"，WF 集团实现大步跨越式发展；从技术引进到技术输出，WF（集团）公司科技发展达到世界领先水平；开放使从出口实物到出口技术，WF（集团）公司智力国际化获得丰硕成果；矿肥生产到精细化工，WF（集团）公司实现从低端制造到高端的相关多元化发展；从环境污染到高效益，WF（集团）公司循环经济发展创造多个世界和中国第一；从依靠"制造业"向"制造+贸易+服务"业转变，WF（集团）公司实现销售收入的结构性增加，成功应对金融危机，成功应对 2013～2017 年的全球性产业低谷期；从资源优势到经济优势，WF（集团）公司横向发展实现资源利用的效应最大化，为打造全球磷化工先锋企业奋力前行作了榜样，"以渣定产"的绿色化可持续发展道路是中国乃至世界的首创；校企合作联手推动磷资源高效和梯级利用，探索与两类国家重点实验室之间的合作创新机制。

在产业生态经济越来越引发世界各国高度关注的大背景下，如何通过创新实现相关产业的转型升级是个世界性课题。WF（集团）公司"以渣定产"的践行将提供创新的范式，供后来者学习。

从上述 WF（集团）公司的系统创新行为的归因及市场效应总结归纳，可使相关研究者看到：一个创新系统型企业是如何系统创新的，以及企业是怎样为有关的问题找到一个合理的解释；从其飞跃性发展的经济增长指标——资产、产量、工业总产值、销售收入、净润、税收、出口创汇皆两位数增长，可以看到一个创新系统型企业系统创新行为对产业的市场结构、经济绩效—社会的影响是很大的。

这里可以再看到 WF（集团）公司的创新实践突破了传统的研发管理、制造管理、营销管理和战略管理相互独立的原子论思维范式，通过战略引领和战略设计，将企业管理的多个方面进行有机整合，为企业、产业和国家实现在重大领域、重大技术的突破和创新提供探索的路径范例。

3.2.3.3 创新系统型企业的系统创新行为共性与关联效应

WF（集团）公司的系统创新行为"共性效应"与关联"四要素"特征及效应关系研究表明，"共性效应"是创新行为的结果，关联"四要素"效应既是创新行为又是创新结果。可以认为，WF（集团）公司因系统创新的行为特征及效应形成了跨越式发展，带来了巨大的经济绩效-社会影响；产生了极有考量价值的系统性创新（自催化、低成本技术扩散与收益放大、风险分散、技术导向、协同整合）行为的共性效应。系统创新行为"共性效应"与关联"四要素"特征及效应奠定了WF（集团）公司在创新活动中的优势地位，这些要素特征及效应也显现系统创新行为与经济绩效的关联互动演化。

WF（集团）公司系统创新行为的"共性效应"与关联"四要素"特征及效应，可以为企业集团技术创新活动的系统性特征及"五种效应"提供解释依据（陈佳贵和张建中，1999），凸显系统创新范式的新内涵。下文把WF（集团）公司技术创新行为的结果用"五种效应"原理与关联"四要素"特征及效应来解释。这5种创新效应也是企业技术创新（价值=功能/成本）的概括与总结。

(1) 系统创新行为的自催化效应

从企业发展的角度看，技术创新是企业系统内部的一种"起落"，是对企业原有的生产经营体系的种种"创造性破坏"。社会系统理论中组织平衡理论的研究成果表明，一个组织系统只有不断地实现内外平衡，组织才能存续与发展，系统内部的"起落"才能在自催化作用的影响下得以放大，从而推动系统的演进和发展。绝对的平衡（包括近平衡）不可能有发展的潜力，而起落则是系统发展和演进的诱因和契机。"起落"，对于像WF（集团）公司运作初期经营业绩不佳的企业，虽然拥有资源优势，但产品市场萎缩、未创新的工艺流程成本居高不下、产量相对较少、利润相对较低、资本结构失调，面临市场多变性而承担极大风险、处于失控的陷入困境的WF（集团）公司来讲，思变激发的技术创新的生成环境形成后，技术创新"新组合"引起的"起落"经过放大后激起公司的嬗变。

WF（集团）公司嬗变案例，使本研究回到了熊彼特经济周期理论中的一个主要命题"技术创新生成以经济系统（组织）失衡（稳）为前提"。过去的WF（集团）公司内部是典型的传统的功能型层级经济组织，高度集权管理模式使WF（集团）公司内部的平衡状态垂直均匀分布，没有了活力，而这个经济组织的技术创新与嬗变是以WF（集团）公司的整体失衡（稳）为先决条件的。按照熊彼特观点，在失衡状态下的突变是一种随机事件。创新既可能促进WF（集团）公司发展，也可能导致WF（集团）公司解体或消失，而两种结果都归结到主要领导人的选择上。

WF（集团）公司领导人及其决策层营造了创新的环境，很好地解决了"这个经济组织的技术创新与嬗变是以WF（集团）公司的整体失衡（稳）为先决条件的'起落'"这一难题，从"德鲁克式"困境中嬗变并成长了。在嬗变的发展过程中，WF（集团）公司在中国磷肥行业中迅速地抢占了技术创新"新组合"的制高点，建立自己的技术模式，确立了技术优势，处于一种新的平衡状态，虽然这种平衡状态在WF（集团）公司内部是非均匀分布的。在相对平衡状态，处于半紧密层、关联层或松散层的成员企业，虽然在产权、技术、市场等许多方面与WF（集团）公司核心层企业的联系相对较为松散，但WF（集团）公司核心层企业、紧密层企业的根本性创新的巨大利润空间吸引了它们，它们纷纷避开市场准入的一些制约，成为WF（集团）公司技术创新"新组合"的协作者、受益者。主观愿望与客观弱势的存在决定了他们的"协同"意愿，其结果既有利于技术创新新组合的扩散，又使协作成员企业成为准公共物品的享用者。换一个角度看，WF（集团）公司技术创新"新组合"带动了一批中小型企业的发展。

企业经营过程中的不确定性因素，由于不可预测而难以实现盈利费用化。市场经济处处都有潜在的利润，但不是人人都能看得到，更不是人人都能得到，但WF（集团）公司领导人看到了，因而企业经营过程中的不确定性因素反而成为了WF（集团）公司利润的最终源泉。这是WF（集团）公司领导人十分重视对具有强烈不确定性的应用研究开发目的投资。除了睿智地鼓励成员企业"随机行走"行为外，还成立西川大学—WF（集团）公司工程研究中心，投入大量资金进行应用研究。其核心专利技术群和技术创新"新组合"使其在中国磷肥业创新的技术领域中占领先机，一蹴而就成为中国磷肥工业的亮点，是"德鲁克式"发展机遇的最好注解。

关于企业应该从事基础研究或是应用研究为主的讨论，这要视企业的规模和体制性而定。国有企业的主要领导人任期的不确定性决定了企业研究以应用性为主，基础研究为辅的现实。WF（集团）公司内部涌现出来的技术创新成果和外部环境中的技术扰动，具有一种很强的自催化功能（内因效应功能）。凭借WF（集团）公司资产，包括它拥有的很难进行交易的知识资产（软实力）、相关的互补性资产及企业的声誉和关系资产，这些在任何一个时点都决定着WF（集团）公司的竞争优势，使其能很好地实现产生结构调整和产品结构转型升级。

（2）系统创新行为的低成本技术扩散与收益放大效应[1]

在 WF（集团）公司内部的技术扩散是集团实现技术创新规模经济性、增加创新收益的主要手段。其和外部市场技术的非公共物品特征的不可交易性使市场调节下的技术创新活动处于两难境地不一样。

WF（集团）公司以产权为主要联结纽带的机制有效地消除了技术交易过程中的各种障碍。高度的股权内部化，会使成员企业享用 WF（集团）公司的核心新技术，排除了成员企业间技术的不可交易性和成本门槛，扩大了技术应用范围，降低了技术扩散成本，增加了社会福利。

企业家们知道，"在宏观经济技术系统中，技术扩散主要是在部门内、行业间及国际间三个层次中进行的"。当企业经济与技术实力雄厚时，其必然要走多元化经营、"开放"的国际化经营与纵向一体化生产的路，这条路使技术扩散更为广泛，发挥的作用更大。

多元化经营是大多数现代企业集团的共同特征。为了降低经营风险，寻找新的增长机会，企业集团一般都实行了相关或非相关多元化经营"战略"。从 WF（集团）公司各业务单位之间活动内容及其组成要素看，多元化的"相关"与"非相关"是一种内容层次的"相关"与"非相关"。因为从 WF（集团）公司运作的角度看，核心企业、关联企业、协作企业各业务活动之间是以技术、生产或内外市场的关联性结合在一起的相关，而不是靠资金与管理的方式结合的非相关。多元化"相关"与"非相关"的本质区别在于"相关"是基于核心能力的相关。核心能力的根基是核心知识[2]，WF（集团）公司的相关多元化是一种基于核心能力的相关，因此是有效率和可持续的。前述 WF（集团）公司定位中，本研究曾表述 WF（集团）公司良好的市场定位（运营）和资源配置的知识即核心运作知识是其核心能力所在。假如说，WF（集团）公司领导人能注意在发展过程中使各部门形成坚实的技术基础，并在需要时为技术扩散提供有力的保证；让技术人员定期或不定期实行工作岗位交换，为新技术的跨部门扩散提供便利条件；WF（集团）公司研发战略管理部门把掌握的大量新技术信息，在集团内不同部门扩散，就可以扫清技术扩散过程中的专业障碍。当实行相关多元化经营"战略"时，WF（集团）公司的核心知识可在不同产品中扩散和渗透，这时，可以使 WF（集团）公司技术扩散产生"收益倍放"效应。

纵向一体化是大多数生产型企业集团的共同特点。WF（集团）公司的生产

---

[1] "低成本技术扩散"不同于"低成本竞争"，低成本竞争是剥离了商品附加值的"赤膊"竞争，把商品还原成了产品，挤压了原材料、环境和劳动力等成本。

[2] 核心知识的三个维度：核心实体知识、核心关系知识、核心运作知识。

组织流程创新也采用了纵向一体化进行联合生产的方式，它实际上是一种在关键技术指导下的相对稳定的技术联盟。

跨国企业集团是国际技术扩散的主要渠道。国内磷肥业必将形成的激烈竞争被 WF（集团）公司较早地意识到并实现了"开放"的跨国经营目标，WF（集团）公司向国际化进军，参与产品/服务的国际市场竞争。在国际市场上，WF（集团）公司凭借产品有害元素含量低的技术优势，成为中国唯一通过澳大利亚动植物检验检疫认证的化肥企业。而后进入南美市场，改变了美国二铵独霸南美市场的局面。近几年来，其出口量占全国同类产品出口量的 30%，成为我国磷化工业最大的出口贸易商。

从经济学角度看，技术传播问题会由于信息的不对称分布而造成的不平衡，有可能带来罕有的大量利润。假如，WF（集团）公司能在三个层次中实现技术扩散，就能使技术创新产生"三级收益放大效益"，创新的规模经济性可以大为提高。生产经营规模的扩大可保障最大限度地实现创新收益内部化，进一步提高技术创新的积极性，并为持续创新积累了充足的资金。

（3）系统创新行为的风险分散效应

技术创新活动的无特征性，时滞、不确定性和巨额投入，使创新过程自始至终都充满着风险。采取多种分散风险的措施，保证经济活动的持续性和稳定性是 WF（集团）公司运行和研发过程中的重要问题，在规避各种风险的行为中，首先采取的应该是预防措施，为此要科学地分析投入与产出，以使风险投入获得最佳经济效益。WF（集团）公司领导人以尽量减少增量投入的创新思路，用组合投资策略，引入外资上亿元，由加拿大威顿公司在国内生产硫酸，供给 WF（集团）公司生产用，对本来的配套项目进行投资风险分散，利用机会成本资金投资其他有确定收益的项目，或同时对多个技术创新项目进行风险投资，用成功项目的收益来抵消可能失败项目的投资损失，以获得整体风险投资收益。由于 WF（集团）公司硬性增量投入少，使创新型思路产生的投入增大，加之 WF（集团）公司新项目的成功带来很高的收益，使 WF（集团）公司风险分散组合收益率达到一个较高水平。

在 WF（集团）公司技术创新的初期阶段，许多研究与开发活动并没有形成集团的产品特征。随着对研发活动的高额投入，研发的深入，逐渐形成了核心技术。其核心技术的研究工作导致了各种最终产品、产生了不同的技术专利（群）合同或研发规范，研发的外部经济性和产权问题也随之而产生了。此外，研发活动的时滞性问题，使集团创新收益不能立即见效。在这种情况下，要靠资本市场融资是很困难的。风险投资者几乎不会提供任何资金的支持。但是 WF（集团）公司领导人科学地分析投入与产出的机会成本回报（即尽量减少增量投入）靠思路运作资本，把有限的资金投入到应用研发活动，使可预期的创新成果内部化，从而使研发与集团经济效益增长之间关系变得更加相互依赖，尽量降低增量投入获得的机会收益，其结果大大高于磷肥产业平均技术进步贡献率。WF（集团）公司在干中学形成的技术专利（群）合同和研发规范，较好地解决了研发的外部性和产权问题，研发活动的无特征性和时滞产生的技术外溢损失很少发生，使磷肥业模仿者在研发成果方面很难与之匹敌。

在研发成果由工程技术中心到生产过程的转化阶段完成后，产品打入市场后，WF（集团）公司积极地根据用户对新产品使用的意见反馈，改进产品的功能，并制定出，研制一代、开发一代、储备一代的"战略"，形成的高门槛使模仿者很难效仿，并扩大生产，确立规模优势来获得有利的竞争地位。在这时期，WF（集团）公司领导人巧妙地解决了创新资金的来源，保证了创新的成功。其出售集团名称的使用权，利用发达的市场营销网络和信息传递网络刺激对新产品的需求，用实施纵向一体化协作企业提供原料供应，使用企业无形资产名称权担保技巧，组织上亿外资原料供给企业，同时积极树立"开放"的外交新形象，利用新形象的国内外社会影响来化解部分环境障碍，使集团的创新安全进入正常发展阶段。

WF（集团）公司领导人尽量减少增量投入的思路，使其曾获得几大笔巨额创新思路机会收益，筹得了风险资金，使集团不失时机地获得潜在的风险收益。这样，不仅有效地解决风险资金的瓶颈约束，还促使了资本由时滞的部门向高技术部门的转移，实现集团内部生产布局的动态转移，WF（集团）公司也由此获得又好又快的超常发展。

（4）系统创新行为的技术导向效应

技术系统的演进是一个渐进过程，当一个新技术原理或主导技术确定在技术系统中的核心地位后，技术创新活动将表现出强烈的路径依赖。从WF（集团）公司的技术创新"新组合"很清楚地发现，主要领导人和他的后继者的作用，沿着他们的思路形成的某一方向和途径，技术进步有相对性，要么进步，要么后退。从技术进步角度看，同样可以清楚地发现，沿着某一方向和途径，技术进步相对稳定；沿着其他方向，提高技术水平的尝试会很成问题。根本型创新带来了某种新的概念，这种概念模式化，就成了WF（集团）公司的技术模式。这种技术模式[1]如果能在较长时间内发挥作用，产生影响，就相对

---

[1] 按照意大利经济学家多西的定义，技术模式是指用来解决选定技术问题的"模型"和"模式"，它基于选定的科学原理和材料技术。与此相应，技术轨道则是指基于技术模式的"常规"问题解决模式。技术模式对整个经济活动具有渗透效应，它使不同的产品、服务系统和产业呈现出具有自身特点的创新。

固化为技术轨道。一旦形成技术轨道,在这条轨道上就会有持续的创新涌现。技术模式实际上定义了"进一步创新的技术机会和如何利用这些机会的基本程序"。WF(集团)公司领导人是这种模式的主要"制定者",他们的技术创新活动具有强烈的技术导向效应。从某种意义上看,WF(集团)公司领导人的不平凡在于他是(集团)技术模式的"制定者"。

市场垄断地位是每个企业集团不可回避的梦幻,而建立自己的技术标准或使之成为行业乃至国际公认准则是它的企盼。在 WF(集团)公司这样整合式创新的四要素意识密集度较高的企业中,技术扩散过程的生产规模经济性、信息的递增收益以及技术之间相互关联性,使技术扩散存在一种采用报酬递增区间。在这区间,其新技术被采用得越多,其后采用者所获得的报酬就越大,因此就越有人想采用它。在技术扩散过程中,WF(集团)公司可以凭借自身核心知识的能量,利用集团经济系统内部技术扩散过程中的先动优势和正反馈机制迅速垄断一些新技术领域,并将技术进步引入对经济增长有利的技术轨道,使自己的技术标准或方法成为整个行业的技术标准,促使先导技术产生强烈的路径依赖,并随着反馈的增强,领导和相当程度地控制市场价格。这时在客观上发挥了一种技术导向作用,引导和规范了同行业中其他企业的进一步创新行为。

(5) 系统创新行为的协同整合效应

整合是一切组织的重要属性,它是把组织内部各分化单位的活动协调一致,以保证组织整体有效运转的机制。技术创新首先并主要是一个经济概念,评价技术创新成果应该以创新的经济效益为最终判断依据,这也是经济社会中技术创新的目标。技术创新活动中的协调整合机制使其显著提高技术创新的规模经济效应。

WF(集团)公司的技术创新活动是一种强选择性的、以更准确的导向为终结的积累性活动,所从事的技术创新活动的思维源泉来自其领导人和集团的精英人才。技术创新活动主要是依靠产学研融合形成的技术能力为基础,以此来解决生产经营中的疑难关键环节。现有的从事技术活动的人还是过去那些人,环境诱因激发了一批创新的涌现。同时观察到,在同一技术轨道上,创新项目之间存在明显自增效应,即一个项目不论成功与否,项目过程中所获得的知识,对下一轮其他创新项目具有潜在的影响,每一个项目都为后一个项目提供了运作知识支持。随着技术创新活动的进行,知识存量、技术模式、学习模式和组织柔性发生动态演化,并最终表现为核心能力的积累与提高。这样,在连续的技术创新过程中,可以节约相当数量的后续创新的初始投入,从而有利于提高技术创新的投入产出水平。从创新方式来看,其根本型创新为渐进型创新提供了支持。同时,不能忽视的是核心技术能力在渐进型创新中的重要作用。

　　WF（集团）公司内部的专业化分工也促进了集团的协调创新。产品/服务及其生产过程的复杂程度，使它的每项最终产品都包含着一系列工序。在其复杂的生产经营系统中，每一个专业生产企业的创新活动都无法与企业内部其他创新者的活动完全割裂开来，在不同程度上受互补技术的制约，一项创新的出现会促使一系列"瓶颈"问题获得解决（如内部市场的建立），从而诱发一大批伴随创新。WF（集团）公司的纵向一体化生产体系，使这种现象更为普遍。技术关联度越强，创新的协调效应就越明显。

　　此外，WF（集团）公司的四川大学-WF（集团）公司工程研究中心的存在，指导着集团技术创新活动进行"战略"规划管理，减少了不必要的重复或近乎重复的研发活动，集团内部按专业或按区域的集中开发或创新开发也会使研发成本大为降低。

　　综上所述，WF（集团）公司技术创新行为的过程与结果，如果用"五种效应"原理与关联"四要素"特征及效应来归纳结论，则这"五种效应"与关联"四要素"——"战略""全面""开放""协同"有机构成的创新效应的正常发挥，有效地解决了技术创新活动中的经济组织规模与创新活力之间的根本矛盾。自催化效应增强了企业的技术创新活力，为技术创新营造了一种适宜的生成环境；低成本扩散与收益放大效应提高了技术创新的规模经济性；风险分散效应保证了技术创新资金的有效供给；技术导向效应推动了新技术的推广与普及，惠及社会；协调整合效应促进了相关创新活动的开展，进一步提高了技术创新的投入产出水平。这五种效应与关联要素形成的创新效应奠定了WF（集团）公司在技术创新活动中的优势地位，是WF（集团）公司旺盛的生命之源。可以说，WF（集团）公司的新生实现了原基地与一批中小企业技术创新优势的互补，在大幅度提高创新规模经济收益的同时，进一步增强了成员企业的创新活力。

　　WF（集团）公司搭建的"战略、全面、开放、协同"创新平台，推进了WF（集团）公司内外部资源的大整合。经过多年的创新资源积累和能力建设，搭建了"博弈仿真平台""协同仿真平台""试验验证体系"及"技术标准化信息平台"，四大体系之间实现了有效的有机整合。此外，作为产业创新主体子系统之一的"自适应创新系统模式"和作为产业系统创新核心的创新系统型企业范式，可供类似经济组织和产业适用援引。WF（集团）公司作为产业系统创新的核心，践行并实现了"共性效应"与关联"四要素"有机统一理论的整合。

　　同理，对创新系统型企业系统创新行为"共性效应"与关联"四要素"特征及效应的一般性剖析，可为形成系统要素聚合和构成创新的运行机理提供范式。

上述的研究同时也获得了两个标签：一个是试图发展有关创新过程本身的理论，研究企业是怎样创新的，以及企业是怎样为有关的问题找到一个合理的解释；另一个是研究企业的创新是如何影响产业结构的发展和变化，以及是如何影响整个经济的表现的，即社会效应是如何体现的。

重要的是两个标签汇聚了普通创新型企业和创新系统型企业的创新行为过程的成功案例，碰撞出理论性结论和可供借鉴的启示。系统创新的新内涵与效应不断扩大。

由此可见，在决定性制度（社会主义市场经济）保障下的系统性政策工具刺激下的系统创新行为是由人建立在系统整合能力之上的战略驱动、纵向整合、上下互动和动态发展的新范式。

本节考察了贵州磷化工产业内两类企业创新行为类型，就创新主体子系统而言，它们是既有联系又有区别地在整体性战略视野的驱动下制定、形成和完善了企业自身的创新体系，在整合内外部资源的同时实现了战略、技术、市场和文化等多维度的融合，实现了全要素、全员和全时空参与创新，并通过内外协同、上下协调的组织创新打造可持续竞争优势，是全面创新管理的升级。在开放式创新环境下，技术创新管理不再是单一技术要素的组合、管理和协同，身处开放式创新生态系统的企业、高等院校和科研机构及个体，都需要以战略性、全局性和整体性的视野看待创新，实现战略、科技、人文与市场等的互竞与互融，极大程度地调动全民的创新创业活力。在企业技术创新管理中，战略视野观要求企业领导者不能将技术创新视为单一的活动，而应将之内嵌于企业发展的总体目标和企业管理的全过程，根据全球经济社会和科技的大趋势，借助跨文化的战略思维，确定企业和生态系统的发展方向，从而实现"战略引领看未来"。国家也需要根据所处的国内外环境和创新体系现状制定全局性战略，使各创新要素相互连接多维对象互动，主体与和对象互动，形成系统创新的高绩效竞争优势。

3.3 系统创新的 CSP 模式理论分析

系统创新是创新理论的一种新范式，它反映了多元创新主体、多维创新对象、多层次创新系统的动态演化，在创新的进化模式、进化路径、进化动力、进化关联等问题上建立系统完整的理论（胡卫，2017）。随着"经济—技术—社会"的不断演进，越来越多的学者开始认识到，创新行为过程不是一个单一的以企业家为逻辑起点、以企业应用为主体的过程，是特定社会、经济、文化背景和制度下多维要素聚合（包括相互关联的企业、高等院校、研究机构、政府、市场和金融机构等）组成的一个多机构耦合、多主体互融交集的"经济—技术—社会"复杂系统。体现为，由决定性制度保障的系统性政策工具刺激下的系统创新行为主体系统，注重创新主体子系统和创新对象子系统与创新支持子系统及联结上述三个维度的社会网络的多维度的系统整合观。即系统主体如何创新，强调对作为对象子系统而存在的"组合创新"行为，更关注系统创新行为的"相似性"创新、合作创新、异质性、共性效应、关联"四要素"等系统行为要素聚合特征与效应及其创新运行机理，递进到产业发展、产业政策、产业创新环境，乃至国家的技术系统、制度系统、知识系统等进行系统创新。

本节在前述研究的系统创新行为的含义、内涵、类型特征和效应、创新动因等磷化工产业中的具体表现后，再研究系统创新的范式、运行机理、创新的市场效应，以期由实践的分析与总结形成系统创新的 CSP 理论分析框架。

3.3.1 系统创新行为范式及其运行机理

本书研究的系统创新行为主体系统与两类企业创新行为类型的两层相互关系分别是指：由创新主体子系统和创新对象子系统与创新支持子系统及联结上述三个维度的社会网络构成的产业系统创新行为主体系统；由普通创新型企业的创新行为、创新系统型企业的系统创新行为构成的两类企业创新行为类型。其两层相互关系，其一反映的是两类创新主体子系统之间的创新行为，都是由具有适应性、主动性、目的性、智能性的活的主体在推动；其二体现为由制度保障的系统性政策工具刺激下的系统创新行为系统，注重创新主体子系统和创新对象子系统与创新支持子系统（制度和公共政策）及联结上述三个维度的社会网络的多维度的系统整合观，反映的是系统创新行为主体系统的相互空间关系。

(1) 两类创新行为类型的联系与区别

依据创新主体子系统的普通创新型企业（创新型与科技型）、创新系统型企业创新行为归因分析所获得的联系与区别可知：其联系在于它们在创新发展过程中的组合创新，或多或少都有的"相似性"创新、共有的"共性效应"与关联"四要素"要素特征属性及效应，它是两类企业创新行为类型中都有的相同的要素特征及效应，而区别在于创新系统型企业独具的系统创新行为"合作创新""异质性""共性效应"与关联"四要素"要素特征及效应，在普通创新型企业创新行为中确不明显，即不具有创新绩效最高的"合作创新""异质性""共性效应"与关联"四要素"要素特征及效应的一般性。从两类创新行为类型（顺序、度量和拓扑）空间关系中筛选出经济绩效最高的是系统创新行为。

从本章 3.2.2 节和 3.2.3 节，通过比较分析两类企业创新行为类型的不同行为要素特征，以及在产业中的地位和作用效果，而后形成一种可以推广可复制的系统创新行为范式，找到系统创新运行规律。

本章所研究的创新系统型企业，就是一个复杂适应系统。复杂适应系统的共同特征是：它们能够通过处理信息从经验中提取有关客观世界的规律性的东西作为自己行为的参照，并通过实践活动中的反馈来改进对规律性的认识，从而改善自己的行为方式。磷化工产业的两类企业创新行为类型，都强调具有一定的技术创新能力，具有较高研发人员占比、研发投入强度、自主知识产权的科技成果，但作为普通创新型企业的创新行为具有更多的组合创新、"相似性"创新特征，所以是产业系统创新行为主体系统的基础与主导；作为普通创新型企业的科技型中小企业的高新技术性创新行为在产业领域上更集中在新兴产业、高技术产业，在科技领域更集中在前沿领域，在所在产业系统创新行为主体系统中起主导作用、引领作用。而创新系统型企业的创新行为则是形成"自适应创新系统"，在所在产业系统创新行为主体系统中起核心作用。

（2）创新主体子系统之间的创新行为都是由"活的"主体在推动

第一层相互关系，反映的是创新主体子系统之间的创新行为，都是由具有适应性、主动性、目的性、智能性的"活的"主体在推动。

系统创新的行为主体子系统是企业，依据它们创新行为的特征及其效应形成了两类企业创新主体子系统之间创新行为的活的主体，活的主体企业因其各自的"适应性造就复杂性"，将系统内部成员看作是具有自主性、目的性和智能性的"活的"主体，能够在与环境进行相互作用中主动地改变自身的方式和结构，最终达到适应环境的合理状态。因人与环境演化的禀赋差别，形成了各具特色的两类企业创新行为类型，这也是系统创新行为发展和演化的根源。两类企业创新主体子系统之间通过选择竞争或者合作进行互动，来适应不断变化的环境，并寻求自身的生存和发展。正是这种具有适应能力的创新主体子系统使得系统创新行为的复杂性得以呈现，即所谓"适应性造就复杂性"。

（3）系统性政策工具刺激下的系统创新行为在创新主体系统中的相互关系

第二层相互关系，体现为在系统性政策工具刺激下的系统创新行为注重创新主体子系统和创新对象子系统（即创新示范）与创新支持子系统及联结上述三个维度的社会网络的多维度的系统整合观。

1）系统创新行为创新主体子系统的系统创新行为范式。体现在其在创新行为的演变过程中的系统创新行为显现了创新系统型企业在二类企业创新行为类型中的核心范式作用，创新系统型企业是系统创新行为的经济绩效最好的，突出了它在市场创新资源配置中的决定性作用。

作为一个开放的社会技术子系统,自适应创新系统型企业由系统创新行为要素特征及效应与其运行机理的逻辑构成。这些社会系统要素特征及效应构成了复杂网络和小世界模型内外平衡的内在机能和发展方式。

2)系统创新行为对象子系统的系统创新行为范式。作为对象子系统的系统创新行为核心范式作用体现在:其一,是创新行为的系统性及效应。首先,创新行为的系统性体现为创新的"相似性"要素(它们是具有实质的组成部分),即由技术创新、管理创新、制度创新,文化创新、环境创新五个方面的大量创新主体要素及其运行机理组成的创新系统。其次,创新行为的系统性体现为多元主体的合作创新行为,有很好的经济绩效。而独具的"异质性"创新要素:一是企业是一个整合的系统;二是系统与环境相互渗透,边界、面积增大、开放度增加;三是企业集团各子系统之间边界明确,层次清晰,具有典型的分形特征;四是企业集团成员之间存在着较为激烈的竞争,组织内外平衡诱因较大;五是企业集团独具的动态能力与协调能力。再次,是系统性的"共性效应"要素:技术创新的自催化效应;低成本技术扩散与收益放大效应;风险分散效应;技术导向效应;协同整合效应。最后,创新行为的系统性体现为创新行为的四要素——战略创新、全面创新、开放创新、协同创新有机统一不可或缺性。这些创新行为(各种要素聚合)的系统性是企业系统创新形成的过程。其二,它建立起一个充满活力的"复杂自适应创新系统",是企业提升竞争力,应对市场经济变化而快速发展的关键。这个经济组织领导人及其决策层,应用现代管理系统与权变思想,使企业与技术创新共生,充分营造一个充满生机的多元素系统创新环境。在管理的范围和涉及的组织要求上,从过去"管理科学"的角度,主要是计划与控制,上升到管理的范围是组织的整个投入—产出过程,涉及组织的所有要素。在管理的方法和手段上,从"管理科学"采取的逻辑与理性的分析、准确衡量等手段,上升到综合应用自然科学与社会科学的各种方法,运用复杂自适应系统权变的思想,采取管理态度、管理变革、管理信息等手段使组织的各项活动行为一体化进而实现组织的目标。在管理的目的上,从"管理科学"的追求(首先最大限度的满意;其次是最大限度的生产率)。上升到系统与权变思想追求的不是最大,而是满意或适宜,并且是生产与满意并重,或利润与人的满意并重,不存在先后问题。

企业系统创新行为独具的"异质性"和"共性效应"关联"四要素"有机统一的系统要素及效应与系统创新生成环境构成了企业内外平衡的内在机能和发展方式。从理论上讲制度创新应该是一个帕累托改进过程。"制度水平(个人的、自愿合作的、政府的)的选择由与各种选择相联系的成本收益表示","在每种情况下,成功的创新导致总收入的增加,而且在原则上可能没有人在这一过程中受损"。WF（集团）公司的系统创新实践充分体现这一点，在制度安排上，它既保证了集团整体利益，又没有损害成员企业法人地位，给他们保留了足够的发展空间和自由度。

企业能在急剧变化的市场面前，建立起一个充满创造活力的自适应创新系统，跃变成一个能对瞬变的外部环境迅速作出反应的有机体，这样的企业是因具有所独有的"复杂适应系统"和"动态能力"。

3) 系统创新行为支持子系统（制度和公共政策）的范式。这里系统创新行为支持子系统是指，由制度保障的系统性政策工具刺激下的系统创新行为，是由人建立在系统整合能力之上的战略驱动、纵向整合、上下互动和动态发展的新范式。它体现在：首先，"改革开放"是最大的动因。其次，"以经济建设为中心"，把市场作为资源配置的决定性力量。改革发展取向的最终目标是以市场结果作为最终标准，而不是行政意志，也不是眼前利益。

（4）系统创新行为运行机理框架

系统创新行为主体系统与两类企业创新行为类型的两层相互关系及其运行机理，需要形成一个创新的系统行为对市场的影响研判体系。一个系统创新行为主体系统运行机理框架由此而产生，而本书系统创新行为及其运行机理也是由实践的分析与总结形成的概念与内涵。因此，出现了本书由实践的分析与总结形成的系统创新的CSP模式及其运行机理框架（图3-4）。

以系统创新行为的创新主体子系统和创新对象子系统与创新支持子系统的外部资源协同关联：企业与政府、高等院校、科研机构、中介机构和用户等系统创新外部的创新支持子系统协同合作，充分利用创新的外部资源和外部机会；创新主体子系统之间"活的"主体推动全要素调动、全员参与和全时空贯彻；从战略全局和长远实施系统创新行为。战略引领看未来，组织设计重知识，资源配置优质化，文化宽严为基础，在开放式创新的环境下通过统筹全局的战略设计创新，调动全要素参与，实现各个部门主体与利益相关者的协同创新。只有将战略、组织、资源与文化有机整合，实现动态创新、系统创新，产业才能形成稳定、柔性和可持续的核心竞争力。

从上述系统创新行为要素特征及效应分析，以及主体系统与两类企业创新行为类型与支持系统及联结上述三个维度的社会网络的多维度的系统整合观的相互空间关系及其运行机理研究表明：系统创新行为范式及其运行机理是以系统创新行为系统协同关联，两类企业创新行为类型（"相似性"[1]大量创新元素

---

[1] 相似性要素：技术创新、管理创新、制度创新、文化创新、环境创新。

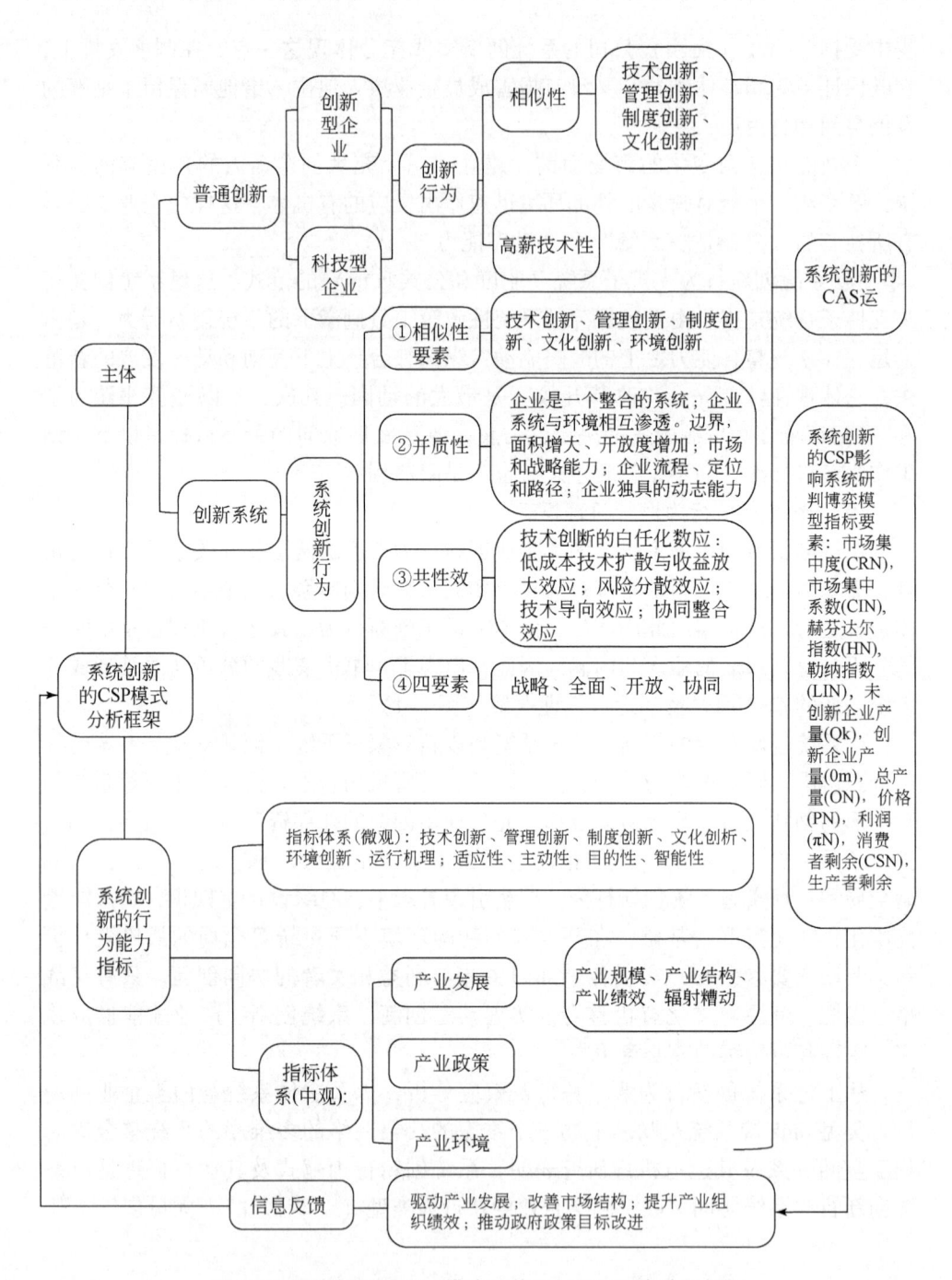

图 3-4　系统创新的 CSP 模式及其运行机理要素分析框架

主体（agent）、"合作创新"、"异质性"[1]、"共性效应"[2]、关联"四要素"[3]）要素特征及效应，与它们之间具有的各自或相互适应性、主动性、目的性、智能性的活动主体、创新支持子系统及联结的社会网络和系统创新行为仿真研判体系及其运行机理[4]构成。

至此，本章研究的由实践的分析与总结形成的"系统创新行为范式及其运行机理"完成了解释系统创新行为主体系统协同关联：如何创新问题的全过程。如何创新问题的全过程在磷化工产业中的具体表现涵盖了系统创新行为的内涵。"产业创新系统是各种要素聚合结果，不存在最优创新系统，在不同国家和不同时间可能会发展出不同特征，这是由'有意识的设计'和没有事先安排的进程共同决定的，在扰动环境中，产业创新系统发展嵌入特定社会经济环境中并产生路径依赖"（戚聿东和朱正浩，2022）。中国磷化工产业内的"创新系统型企业"的系统创新行为是存在"最优创新系统"的范式（类似于制造业的"灯塔工厂"），而且，这是由"有意识的设计"和"没有事先安排的进程"共同决定的。

因为，本书研究对象的系统创新行为涉及发展趋势的微观与中观并重且系统之间呈现互融交集状态的部分。所以，可以展现系统创新行为推动产业发展（规模、结构、绩效、辐射带动）、产业政策、产业创新环境组成的产业创新运行的环境并受其影响；建立科学合理的能力和行为评价指标体系，定性和定量分析相结合，客观评估区域创新系统产出和绩效；展现系统创新行为对市场结构与市场绩效三者双向关互动联边际正相关影响乃至产业经济增长的动态图景，并据此提出改善区域系统创新的措施和建议。

3.3.2　系统创新行为的市场效应

如上所述，系统创新行为是系统创新行为主体系统协同关联：如何创新问题全过程的系统创新行为。系统创新的行为运行受到产业发展、产业政策、产业创新环境的影响；反过来，系统创新的行为又显著影响产业发展、产业的市场结构和市场绩效。可以看到，系统创新行为的微观与中观并重且系统之间呈现互融交

---

[1] 异质性要素：企业是一个整合的系统；企业系统与环境相互渗透，边界、面积增大、开放度增加；市场和战略能力；企业流程、定位和路径；企业独具的动态能力与协调过程。

[2] 共性效应要素：技术创新的自催化效应；低成本技术扩散与收益放大效应；风险分散效应；技术导向效应；协同整合效应。

[3] 四要素："战略""全面""开放"和"协同"，也即战略视野驱动下的全面创新、开放式创新与协同创新，四者相互联系、缺一不可，有机统一于整合式创新的整体范式中。

[4] 运行机理：适应性、主动性、目的性、智能性。

集状态是发展的新趋势。

(1) 系统创新行为驱动产业发展

产业发展包括产业规模、产业结构、产业效益和辐射带动。考察专业化基础上的产业部门在创新过程中的技术转移和供需联系，能定量与定性反映产业生产、经营运行状态的函数组合与评价指标包括平均份额、集中系数、总产值、同比增长率、实现增加值、占市场生产总值的比率、产业集中度、赫芬达尔指数、进入壁垒、兼并与广告、价格、利润、消费者剩余、生产者剩余社会总剩余、横向技术合同、在外省市设立分支公司情况、跨区域并购及共建园区等。

(2) 系统创新行为改善产业的市场结构

传统产业组织中存在马歇尔冲突，即规模经济与垄断的矛盾。但在系统创新行为驱动下，作为普通创新型企业的（小规模科技型、创新型）企业更可能获得超额利润；而大规模企业若不系统创新则可能丧失市场而倒闭。系统创新行为打破市场的垄断势力，促进市场竞争，促进资源配置效率提高，从而改善市场结构。系统创新行为驱动企业加快成长，规模扩张，如有瞪羚企业、独角兽企业等，改变市场结构，获得规模经济效益；在产业转型升级融合背景下，系统创新行为开发更多共性技术，促进了产业转型升级跨界和融合，形成可竞争性市场结构，出现跨产业的新型竞争协同关系，既获得规模经济又不降低资源配置效率，从而不再出现马歇尔冲突。

(3) 系统创新行为提升产业组织经济绩效

产业的系统创新行为显著提升产业的组织绩效（市场绩效）。系统创新行为（C）直接提升经济绩效（P），提供新产品、新工艺、新技术、新管理、新制度、新文化、新环境。系统创新行为开发新产品，形成产品差别化，改变竞争与垄断格局，获得超额利润；尤其是"异质性""共性效应"与关联"四要素"等系统要素形成系统创新行为有机统一的系统全面创新，实现系统创新扩散，促进产业技术进步；系统创新行为获得超额利润，提高产业利润率水平（图3-5）。

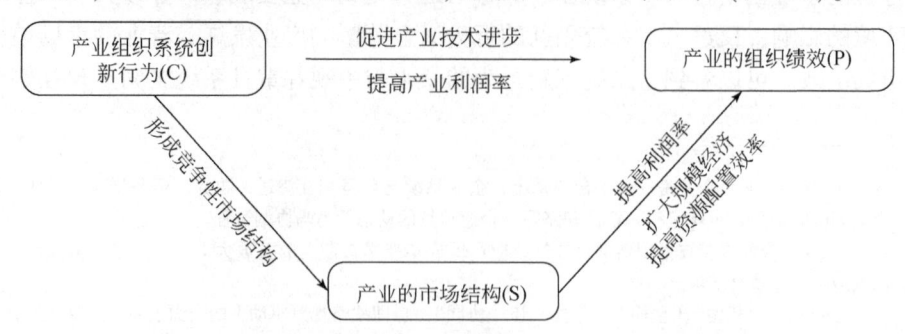

图3-5 系统创新行为对产业市场结构和市场绩效影响机制

理论上可以认为，行为与结构和绩效三者是交织在一起日趋复杂的双向关联互动系统效应，只是需要通过 IT 与 ICT 及 AI 仿真技术手段实证验证。

（4）通过政策因素推动系统创新行为形成过程的政策激励是很重要的

用创新的产业（组织状态）政策应当"使社会福利最大化及消费者剩余和生产者剩余均衡"原则，作为政府制定产业政策，促使各系统创新主体能因产业政策激励而创新，则制定的产业政策应有：①寡头、垄断竞争企业数量；②影响市场结果及均衡的政府管制对市场结构和绩效的影响机理研究定性款项；③反垄断法细则（禁止寡头之间的公开协议）；④CSP 模式的研判标准与构建措施、产业创新效应评估模板。

由上述四点可知：①系统创新行为驱动产业发展；②改善产业的市场结构；③提升产业绩效。并据此，提出"系统性政策工具之所以被称为系统性政策工具，是因为它们将改善整个（创新）系统的功能"。

3.3.3　系统创新的 CSP 模式理论构建

本节在对系统创新行为作系统研究的基础上，以期由实践的分析与总结形成普适性的系统创新的 CSP 理论分析框架。

同一产业内的企业创新行为（C）与市场结构（S）和市场绩效（P）的关系是企业创新实践和产业组织理论研究长期面临的难题。产业组织理论中，关于市场结构、市场行为、市场绩效关系的研究，形成三个学派：结构主义学派强调结构的决定作用，即结构—行为—绩效，通常称为 SCP 范式；芝加哥学派强调绩效的决定作用；行为主义学派更强调行为的决定作用，即行为—结构—绩效（CSP），或行为—绩效—结构（CPS）。到底是结构决定论，还是行为决定论的旷世之争，以及行为决定论与绩效决定论的争论，由来已久，且争执不休。本书研究企业创新行为的特征及其对市场结构和市场绩效的影响效应和机理，因此，为区别于传统的 SCP 范式而采用行为主义学派的 CSP 范式。

行为与结构和绩效三者是交织在一起日趋复杂的双向关联互动系统，本章运用创新经济学、现代产业组织理论、复杂适应系统理论和方法，通过深入剖析磷化工产业内两类创新型企业（普通创新型企业、创新系统型企业）创新行为特征及其对市场结构和市场绩效的影响，总结提炼出具有普适性的系统创新的 CSP 模式。第 4 章将运用这一普适性模式考察磷化工产业内典型创新系统型企业系统创新行为的演化及其对提升经济绩效的作用；第 5 章设计开发具有普照适性的企业创新行为能力评价系统软件，并用于磷化工产业的企业创新行为能力评价；第 6 章将建立 CSP 仿真实验系统数学模型，研发 CSP 仿真实验系统并运用磷化工产业的企业数据对这一问题进行仿真实验研究；第 7 章进行实证检验，以期发挥理论对实践的指导作用。

（1）系统创新行为改善市场结构提升经济绩效

系统创新行为对市场结构和市场绩效的影响是决定性的驱动力量。企业系统创新行为改善产业组织的市场结构，提升经济绩效，驱动产业转型升级，这个结论是建立在实践分析与总结的基础上，而且是用规范经济学研究方法分析并用实证经济学研究方法获得的结论支撑的。

从非技术的创新行为因素对市场影响来看，创新行为愈复杂，非技术的行为因素愈重要。因为，由于管制和市场都具有政治、经济、文化等综合属性，两者始终密切联系。政府管制会直接影响市场结构和市场绩效，也会通过不同市场主体的策略性行为，以及产权等因素间接影响市场结构和市场绩效。事实上"政策制定者战略性导向下的系统创新政策，的确优化了市场结构与绩效"。依据原点原理，所有的行为都是原点基础上轨道的推动，轨道不正，则偏离正道越远。

从行为↔结构↔绩效（C↔S↔P）关联影响关系来看：其一，系统创新行为改善产业的市场结构。这体现在系统创新行为对市场结构和绩效影响的正相关边际传导机制与判断的因果关系链，会对产业组织系统演进产生根本影响，促使整个产业发展。创新系统型企业发展模式的系统性协同创新行为对市场结构和市场绩效形成正相关边际影响的研究结论。其二，代表性学者对市场结构与企业创新的关系研究认为，从长期趋势来看，市场竞争和"创造性破坏"导致产业市场结构的竞争将最终形成由寡头垄断企业支配的市场结构。本土市场效应对于中国企业创新活动的影响及机制，对于处于经济转型期的中国而言，这一因素可能更为重要。从产业演进动态过程中企业创新与市场结构互动关系的分析框架，也可以了解创新与市场结构互动机制及四个阶段的变化过程。其三，系统创新行为改善市场结构（S）提升市场绩效（P）。系统创新行为开发新产品，形成产品差别化，改变竞争与垄断格局，获得超额利润；系统创新行为驱动企业加快成长，规模扩张，如有瞪羚企业、独角兽企业等，改变市场结构，获得规模经济效益；在产业转型升级产教融合背景下，系统创新行为开发更多共性技术，促进了产业转型升级跨界和融合，形成可竞争性市场结构，出现跨产业的新型竞争协同关系，既获得规模经济又不降低资源配置效率，从而不再出现马歇尔冲突。其四，驱动产业发展。研究表明，产业系统创新的行为运行受到产业发展、产业政策、产业创新环境的影响；反过来，系统创新的行为又显著影响产业发展、产业的市场结构和市场绩效。

（2）CSP 与传统 SCP 的差别

本研究由实践的分析与总结形成的 CSP 双向关联互动系统理论框架，与 SCP 不同之处是在用新的理论和科技分析工具加持对行为结构和绩效关联互动影响作逻辑关系与运行机理研究是合理的基础上，将"行为—结构—绩效""行为—绩效—结构"两学派理论与观点有机融合，既不同于 SCP 模式又实现理论研究范畴的扩展，而形成了一个既能沟通具体环节瓶颈又有系统逻辑体系的市场行为↔市场结构↔市场绩效的双向互动关联系统分析框架，简称"CSP 双向关联互动系统分析框架"，并可对市场影响关系的各个方面通过 IT 与 ICT 及 AI 仿真技术手段进行了实证验证。

（3）系统创新的行为与结构和绩效三者相互影响互动关联

产业组织理论的市场结构理论和绩效衡量的现代方法，分析模式演进的动因是方法论创新和理论范畴拓展，具体表现为新的分析工具的应用和非主流经济学派对研究范畴的扩展，使得市场结构和绩效衡量的理论分析模式兼具了规范性和实证性的特征。尤其是由于复杂适应系统论、博弈论等相关理论，复杂性科学、(IT 与 ICT 及 AI) 仿真技术等相关领域工具跨学科集成，用规范分析与实证分析一体化方法疏通（理论分析与经验性分析之间难以沟通的）瓶颈，博弈论作为方法论的引入，使得人们从理论模型上对创新行为效应的分析更为精确、深入，从而最终突破了结构主义经验性的分析模式。

理论上可以认为，市场影响理论是整个经济学构筑要件与基础，所以，建设市场影响模式是经济学的当务之急，是对产业组织理论的 SCP 之争的完善。

本研究由实践的分析与总结形成系统创新的 CSP 互动关联影响的理论分析框架，属于作为非主流经济学派赞同者，用新的理论和科学分析工具对哈佛学派结构主义观点的 SCP 模式相区别与 SCP 影响理论研究范畴的扩展。即通过 IT 与 ICT 及 AI 仿真技术手段实证验证，用实证分析陈述行为与结构和绩效三者交织在一起日趋复杂的双向互动关联系统效应。

CSP 双向互动关联模式可能是最终会建成的更大的墙中的一小块新砖，愿其逻辑体系，在质疑、求真中被认同强化，成为一种新的理论分析方式。

在本研究的 CSP 分析框架中，系统创新行为是在制度因素保障前提下由市场行为、市场结构、市场绩效这三个基本部分组成，其基本分析流程是按制度因素↔市场行为↔市场结构↔市场绩效的双向互动关联系统影响展开的。在这里，行为、结构、绩效之间存在着因果关系，即制度因素决定企业行为影响市场结构和市场绩效，反之亦然（图 3-6）。

因此，为了获得理想的市场结构和市场绩效，制度因素是最重要的保障。

图 3-6　系统创新的 CSP 互动关联模式

3.4　本章小结

本章定义了系统创新行为概念，明确了形成的系统创新行为范式及其运行机理内涵，呈现了系统创新行为主体系统的相互空间关系及其运行机理，解析了系统创新行为的市场影响，由实践的分析与总结形成了系统创新行为的 CSP 模式分析理论框架。

产业创新系统是个多创新主体之间互动相适应与多维度创新对象之间互动相适应，且与创新环境互动相适应构成的复杂适应系统。正是创新主体间的相互适应性、创新主体与创新对象、创新环境的适应性造就了产业创新系统的复杂性，形成不同产业以及同一产业不同发展阶段创新行为的异质性。企业作为产业创新系统的核心主体与科研机构、高等学校等其他创新主体交互作用，并与创新对象、创新支持、创新环境交互作用形成复杂适应创新系统（Complex adaptive system of innovation，CASI），这一复杂适应创新系统的行为就称为系统创新行为。系统创新行为是复杂适应创新系统的行为，是多元创新主体互动相互适应及其与多维创新对象、创新环境互动相适应的创新行为。

由创新主体子系统的普通创新型企业、创新系统型企业子系统和创新对象子系统的两类创新行为类型与创新支持子系统的外部资源协同关联联结的社会网络，呈现的是系统创新行为主体系统的相互空间关系。系统创新行为范式及其运行机理是以系统创新行为系统协同关联，两类企业创新行为类型（"相似性"、"合作创新"、"异质性"、"共性效应"、关联"四要素"）要素聚合特征及效应与它们之间的各自或相互适应性、主动性、目的性、智能性的活的主体、创新支持子系统与联结的社会网络和系统创新行为仿真研判体系及其运行机理构成。这种系统创新行为及其运行机理，是可复制可推广的范式，是理论与实践的中介。制度保障的系统性政策工具可以改善整个创新系统的功能。由制度保障的系统性政策工具刺激下的系统创新行为，改善产业的市场结构，提升产业绩效，驱动产业转型升级。

普通创新型企业由创新型企业和科技型企业构成，创新系统型企业是复杂适应创新系统企业。普通创新型企业的创新行为具有更多的组合创新、些许"相似性"创新特征，所以是系统创新行为主体系统的基础与主导；而创新系统型企业的创新行为则是形成复杂适应创新系统的企业，在系统创新行为主体系统中起核心作用，是创新绩效最高的企业。

系统创新行为主体系统是在以多机构耦合、多主体交互的"经济—技术—社会"这个复杂系统框架内的，以企业或产业和技术基点为具体单位来研究系统创新行为，考察专业化基础上的产业部门在创新过程中的技术转移和供需联系。系统创新行为形成了一个微观与中观并重且系统之间呈现互融交集状态的各种要素聚合过程，它为系统创新行为能力评价指标体系的建立与系统创新行为的CSP模式理论分析的仿真研判实验奠定了理论基础。

可以认为，行为与结构和绩效三者是交织在一起日趋复杂的双向互动关联系统。其基本分析流程是按制度因素↔市场行为↔市场结构↔市场绩效的双向互动关联影响展开的。

系统论和系统观并非凭空产生，它需要特定的人文研究土壤，有其独特的演变历史共性脉络和传承，熟悉并理解这一历史过程，非常关键。系统创新的CSP模式理论分析框架形成，正是了解了系统创新行为形成历程、培养了系统论和系统观之后，发潜阐幽的有益选择。这个演变探索的过程是充满意义的，这是因为"系统论和系统观"不只研究关联性，还研究因果性。

第 4 章　系统创新行为的演化及其对经济绩效的影响：以磷化工产业为例

第 3 章形成了系统创新行为的 CSP 模式理论分析框架，显现了系统创新行为与市场结构和市场绩效的空间关系。本章将以磷化工产业内创新绩效最高的创新系统型企业为例，深入剖析系统创新行为演化与经济绩效的提升过程和条件，揭示系统创新行为与市场结构和市场绩效关系的时间演化。

4.1　磷化工产业创新发展历程方向与典型案例选择

4.1.1　磷化工产业创新发展历程

磷化工产业始于磷元素的发现。1669 年，德国商人波兰德（Henning Brand）首先发现磷元素。磷有三种同素异性体：黄磷、赤磷和黑磷。1870~1872 年德国实现湿法磷酸工业化生产，1891 年黄磷生产在法国实现产业化，1927 年德国用电热法磷酸工业化生产出磷酸盐，1948 年以来由于肥料、饲料及洗涤剂等工业对磷酸盐需求量急剧增长而获得大发展。新中国成立时，全国只有台湾省年产 3 万多吨过磷酸钙，磷化工产品基本处于空白状态。20 世纪 50 年代，随着磷酸的发展及洗涤剂、涂料、制药、水处理、饲料的需要，磷化工产业初步有了发展，60 年代磷化工产品逐步增至 20 多个品种，实现了磷化工产业从无到有。改革开放后，我国磷化工产业实现了从小到大的快速发展，目前已有 400 多家企业，形成了上中下游完整的产业链（图 4-1）。

磷矿主要用于生产磷肥，占比 76% 左右，其次是磷酸盐，占比 12% 左右，部分磷矿用于制取纯磷（黄磷、赤磷）和化工原料，少量用作动物饲料和食品添加剂。随着我国磷肥产能的快速扩张，以及磷化工产品需求的增长，我国磷矿石产量快速增长，从 2000 年的 2000 万吨增长至 2016 年的 14439.8 万吨，年均复合增长率达到 13.35%。2016 年，我国将磷矿石纳入战略性矿产目录。在生态环保规划和磷矿行业治理的双重政策约束下，我国磷矿产量从 2017 年开始下滑，到 2020 年磷矿石产量下降到 8893.3 万吨（图 4-2）。

第4章 | 系统创新行为的演化及其对经济绩效的影响：以磷化工产业为例

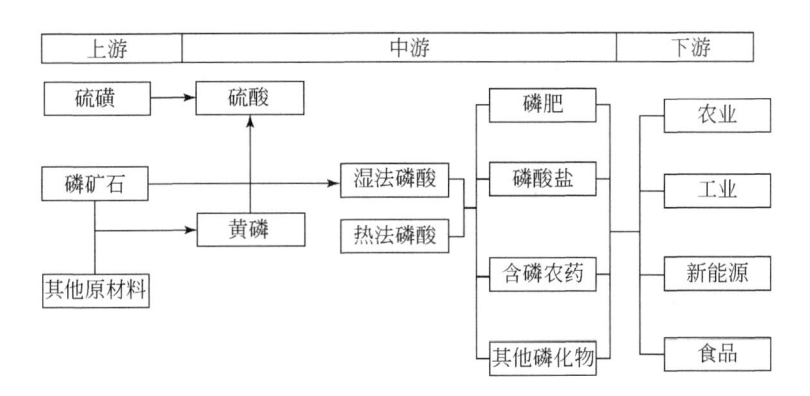

图 4-1 磷化工产业链

资料来源：https://baijiahao.baidu.com/s?id=1765381160996311375&wfr=spider&for=pc

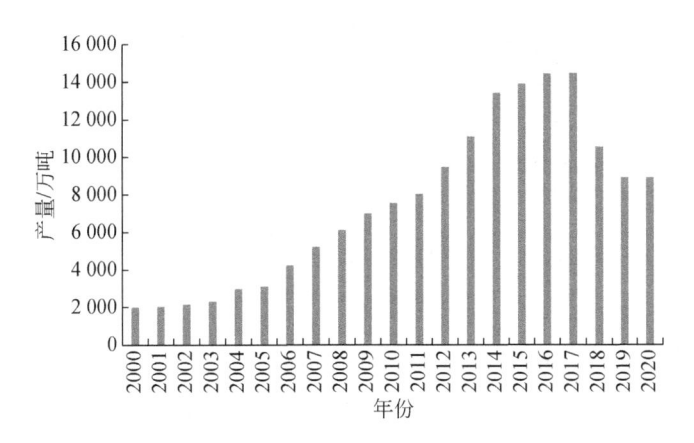

图 4-2 2000~2020 年我国磷矿石产量

资料来源：https://www.vzkoo.com

按照农业可持续发展、绿色发展的要求，2015 年农业部印发《到 2020 年化肥使用量零增长行动方案》，随着我国磷肥需求的约束，我国磷肥产量 2010~2015 年呈现上升趋势，2016 年后呈下降趋势，从 2016 年的 1859 万吨下降到 2019 年的 1610 万吨（图 4-3）。

尽管如此，我国仍是全球磷肥生产大国，2019 年约占全球磷肥产量的 35%，是位居第二的美国的 3 倍多（表 4-1）。

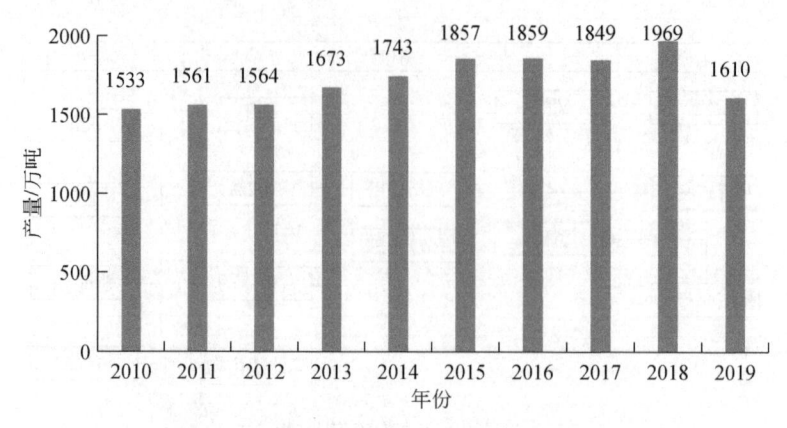

图 4-3　2010~2019 年我国磷肥产业产量增长
资料来源：国家统计局、前瞻产业研究院

表 4-1　全球磷肥产业分布情况（2019 年）

国家	产量/万吨	总量百分比/%	国家	产量/万吨	总量百分比/%
中国	1660.67	35.2	巴基斯坦	54.93	1.2
美国	536.03	11.4	土耳其	49.7	1.1
摩洛哥	499.3	10.6	澳大利亚	47.4	1.0
印度	479.08	10.2	埃及	43.98	0.9
俄罗斯	375.11	8.0	墨西哥	43.94	0.9
沙特阿拉伯	249.08	5.3	越南	40.97	0.9
巴西	183.91	3.9	以色列	37.17	0.8
印度尼西亚	61.11	1.3			

资料来源：https://www.vzkoo.com

随着磷化工产业的发展，磷肥产业的市场集中度逐步提高。2019 年我国磷肥产业前 4 位企业产量总计 726.7 万吨，约占全国总产量的 45.1%；前 10 名企业产量总计 1086.2 万吨，约占总产量的 67.5%，较 2018 年同比增长 3.9 个百分点（表 4-2）。

表 4-2　中国磷肥产业市场集中度（2019 年）

排名	企业名称	磷肥产量/万吨
1	云南云天化集团有限责任公司	276.9
2	贵州磷化（集团）有限责任公司	254.2
3	新洋丰农业科技股份有限公司	100.0
4	湖北宜化集团有限公司	95.7

续表

排名	企业名称	磷肥产量/万吨
5	湖北祥云（集团）化工股份有限公司	92.4
6	云南祥丰实业集团有限公司	82.2
7	湖北三宁化工股份有限公司	51.0
8	四川龙蟒集团有限责任公司	50.0
9	铜陵化学工业集团有限公司	45.0
10	铜陵化学工业集团有限公司	38.9

资料来源：中国磷复肥工业协会、前瞻产业研究院

目前，全球磷化工行业技术周期已从第一个需求滞后，进入第二个需求模仿滞后，如果说前阶段是反应滞后，后阶段则是掌握滞后。相比较来看，我国磷化工行业技术周期已经从开发期、引入期（模仿）、成长期，进入成熟期（一些产品进入开发趋势），一些产品已进入衰退期。这是任何技术、任何产品都有的生命周期演变。这一现状，即技术创新的"共性效应"，也就是技术在创新系统型企业内部产生扩散作用，但技术壁垒仍然是产业内外的难以改变的历史与现实（图4-4）。

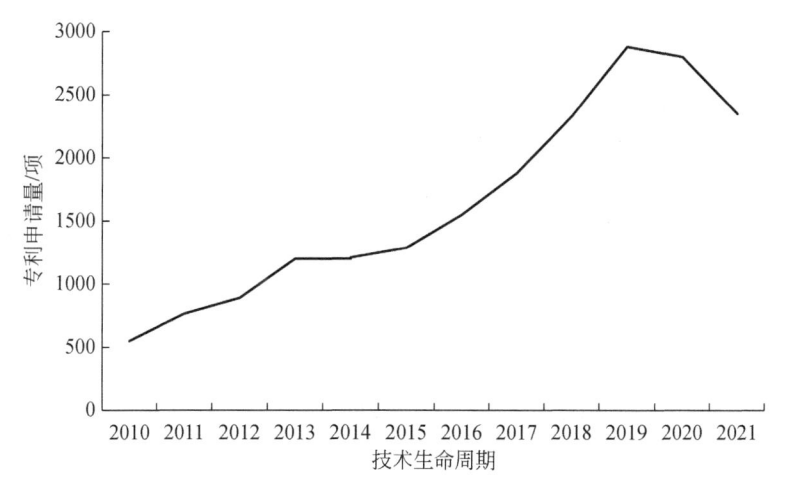

图4-4 全球磷化工行业技术周期
资料来源：前瞻产业研究院

4.1.2 磷化工产业创新发展方向

磷化工产业发展有三个趋势：一是企业发展趋于一体化、综合化、集团化。

因国内磷矿资源的地理属性所限我国磷化工产业已经区域一体化，大部分企业生产经营活动均涉及产业内多个产业链环节，或者多个细分产品领域，或为"提高产业集中度，形成高质量示范企业，减少重复投资并优化产业链"而集团化。未来，这一趋势将更为明显。二是行业趋于低碳环保发展。在世界性碳中和、碳达峰的政策背景下，为实现低碳发展、绿色转型，满足下游多个领域日益增长的市场需求，我国磷化工产业发展也将趋于低碳环保发展，低碳环保发展将成为产业发展主流。三是行业加速转型升级发展。传统的磷化工产业内下游产品主要为化肥、工业用磷酸盐，随着新能源技术的发展，我国磷化工产业下游需求格局将发生很大变化，从原来的农业主导型逐渐转向新能源产业。未来，磷化工市场需求将从传统农药、化肥领域逐步向磷酸铁锂延伸。

磷化工产业系统创新行为与经济绩效的互动竞争将更为凸显。系统创新行为的CSP模式理论分析框架将会有更丰富的实证环境。目前，我国磷化工产业面临的现实是：磷化工产业转型升级迫切需要大力提升企业创新动力和创新能力；国家创新发展战略的全面实施迫切需要系统评估企业创新行为和绩效；创新系统绩效提升迫切需要探索创新行为与市场结构和市场绩效的关系；我国磷化工产业形成的系统创新行为与经济绩效互动关联演化的成果亟待总结和推广。由现实压力转变为转型升级的动力是传统产业系统创新发展面临的问题。

能体现磷化工行业加速转型升级发展趋势的产品有由领军型企业近期开发的六氟磷酸锂、磷酸铁锂、电池级磷酸氢二铵、磷系阻燃材料、磷酸二氢钾、聚磷酸铵等新产品，表明磷化工行业因资源环境因素制约正向精细磷化工的附加值产品转型（高永峰，2020；王辛龙等，2020）。综合来看，磷化工产业创新发展趋势主要体现在几个方面：一是调整磷化工产品结构，促进产品升级，提高产业层次；二是组织结构优化，淘汰落后产能，推进兼并重组，提高产业集中度，培育发展综合性大型企业集团；三提高磷资源利用率，加强磷资源与伴生资源的回收和高端综合利用；四是整体提升技术装备水平，节能降耗，提升企业竞争能力；五是在技术、制度、管理、营销方式等各方面进行创新；六是在政策工具刺激下形成循环经济型产业链，使全行业可持续发展。通过上述各种创新发展模式，尤其是产业系统创新主体的行为范式使我国磷化工行业创造更多的国际先进和领先技术，实现磷化工产业规模全球第一向产业技术先进性、产品高端化的第一过渡，维持我国磷化工行业高端、可持续发展（王辛龙等，2020）。

从全球磷化工相关产品需求测算可知，能体现我国磷化工行业加速转型升级发展趋势的转型升级产品已有磷酸铁锂、电池级磷酸一铵、磷酸二铵、磷酸铵、电池级净化磷酸等精细磷化工的高附加值产品，这些产品瓮福集团有限责任公司皆能生产（表4-3）。

表 4-3　全球磷化工相关产品需求测算

项目	2021 年	2022 年	2023 年	2024 年	2025 年
全球新能源汽车/万辆	675	1040	1352	1758	2240
全球动力电池出货量/亿瓦时	371	650	910	1229	1550
全球磷酸铁锂动力电池需求量/亿瓦时	117	264	418	608	793
全球储能装机量/亿瓦时	154	190	283	341	427
全球磷酸铁锂储能电池需求量/亿瓦时	54	86	156	221	320
其他磷酸铁锂电池需求量/亿瓦时	22	36	57	92	147
全球磷酸铁锂电池需求量/亿瓦时	193	386	57	921	1260
全球磷酸铁锂/万吨	48	96	631	230	315
磷酸铁/万吨	47	95	158	226	309
电池级磷酸一铵/万吨	18	35	155	84	115
电池级净化磷酸/万吨	18	35	58	87	119

资料来源：https://www.vzkoo.com

4.1.3　磷化工产业创新发展的典型案例选择

从上述世界磷化工产业创新发展方向和我国磷化工产业发展趋势可见，WF（集团）公司磷化工产品产量在全国磷化工产业居第二位，其创新能力的重要标志——专利申请量在全球磷化工产业创新主体中排名第二（图4-5）。2019年WF（集团）公司与贵州另一大磷化企业开磷集团重组为贵州磷化集团，成为世界二、亚洲最大的磷化工企业集团。

WF（集团）公司是我国磷化工产业最大的优质龙头企业，是获得国家、部委、省三十多项荣誉和认证（创新型和科技型）集于一身的创新系统型企业，其二十多年来系统创新行为与经济绩效的互动关联演化（蜕变、嬗变），呈现出要素聚合的系统特征及效应。它的系统创新互动发展演变史，尤其是作为成熟的磷化工产业核心企业在产业转型升级创新发展方向的引领作用范式，可为中国工业创新经学、创新微观经济学理论、本研究形成的CSP模式三者双向互动关联理论与实证贡献研究范例。因此，本节以WF（集团）公司的系统创新行为与经济绩效的互动关联演变发展为典型案例，以期揭示系统创新行为与经济绩效的互动关联演化规律。

本研究对WF（集团）公司进行了二十多年的创新行为与经济绩效的互动关联演化考察（1999~2022年）。WF（集团）公司的前身是贵州宏福实业开发有限总公司，其主体贵州瓮福矿肥基地是国家"八五""九五"期间建设的五大磷

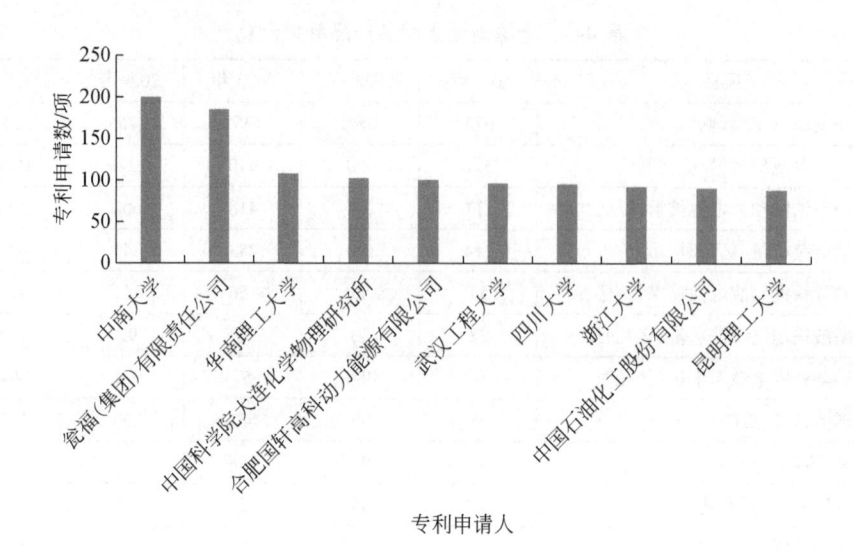

图 4-5　截至 2022 年全球磷化工行业专利申请数量 TOP10 申请人
资料来源：智慧牙、前瞻产业研究院整理

肥基地之一。瓮福矿肥基地 1990 年开工建设，2000 年建成投产，2008 年更名为瓮福（集团）有限责任公司。WF（集团）公司现已成为拥有 52 家控股子公司，员工 7000 多人，集磷矿采选、磷复肥、精细磷化工、硫煤化工、氟碘化工生产、科研、国际国内贸易、行业技术与营运服务、国际工程总承包、现代农业产业、环保技术输出于一体的国有大型企业。

WF（集团）公司现已形成以贵州为核心，甘肃金昌、四川达州、福建上杭为支撑的四大生产和研发基地。贵州黔南基地是磷矿石采选、高浓度磷复肥、磷化工、氟碘化学制品、废弃物资源化利用的加工和技术研发基地，也是 WF（集团）公司对外提供技术、工程建设及营运管理服务的样板工厂。甘肃金昌、四川达州、福建上杭以优势互补、资源优化配置为原则，充分利用 WF（集团）公司的磷资源和当地原料、区位等优势，分别建设化工化肥基地，形成了完整的产业布局。主产品磷酸二铵、磷酸一铵被评为"中国名牌产品""国家免检产品"，WF 牌商标被评为"中国驰名商标"，并被商务部授予"最具市场竞争力品牌"。

4.2　企业系统创新行为对经济绩效的动态提升

创新系统型企业 WF（集团）公司的系统创新行为与经济绩效的互动关联演化过程的历史顺序、时间节点与大致脉络可分为三个阶段：从技术引进到技术模仿、技术创新与经济绩效的提升；再到制度创新与经济绩效的提升；而后因创新的条件和创新环境所致,向系统创新的互动关联演变。阶段的互融递进演化过程形成了系统创新行为与经济绩效的互动关联演化。这是因为它们之间既有联系又有重要的区别所致。依其阶段互融递进互动关联演化过程的考察,从各阶段的创新内容、创新行为的经济绩效与社会影响,可显现系统创新行为产生了更大的经济绩效,改变了产业的市场结构,规模扩大(增长、兼并),获得的规模经济又进一步提升绩效。而这正好印证本书的 CPS 模式双向互动关联理论观点。

4.2.1 技术创新与经济绩效的提升

从技术引进到技术模仿、技术创新与经济绩效的提升阶段,WF(集团)公司从出口实物到出口技术、从矿肥生产到精细化工、从环境污染到高效益、从依靠"制造业"向"制造+贸易+服务"业转变,这一系列创新活动也包含了一些"相似性"要素特征及效应阶段的创新活动。WF(集团)公司早期的创新活动就是围绕这些要素关联展开的,这些关联要素特征及效应阶段也是显现系统创新行为与经济绩效的互动关联演化提升阶段。

(1) 从技术引进到技术创新,WF(集团)公司科技发展达到世界领先水平

1)技术创新。2001 年底,WF(集团)公司仅有 1 项专利申请。到 2011 年底,累计申请专利 540 余件,多项技术创新成果成为可以向国外输出的先进技术。在磷矿采选与深加工、湿法磷酸生产与净化、资源综合利用、环境保护、节能减排等方面申报发明专利上百项。拥有十多项国际国内领先的行业关键核心技术。WF(集团)公司自主研发的 WF-01 号浮选剂达到世界先进水平,专利评估价值 2.8 亿元,使磷矿入选品位五氧化二磷由设计的 30.72% 降低为 25%,矿山开采损失率由设计的 3.75% 降低为 1.6%,开采贫化率由设计的 4.77% 降低为 2.1%,精矿回收率超过 95%,资源回收率超过 90%。"磷酸二铵与磷酸一铵联产成套技术与装备""磷酸二铵尾气净化联产磷酸一铵清洁生产工艺"等技术,使我国的磷酸一铵单套装置产能从 3 万吨提升到 24 万吨。湿法磷酸微乳净化等多项国际领先技术,使我国由磷化工大国向磷化工强国转变。"磷铵高新技术产业化""磷酸快速萃取结晶技术"分别获得国家科技进步奖二等奖、省科技成果特等奖。"磷酸快速萃取结晶技术"投资甚微,就实现磷酸扩能 30%,大幅降低了生产成本,年增利润 5000 万元。2009 年 12 月,WF(集团)公司被认定为"高新技术企业"。

2)产学研融合。2003 年 12 月,WF(集团)公司博士后科研工作站成立。2004 年 10 月,WF(集团)公司省级企业技术中心被认定为国家级企业技术中心,并成为磷化行业第一家、排名第一的国家级企业技术中心。2004 年 11 月 28

日，WF（集团）公司国家企业技术中心暨博士后科研工作站正式揭牌，WF（集团）公司将其作为技术创新的重要载体及产学研的融合平台，年均投入 3 亿元以上的研发费用，进行磷化工产业及相关领域前沿性、公共性和关键性技术开发及智力创新活动，并长期与清华大学、四川大学、天津大学、中南大学、北京科技大学、华东理工大学、贵州大学等多所院校及国科学院、北京矿冶研究总院、浙江省化工研究院、贵州省化工研究院等科研院所合作，为企业发展提供技术支撑。截至 2011 年底，完成了 40 余项国家及省部级科研项目，"磷矿资源磷精细产品关键技术研究"等 7 个项目进入国家科技支撑计划，获得 785 万元的国家财政支持。

3）产品更新。WF（集团）公司现已形成"研究、储备、生产、销售"的技术创新和产品更新格局，自主知识产权及知名品牌在 WF（集团）公司销售收入增长中的贡献率已达到 50% 以上。WF（集团）公司的主要产品磷酸一铵、磷酸二铵被评为"国家免检产品"和"中国名牌产品"。磷酸二铵获得我国磷肥行业首枚"中国名牌产品"，实现贵州省"中国名牌产品"零的突破。此外，WF（集团）公司"WF 牌"成为"中国驰名商标"，并被商务部授予"最具市场竞争力品牌"。

(2) 从出口实物到出口技术，WF（集团）公司智力国际化获得丰硕成果

目前，WF（集团）公司已形成产品输出、资本输出、智力输出齐头并进的国际化发展态势。在不断研发新产品的同时，重视自主知识产权在提高核心竞争力方面的重要作用，瞄准国外市场，推行国际化战略，将先进的技术、装备和工程"打包"输出国外，知识产权资本化，提高了 WF（集团）公司应对市场风险的能力和国际竞争力。

2007 年 12 月 17 日，WF（集团）公司作为唯一来自发展中国家的企业，凭借自主知识产权、一流的技术和丰富的管理经验，击败欧美、中东地区的 20 多个国际工程公司以及经济技术实力雄厚的跨国企业，成功中标世界上一次性建设和投资规模最大的磷肥工业项目——沙特阿拉伯国家矿业公司磷酸盐工程 1200 万吨/年选矿工程总承包项目，建设工期 28 个月，合同总金额达 3.5 亿美元。2010 年 2 月 21 日，WF（集团）公司与澳大利亚 LEGEND 国际控股公司签订了昆士兰州磷矿开采、选矿、磷加工等项目可行性研究报告的技术服务协议，并于 2010 年底顺利完成。作为 WF（集团）公司国外项目中首个纯技术服务项目，体现了 WF（集团）公司智力国际化发展内容的多样化，彰显了 WF（集团）公司强大的技术创新能力，标志着 WF（集团）公司的智力国际化进程在沙特曼阿顿项目之后又取得了新的突破，并且，标志着中国磷肥产业已由技术引进转向技术输出。2011 年，WF（集团）公司与伊朗液化天然气公司签署了含硫磷酸二铵项目研发的可行性研究报告技术服务协议,并顺利完成交付。

(3) 矿肥生产到精细化工,WF(集团)公司实现从低端到高端的相关多元化发展

1) 建成世界最大的、中国第一套湿法磷酸净化装置,改变了我国磷化工产业主要依靠发展高污染、高能耗的黄磷工业的格局。WF(集团)公司致力于开发低污染、低能耗的湿法磷酸净化技术。湿法磷酸净化技术是发展精细磷化工的基础,而这项技术被几个发达国家持续封锁。在国家级磷化工工程技术中心和博士后工作站技术人员的努力下,通过与四川大学合作,WF(集团)公司的湿法磷酸净化装置获得成功,并通过国家专业委员会鉴定。这增加了WF(集团)公司与相关技术垄断国家、企业的谈判砝码,WF(集团)公司得以迅速引进相关先进技术。通过将自主研发的湿法磷酸净化中试成果与国外的净化磷酸项目技术嫁接,WF(集团)公司建成世界最大的、中国第一套湿法磷酸净化装置——年产10万吨的PPA装置。2005年5月动工,2007年3月投入生产,总投资5.29亿元。2006年9月22日,生产出了工业级产品,2007年1月13日,生产出了食品级产品。创造了10万吨PPA建成投产及产出合格产品"用时最短,投资最少"的辉煌业绩,彰显了WF(集团)公司技术引进与自主创新的完美结合。2008年5月份起,WF(集团)公司食品级磷酸开始出口远销至美洲、欧洲、东南亚等地区,结束了贵州省食品级磷酸零出口的历史。目前,WF(集团)公司95%的食品级磷酸出口到国外。该装置项目的建成投产,打破了长期以来发达国家对相关先进技术的封锁以及国际跨国公司对磷化工新产品开发的垄断,从而使我国的湿法磷酸品牌跨入了世界先进行列,使我国磷化工产业的发展又向前迈出一步,具有深远的里程碑意义。

2) 建成世界首套无水氟化氢工业装置。磷矿资源伴生有2.5%~3.5%的氟,磷矿石中的氟含量占到世界氟蕴藏量的90%以上。氟会在磷肥、湿法磷酸生产过程中逸出,从而造成环境污染。以前是通过将氟气吸收为氟硅酸来处理氟,这种方法回收率低、经济效益不高。利自有技术与国外技术相结合,2005年12月20日,WF(集团)公司与瑞士戴维工艺公司达成共建世界上首套用氟硅酸制取无水氟化氢工业装置的协议。该装置于2008年3月建成,产能2万吨/年,取得2项专利成果,产生了良好的经济效益。湿法磷酸净化装置与无水氟化氢项目的建设是WF(集团)公司精细化战略的关键项目,标志着WF(集团)公司"以净化磷酸为基础的磷精细化工、以无水氟化氢为基础的氟精细化工"的精细化工战略开始实施。

3) 建成世界首批从磷矿石中回收碘资源的装置。WF(集团)公司生产的磷矿石中伴生着丰富的碘资源,如果按年产200万吨磷精矿算,可产生碘约260

吨。我国碘资源非常稀缺，每年需求量达4000吨左右，而年产量仅有140吨左右。2007年，经过实验，WF（集团）公司与贵州大学合作建成世界第一套从磷矿石中提取碘元素的工业装置，2007年9月投产，产能50吨/年。第二套装置于2009年9月13日开工，2010年2月投产。该装置的建成投产为WF（集团）公司未来的精细化工产业多元化发展打下了基础。

(4) 从环境污染到高效益，WF（集团）公司循环经济发展创造多个世界和中国第一

新型工业化是以信息化来指导产业化，产业化促进企业化，实现"科技含量高，环境保护好，经济效益高，物质消耗低，人力资源得到充分利用"。WF（集团）公司始终以科学合理开采资源、提高资源综合利用率为目标，大力发展循环经济，并被列为国家首批循环经济试点单位和贵州省重点循环经济试点单位。WF（集团）公司通过技术研发与引进，加大了磷矿资源利用、"三废"可资源化利用和磷矿伴生资源回收利用。

1）磷矿资源利用。2006年，WF（集团）公司自主研发成功WF-01号浮选剂，获得中国优秀专利奖和中国石化协会科技进步一等奖。该装置投入生产后，每小时可处理尾矿130吨，使每年磷精矿增加15万吨，实现经济效益2000万元以上，有效地减少了资源的消耗。WF（集团）公司还采用一系列新技术、新工艺提高磷矿资源利用率：优化采矿边坡角，降低废石产出量；引进逐孔微差爆破技术，改善破碎效果；对底板矿回收利用；等等。此外，WF（集团）公司成立了"中低品位磷矿选矿及尾矿再选综合利用项目"专业研发项目组，探索出"二粗二精一扫的闭路工艺流程"，使中低位矿品得到较好利用，大大减少最终尾矿的排放量。

2）"三废"可资源化利用。在废气资源循环利用方面，WF（集团）公司建成我国第一套"可资源化烟气脱硫"工业示范装置。装置于2005年8月建成投运，每小时可处理烟气20万立方米，脱硫率超过95%，并杜绝了"废水、废气、废渣"的二次污染。此套装置将烟囱排放的二氧化硫通过活性焦的吸附和催化，采用一系列化工工艺转变成浓硫酸，实现资源化脱硫。脱硫后的副产品可生产市面上所有的含硫化工产品，实现废物利用。此套装置一年的运行成本为500多万元，可转化生产商品价值1000万元，同时省去了200万元的排污费。在废水资源循环利用方面，专利成果新型调整剂WFS被中国石化协会授予科技进步一等奖。每年减少污水270万立方米，减少选矿硫酸用量4.23万吨，降低入选矿品位5个百分点，实现利润2804万元，节约成本6000万元。WF（集团）公司还通过尾矿回水、磷化工工业废水和采坑涌水回收利用，每年减少自然取水400万m^3，回水总量甚至超过了水源点取水总量，成为世界上第一个无工艺废水

外排的大型磷酸企业。在废渣资源循环利用方面，磷石膏制建材是典型代表，形成了石膏粉、磷石膏砖、水泥调凝剂、纸面石膏板等系列产品，磷石膏综合利用率达30%。

（5）从依靠"制造业"向"制造+贸易+服务"业转变，WF（集团）公司实现销售收入的结构性增长

WF（集团）公司决策层提出的多元化的发展战略，是指在传统制造业的基础上，向贸易和服务业两方面拓展。具体说就是指从以磷酸盐为基础的制造业向"制造+贸易+服务"业转变，而制造、贸易、服务三个板块业务依然是以磷酸盐为基础，围绕磷酸盐产业开展的，只是把磷酸盐产业分解成制造、贸易、服务业三大板块，即专注于磷酸盐领域，在产业链的高端寻求发展。正是这个不完全依靠化肥生产的产业结构，使得WF（集团）公司顺利度过了金融危机。

2008年，受国际金融危机的影响，中国磷复肥的销售价格呈现过"山车式"的涨跌，磷化工产业全面亏损，很多企业濒临破产。2008年初，国际化肥迅猛上涨，磷肥的原材料价格也跟着快速上涨，硫磺价格上涨幅度超过十倍。随着金融危机造成的全球性经济危机产生的影响，逐渐从西方的虚拟经济向中国实体经济过渡，原材料、能源价格又一路下滑，企业的生产经营环境进一步恶化。秋季后，受市场供求关系影响，原材料的价格持续下滑，市场信心严重受挫，市场迅速萎缩。在"过山车"式的原材料涨跌中，磷肥生产企业严重亏损，原材料和产品积压，资金周转困难，生产经营困难重重。此外，金融危机期间，为保障国内市场肥料的供应，国家多次调整了化肥出口关税，磷肥特别关税税率从35%增至135%，化肥出口的大门基本上被关闭。原材料价格下滑，磷肥价格也随着下跌，国内产能严重过剩的磷肥产业竞争进一步加剧，国内化肥生产厂家普遍减产。受全球金融危机和国家宏观政策调控的影响，全国1300多家复合肥生产企业几乎全部停产，300多家高浓度磷肥生产企业70%停产，而剩余的30%中多数企业也只能半负荷生产。

WF（集团）公司依靠制造、贸易、服务三个板块积极应对金融危机。2008年，WF（集团）公司积极应对金融危机带来的影响，坚持用科学发展观统一思想，明确提出"五个不能减"：发展信心不能减、生产负荷不能减、新产品投入不能减、发展速度不能减、员工工资不能减。

制造板块发展高端精细化工产品。高端磷精细化工产品占WF（集团）公司出口总额的30%左右，是拥有自主知识产权的高附加值产品，在金融危机中几乎没受影响。2008年，针对国家限制化肥出口，WF（集团）公司在确保国家磷肥供应稳定的原则上，调整产品结构，加大磷精细化工产品的研发及生产力度，增加精细化工产品的生产比例，延长产业链、产品链，尽力缩短新产品投放市场的时间，努力消化市场快速变化增加的成本压力。

开放的贸易板块发展非自产产品贸易。2008年，WF（集团）公司内贸销售收入达64.6亿元，货款回收率为99.76%，外贸进出口贸易总额10.08亿美元，出口创汇7.04亿美元。在化肥、化工产品销售不景气时，WF（集团）公司及时调整经营方向，捕捉有色金属矿等产品的贸易商机，并在国外设立贸易公司，加大转口贸易力度。2008年，WF（集团）公司非自产产品贸易成效显著，完成贸易额47.84亿元，同比增长105.1%，实现贸易利润1.07亿元，同比增长5.31%。

服务板块发展技术服务。WF（集团）公司2008年在非化肥产品及非实物贸易方面取得了长足的进步，实现服务性贸易收入4.1亿元。2009年，WF（集团）公司实现服务性收入23.24亿元。

成功应对金融危机彰显了WF（集团）公司多年来积聚的强大综合实力。

(6) 从资源优势到经济优势，WF（集团）公司横向发展实现资源利用的效应最大化

WF（集团）公司组建了甘肃WF公司、WF达州公司等对外投资公司，形成以贵州为核心，以甘肃金昌、四川达州、福建上杭为支撑的四大生产研发基地。通过取长补短、携手发展，充分利用贵州WF（集团）公司磷资源与当地原料、区位等优势，形成完整的产业布局，把自然资源优势转化为经济优势，做强了企业，实现了跨区域的优势资源组合。WF（集团）公司的技术、管理、人才输出取得重大进展，有力地推动了地方和企业的发展。

1）达州磷硫化工项目。2008年12月18日，WF（集团）公司在四川达州拉开了建设中国一流精细磷硫化工基地的序幕。四川达州市是我国天然气资源的三大富集地之一，天然气储量6300亿立方米。中石油、中石化在达州可年产240亿立方米天然气、450吨硫磺。WF（集团）公司与达州"硫磷对调"可以解决达州天然气化工产业数百万吨硫磺副产品的物流困难，使达州地区硫磺资源的利用达到经济最大化，促进达州地区天然气能源化工基地的建设。对于WF（集团）公司而言，高浓度磷肥的生产，一直受制于主要原料硫磺的供给，而达州产生的数百万吨硫磺可以解决WF（集团）公司硫磺资源的供需矛盾。

2）金昌高浓度磷肥项目。WF（集团）公司与甘肃金昌化工（集团）有限责任公司（简称金化（集团））合作，对金化（集团）的DAP装置实施技改，扭转了金化（集团）DAP长期亏损的局面。金昌模式使WF（集团）公司分享了金昌地区发达的冶金工业硫元素的资源优势，贵州WF（集团）公司的磷矿资源、甘肃金昌的硫资源、金化集团的装置能力都得到了最优化配置。

3）福建净化磷酸项目。WF（集团）公司将自己的磷资源优势与紫金集团的硫资源优势相结合，规划投资 15 亿元，在福建建设 30 万吨磷酸、磷复肥项目和 16 万吨食品级磷酸产能，打造以工业级、食品级磷酸为主要产品的磷化工产业链，生产 BB 肥、MAP、硫铵和水泥缓凝剂等资源综合利用产品。

4) 织金磷煤化工项目。织金磷资源储量 14.9 亿吨，占贵州省磷资源储量的一半以上，煤储量 107.6 亿吨，是贵州最大的无烟煤田——织纳煤田的中心。WF（集团）公司织金磷煤化工项目通过整合煤、电、磷资源的耦合共生关系，形成以磷深加工为主的新型高科技企业。

4.2.2 制度创新的异质性与经济绩效的提升

WF（集团）公司的持续发展、绩效提升，正是系统创新行为中的技术创新与经济绩效的互动关联演化驱动发展的结果；而 WF（集团）公司的创新实践表明，该集团因创新实践形成了一个复杂自适应创新系统型企业。它与通常的普通创新型（创新型与科技型）企业创新行为相比较是独具的制度创新的"异质性"(Heterogeneity) 要素系统特征。体现在：①WF（集团）公司是一个整合的系统，有产权约束机制；②市场约束机制；③组织系统与环境相互渗透，边界面积增大，开放度增加；④组织系统独具的动态能力与协调过程；⑤组织系统的流程、定位和路径。系统创新行为与经济绩效互动关联演化的结果是产生了显著的经济绩效，改变了产业的市场结构，企业规模扩大（增长、兼并），获得的规模经济又进一步提升绩效。

(1) WF（集团）公司的产权约束机制

1) 整合的系统。整合是一切组织的重要属性，它是指把分化所产生的各分化单位的活动协调一致，组成统一的整体，使各分化单位的活动成为组织整体活动的一个环节，保证整个组织有序运转的机制。

整合是组织得以存在的必要手段，组织如果缺乏整合过程，各分化单位及其成员各行其是，各自追求自身利益，必然使组织处于一种无序的松散状态；整合也是实现组织目标的基本手段，对于一个组织来讲，要实现其组织整体目标，必须在进行目标分解的同时，使这些分解出来的各单位协调一致，服从统一的高度指挥，围绕着整体目标的实现展开各种活动。没有整合，就没有整体目标的实现可能。建立适当的整合机制是组织运转的基本要求。

相对单一法人的基地来说，原矿肥基地行政组织是典型的科层制，而经济单位组织则较为松散，在当时整合的难度很大。而新生的 WF（集团）公司却通过一系列约束机制和利益共同体来实现整合嬗变。

2) 产权约束机制。新生的 WF（集团）公司的核心层成员是通过产权、技术、生产经营协议等多种纽带联系在一起的。这是 WF（集团）公司区别于松散契约联合体的主要标志。公司内部的产权关系主要是公司成员企业之间的水平方向的环形持股和自上而下的纵向股权两种形式。环形股权减少了股权分散性和流动性。核心成员企业成为其他成员企业的稳定股东，既可以有效地防止被恶意收购，又使产权集中在公司内部。具有这种股权结构的 WF（集团）公司，其成员企业的经理联席会实际上成了股东大会，从产权形成上有力地保证了 WF（集团）公司的整合性。WF（集团）公司纵向股权具有上大下小的矩型等级控制模式。

WF（集团）公司在建立现代企业制度的过程中，悖道德风险的案例是值得考量的。从实证的角度看，WF（集团）公司董事会与经理层重叠的集权运作模式，确实因人而异，削弱了委托代理的层级道德风险。也就是说，在所有权与经营权相分离，伴随而生的委托—代理关系，虽然造成了投资方（国家）及决策者、经营者在企业目标上的不同而伴随的道德风险，尤其是中石化作为主要债转股持股者，关心的是持股收率的高低，但实际上又给经营者留下了很宽的运作空间。两职能（决策职能与经营职能）合一的集权模式，已经没有了权力制衡和牵制的语境。在这样一种语境中，是两种职能主要核心人物的良好政治素养使他们一致关心公司规模的扩大和长期发展目标的实现及利税责任，并摆脱了单纯追求业绩、年薪、社会地位，管理大企业的经历及与此相关的短期业绩的怪圈，以利于社会、惠及职工的境界经营企业。在这里，本研究看到了他们硬化了的世界观、人生观、价值观所起的作用，其悖道德风险的案例确实是值得考量的。WF（集团）公司决策者及决策层借助产权和行政手段来规范子公司及其经营者的行为方式，并通过对子公司的经营绩效，如产量、产值、利润、成本、销售额、市场占有率、增长速度、技术、进步率、产品质量等指标来考核制定奖惩方案。这种分层分块的矩阵式管理方式在单一法人的基地变成多法人的 WF（集团）公司的过程中曾是一个难以突破的运作模式，但 WF（集团）公司突破了。应该说：原 WF 矿肥基地的那种层级管理方式，在未造成监督成本大幅度上升，加之信息尚对称及渠道畅通无阻时是不会对协调整合的效果造成太大影响的。因而不是异质型的企业家是不会有这种认知并勇于协调整合的。

（2）WF（集团）公司对成员企业（协作企业）的市场约束机制

1）外部市场约束机制。外部市场约束机制是竞争使资源向最优化配置的必然。WF（集团）公司的决策者充分地利用了外部市场的约束机制来约束协作、关联企业的行为。WF（集团）公司核心成员之外的协作和关联企业作为经济社会的独立法人，都具有自主经营、自负盈亏、自我约束、自我发展的经营机制，在集团外有适当利润的空间。每一个关联企业、协作企业都因成为 WF（集团）

公司的虚拟企业，有WF（集团）公司支持，规避了很多不利因素，而获得比较利益，个体鲜活而成就了整个WF（集团）公司的鲜活。

2）内部市场约束机制。WF（集团）公司的运行机制创新获得了过去基地所不具备的优势——内部市场。内部市场是WF（集团）公司成员企业之间，资金、技术、产品、半成品、原料等交换的场所。在WF（集团）公司最终产品生产过程中包括多级生产工序，专业化分工十分明确，关联单位企业间的交易量很大。数据统计显示，在WF（集团）公司的核心企业的产品中，原料的自给率只有很低的一个比例，其余都发包给公司的关联企业、协作企业。接受WF（集团）公司一次发包企业中的部分中小企业还需要二次发包。大量的企业间交易存在于从事纵向一体化生产的（集团）公司中，形成内部市场产业链。

与外部市场交易不同，在WF（集团）公司内部市场中，企业之间的交易是一种双边交易，而不是像一般市场交易那样在不稳定多数的卖者和买者之间进行的交易——卖者将产品卖给出价最高的买主，而买者将从最低卖价的人那里买入。双边贸易则是一对一决定了交易对象之后的交易。因此，是首先有交易对象，然而才有价格、质量、服务等交易条件。WF（集团）公司内部原料交易对象大多是较为固定的上游中小型企业。但这种内部双边交易并不是完全排除竞争的。当交易条件不合适时，交易双方都可以重新选择交易对象。包括各种外部选择。这样，对成员企业就产生了一种市场的约束作用。WF（集团）公司内部的这种双边交易一般是长期交易。从社会福利角度看，救活了一批中小型企业，从资源配置角度看，实现了社会资源的有效配置。

为了获得长久利益，保证WF（集团）公司合理的资金结构和生产布局及整体利润目标的实现，WF（集团）公司的内部交易是一种不同于纯粹市场的转移价格。这是一种以市价或以成本为基础制定的调整价格。

通过交易相互提供必要的信息，也会逐步提高与交易对象有关的知识。这样就可以享受各种协作的好处。特别是通过合同内容的精雕细刻，彼此相互增加了对方协作的主动权。于是以依赖关系为基础的、长期的、各种各样的交易就能得以成立。对内部市场稳定交易关系的追求和规避外部市场的竞争风险压力既是成员企业行为方向趋同的动力，又可以有效地保证WF（集团）公司整体目标的实现。

(3) WF（集团）公司系统与环境相互渗透，边界、面积增大，开放度增加

WF（集团）公司成员企业是母公司的控股企业。成员企业目前的准法人地位，使其成为市场经济中自主经营、自负盈亏的相对独立经济实体。因此，这些成员企业除在重大人事、核心技术、系统管理、流通等方面受控于母公司外，直接与（集团）公司所处的环境进行物质、信息和能量交流。

1）WF（集团）公司与环境之间并没有明显边界。作为系统，WF（集团）公司与环境之间并没有明显边界，它们之间是相互渗透的（图4-6）。WF（集团）公司与环境之间的边界可以看作是各个成员企业（子系统）与环境之间界面之和。WF（集团）公司的前身是一个大型企业，假若本研究把这个很大的单一法人企业分化为 N 个与原企业具有相似组织结构均等的独立法人企业，这些企业与环境之间的界面面积之和为原有大企业与环境之间界面面积的 $N^{1/3}$ 倍（例如，N=10，界面面积将扩大为原来的2倍。）因此，WF（集团）公司的开放度普遍高于同等规模的大企业。并且偏离核心企业越远，成员企业受环境压力越大，与外部环境交流越多。系统中成员企业与外界交流增多，使WF（集团）公司的整体开放度得以明显提高，从外界获益的机会增多，从而使整个系统保持足够的发展动力。

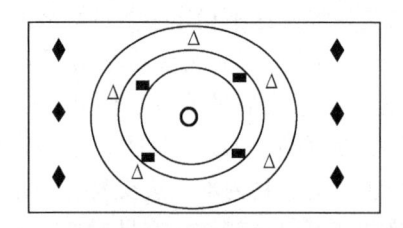

○—核心企业
■—紧密层企业
□—市场
△—半紧密层企业
◆—松散协作层企业

图4-6　WF（集团）公司与市场相互渗透的程度

2）WF（集团）公司成员结构是一个动态结构。当某些成员企业不具备发展潜力造成功能严重衰竭时，WF（集团）公司可以通过股权转让、合同变更、企业再造等手段随时调整成员企业的构成或它们在集团公司中的地位，以保证WF（集团）公司的资产不受重大损失；当某成员企业的创新取得重大突破时，WF（集团）公司将及时提高该企业的地位，使其跃升为核心企业；核心企业的比较利益使协作和关联企业具有很强的趋同性。WF（集团）公司还可通过兼并、收购、提供技术支持，签订长期业务合同等手段吸收一些独立企业加入WF（集团）公司，增加WF（集团）公司的活力。成员企业持久进入，以及升级和降级，也是WF（集团）公司与环境进行物质和能量交换的有效手段。

3）WF（集团）公司各子系统之间边界明确。WF（集团）公司各子系统之间边界明确，层次清晰，具有典型的分型特征。WF（集团）公司是由核心公司、子公司等构成的子系统。WF（集团）公司中的这些成员企业都有明确的产权边界，且众多的成员企业按照产权、技术、销售、原料供给等方面的差异分属于不同的层次。如图4-7所示，WF（集团）公司控股型企业的组织结构，其中每一个子系统与公司及其他成员企业在组织结构、管理手段、协调方式等方面都具有相似性和差异性（异质性）。每个企业都为了能在市场中生存和发展而要求自己的范式性行为方式和成长路径,从而增强了整个WF(集团)公司的活力。

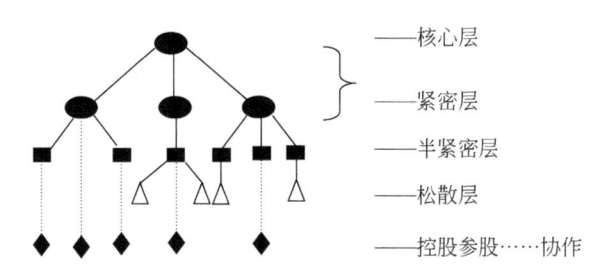

图 4-7 控股型公司的层级结构示意图

4)WF(集团)公司成员之间存在着较为激烈的竞争,组织内外平衡诱因较大。WF(集团)公司在人才、技术、专利、资金、销售渠道、商标、信息等方面享有的资源是有限的,因此,(集团)公司中的成员企业都为自身生存而展开资源竞争,寻求新的诱因来实现组织的内外平衡。它们总想无偿或以较低的费用使用公司的核心技术,更多地占用低成本资金,更多地利用公司的原料供给渠道、最终产品的销售渠道,更多地为争取对自己有利的各种投入要素或产成品的转移价格煞费苦心。而集团公司也要为资产升值、商标等无形资产的保护,免受某些成员企业劣质产品的侵害等制定对策,并尽力协调成员企业的行动,保证整体战略目标的实施。虽然,竞争增加了系统协调,整合的难度,但竞争增强系统的诱因,造成了成员企业在获得资源、信息等方面的不平衡,从而使系统偏离稳定状态,有利于创新的产生。正是在这种竞争和协同的相互联系和相互作用下,WF(集团)公司摆脱传统的机械式稳定结构,建立起一个充满创造活力的复杂自适应创新系统,跃变成一个能对瞬变的外部环境迅速作反应的有机体。

WF(集团)公司以这些"社会系统"特征构成了公司内外平衡的内在机能和发展方式。戴维斯和诺恩认为,从理论上讲(企业)制度创新应该是一个帕累托改进过程。"制度水平(个人的、自愿合作的、政府的)之间的选择由与各种选择相联系的成本收益表示""在每种情况下,成功的创新导致总收入的增加,而且在原则上可能没有人在这一过程中受损"。WF(集团)公司的实践充分体现这一点,在制度安排上,它既保证了集团公司整体利益,又没有损害成员企业法人地位,给他们保留了足够的发展空间和自由度。

(4)**WF(集团)公司独具的动态能力与协调过程**

WF(集团)公司在急剧变化的市场面前,能建立起一个充满创造活力的自适应系统,跃变成一个能对瞬变的外部环境迅速作出反应的有机体,是因为WF(集团)公司所独有的动态能力。

在我国销售额100亿企业中进行的竞争比较分析,展示了对扩张模式的需求，使本研究真实地感觉到竞争优势是怎样获得的。中石化、中石油、国家电力、贵州茅台及其他知名公司似乎都靠着一种积累有价值的技术资产、资源资产的"资源基础战略"，这些技术资产通常是受到垄断的知识财产立场所固守着。然而，这个战略常常不足以为重要的竞争优势提供支持。什么是企业的核心竞争力？经济学家、企业家各有高见。本研究认同，"全球市场上的赢家都是能够做出及时反应，进行快速而灵活的产品创新，还具有管理能力有效协调和重新部署内部、外部能力的企业"的观点（Teece，1987）。所以说，能够积累大量有价值的技术资产、资源资产的公司，并不是永久的赢家，它缺乏一种属于核心竞争力范畴的能力。

提斯（Teece）等将这个找到机会并抓住它们的能力叫作"动态能力"，目的是强调以前的战略理论没有重点关注的两个关键方面。"动态"一词是指更新技能以适应不断变化的经营环境的能力；当进入市场的时机和时间选择很关键、技术改变的速度很快、将来的市场和竞争的性质很难把握时，企业就需要一定的创新反应。"能力"一词强调了战略管理在适当调整、整合和重新配置内部与外部的组织技术资源以及功能性能力，以适应不断变化的环境要求的关键作用。

竞争优势需要同时发掘现有的和正在发展的新企业特有的内部及外部能力，这个观点部分是由彭罗斯、提斯和维纳菲尔特提出的。然而，本研究的任务是研究 WF（集团）公司是怎样形塑企业专有能力以及怎样更新技能以适应企业环境的改变的细节问题。这些问题都与企业的业务流程、市场定位和扩张路径密切相关。

本研究提出一些观点和证据并论证，以说明 WF（集团）公司是怎样开发其"动态能力"来适应甚至利用环境的迅速变化的。本研究试图用动态能力理论来考量 WF（集团）公司的动态能力。

WF（集团）公司独特的市场运作和战略能力。要考量 WF（集团）公司的动态能力建立相关的概念框架，关键步骤就是找出创建、维持和加强这种独特的、难以复制的优势的基础是什么。战略能力是工商企业战略要素组合的表征，那么，WF（集团）公司巩固（动态）竞争优势的战略能力具体是什么呢？

这个问题可以从 WF（集团）公司系统特征中所论述的——WF（集团）公司是一个整合的系统；公司与环境相互渗透、边界面积增大、开放度增加；集团公司子系统之间边界明确，层次清晰，具有典型的分形特征；集团公司成员之间存在较为激烈的竞争，组织的内外平衡诱因较大；集团公司独具的动态能力等有关市场和内部组织运行，反映出其战略能力的方面来回答。

确实，WF（集团）公司最特殊的地方就是它们是以非市场的方式开展活动。相应地，当讨论什么是 WF（集团）公司最与众不同的地方时，本研究会强调它作为组织和完成事情的方式的能力,这种能力不是简单地通过使用价格体系协调活动来实现的。因为大多数能力的本质就是它们不可能通过市场轻易地收集到的非物质(Lazonick,1991;Teece,1987,1986a;Kogut 和 Zander,1992)。

然而关键的一点是,通常借助于正式合同而联合起来的企业业务单位组合并不能模仿替代组织的内部特性,就像特质组织内部的许多特殊要素完全不能在市场中找到模仿替代一样。也就是说,异质型企业家行为不能简单地通过进入市场在一夜间建立起一个联合,就不可能立即实现模仿和复制独特的组织技术。模仿需要时间,而且对最优经验的模仿有可能是不可靠的。的确,要理解企业的能力,不光要着眼于资产负债表的项目,尤其主要着眼于支持生产活动的组织结构和管理流程。就构成而言,企业资产负债表上的项目至少可以按原来的市场价格(成本)评估。因此,可以说资产负债表是企业独特能力的微弱表现,而财务报表数据也只能衡量企业能力的某些东西的话,那么,这些独特的非物质东西是不能交易的。

如果想要掌握企业层面上的独特能力,就需要理解工商企业许多方面的东西。在这里,本研究仅仅明确几类要素,这些要素有助于确定 WF(集团)公司特有的能力和动态能力。本研究把这些要素归纳在三个类别中:流程(Processes)、定位(Positions)和路径(Paths)。能力的本质就体现在某种组织流程中,但是这些流程的内容以及它们提供的、用于在任何时候发展竞争优势的机会,基本上是由 WF(集团)公司拥有的(内部市场和外部市场)资产和采用或继承的演变路径形成的。因此,由 WF(集团)公司的资产定位、演变与共同演变路径形成和塑造的组织流程,就解释了 WF(集团)公司的动态能力和竞争优势的本质。

(5) WF(集团)公司流程、定位和路径

本研究认同这一观点,即企业的竞争优势部分存在于它的管理和组织流程中,而这些流程的形成取决于它特有的资产定位和获取路径。本研究还注意到固定资产(如厂房、设备,这些都能够被产业的所有参与者轻易买到)不能成为企业竞争优势的来源。虽然资产负债表通常要反映这些资产,但是对竞争优势起关键作用的资产却很少在资产负债表中有所体现,而对竞争优势作用不大的资产却基本反映在了该表中。关于组织和管理的流程,指的是企业做事情的方式,或者可能被当作企业目前实践的惯例或模式的做法。关于定位,指的是企业目前特有的技术、知识产权(Intellectual property)、互补资产(Complementary assets)、客户群(Custermerbase),以及企业与供应商(Supplier)、辅助商(Complementaor)之间的外部关系。关于路径,指的是企业可以获得的战略选择,以及不断增加的收益和附带的路径的依赖的存在或缺失。

企业的流程和定位共同成就了它的能力。能力是有层次的，有一些能力存在于车间，有一些则存在于研发实验里，还有一些存在于整合的过程中。难以复制或难以模仿的能力在以前被定义为特有能力。特有能力的关键特征就是：除了可能通过业务单位的市场外，没有市场能够交换这些能力。因此，能力成为最具诱惑力的资产，它们通常都只能由有能力的人培养起来，而不能被买到。

如前所述，WF（集团）公司是一个整合的系统，其动态组织过程使协调、整合一体化得以进行。WF（集团）公司的市场（内部市场与外部市场）约束机制形成的价格体系协调集团活动经济（市场的协调属性取决于价格是否"足够"使资源分配决策建立在其基础上），而决策人则通过协调或整合集团内的活动，高效、有力地实现内部的协调或整合。罗纳德·科斯（Ronald Coase）早在1937年就发表了开拓性论文《企业的性质》（*The Nature of the Firm*），该文关注企业内部的组织协调成本。半个世纪后，他认为，理解"为什么组织特定活动的成本因不同企业不同而不同"最关键（Winter, 1988）。本研究认为，WF（集团）公司的特有能力应该被理解为它们对集团公司独特的组织或协调的反映。

WF（集团）公司完善的三大创新战略与五大领域技术创新项目规划所形成的战略优势，不断地要求对内外部活动和技术进行整合。对 WF（集团）公司战略联盟、虚拟公司（Virtual corporation）、购买者、应供应商关系和技术合作的范式，证明了内外部整合和供应源的重要性。有些观点认为，由企业内部管理所组织的生产方式是区别企业在不同领域能力的根本所在，这一观点可以由 WF（集团）公司前身矿肥基地的内部管理所组织的生产方式与现在集团公司的内部管理组织的生产方式和实证研究得到支持。例如，对 WF（集团）公司原技术装备的研究显示：工作质量表现与资本投资或设备的自动化程度都没有正相关关系；相反，工作质量表现是由专门的组织惯例（Special organizational routines）推动的。这些惯例包括用来收集和处理信息的惯例、将消费者体验和工程设计选择联系起来的惯例、协调不同业务单位和原料供应商的惯例，以及对员工人文关怀程度方式的惯例。对原矿肥基地和 WF（集团）公司协调惯例所起作用的研究揭示，在协调把新做法由观念转化为市场产品的各种活动时，同一企业或不同企业的协调方式差异很大。这些协调惯例和能力的不同似乎对开发成本、开发完成时间和质量这些绩效变量都有很大的影响。应该说，原矿肥基地领导人当年在基地建设过程中的协调作用与能力是可以用基地建设的成功来考量的。假如，进一步的研究能在协调惯例中找出集团公司层面上的重大差异，这些不一致似乎可以从领导人行事风格上反映出来。

同样，有关能力是体现在与众不同的协调和联合方式上的观念，也有助于解释看起来微不足道的技术变化是怎样对现有企业在市场上的竞争能力造成毁灭性影响的，以及为什么会这样。例如，原矿肥基地就陷入困境，虽然有很多客观原因，但其或缺一些似乎微不足道，但是对系统应该怎样重组产生重大影响的创新才是致命的。可以把这些困难归因于，系统层次或"系统化"的创新行为通常会要求有新的惯例来整合和协调工程技术工作。这些和其他一些研究都说明，WF（集团）公司生产系统表现出了高度的相互依赖性，要单独改变一个层次而不影响其他层次是不太可能的。换句话说，组织流程通常表现出高水平的一致性。当处于这种状况时，模仿就可能会很困难，因为这要求在整个组织中以及组织之间进行系统的变革，而这个变革也许是很难实现的。换种说法，就是对一个成功的模型进行部分的模仿或复制可能不会带任何利益。

认为流程或系统中有一定的合理性和一致性的观点，和本书理解的公司文化的概念并不一致。但两者确实可以在公司里并存，如何找出两者之间并存原因是个值得研究的问题。公司文化是指员工所持有的价值观和信念。因为，文化协调了个人的行为，文化可以成为一个事实上的治理体系，可以不需要一个更正式的管理方式。理性或是一致性观点更类似于 Nelson 和 Winter（1982）的组织惯例观点。然而，惯例的概念又似乎太模糊不清，不能恰当地抓住流程与流程之间以及流程与人们头脑中的动机之间的一致性。

本研究下一步会考察 WF（集团）公司的激励机制。可以看到，如果这个机制有用来奖励个人绩效的相对高能的激励，那么它就必须建立引导个人行为的组织流程；如果它的激励很弱或是低能量的，它就必须寻找象征的方式来认可这些高绩效者，还必须使用替代性方法鼓励努力和积极性。可能会被人们当作是组织风格的东西，事实上包含了获得绩效所必要的，而不是随意的要素。

从整体治理成功的范式来看，对于人性需求的洞察、对权力与责任的界定、对规制的研究、对效力的重视、对共同体福祉的关切以及对上述诸种因素的平衡，构成了成功思考的基本特征。系统、健全和有效的思考，是工作史上的一座里程碑，迄今人们讨论任何工作（政治）构建话题无法绕过它。

认识到流程之中以及流程与激励之间的一致性与互补性，是理解组织能力的关键。本研究观察到某些企业所开发的特有组织流程不能对新技术提供支持，尽管在新老技术之间有着某些明显的相似之处。因此，某些企业在引进新技术方面的频繁失败可以被看作是一个不匹配的结果，这种不匹配经常发生在支持传统产品/服务的组织流程和新技术的需求之间。为了对新产品提供支持，常常要求进行根本性的组织再造。WF（集团）公司领导人很好地完成了组织再造。

WF（集团）公司定位。WF（集团）公司的战略态度，不仅取决于公司领导人及其决策层价值取向、认知水平和动机，还受其学习及过程、内部和外部流程与员工动机的一致性的影响，受到其专有资产（Specific assets）的影响。就

WF（集团）公司资产而言，不仅指它们的专门化厂房和设备，而是包括它拥有的很难进行交易的知识资产、相关的互补性资产以及企业的声誉和关系资产，这些资产在任何一个时点都决定着（集团）的竞争优势。

下面是几种说明性的类别：

WF（集团）公司的技术资产（Technological assets）。WF（集团）公司具有丰厚的技术资产，并重视技术和知识资产的保护。对技术和知识资产的所有权保护和利用，是企业之间很明显的关键区分因素，互补性资产同样如此。

WF（集团）公司的互补资产（Complementary assets）。技术创新需要使用某些相关资产生产和交付新的产品和服务。WF（集团）公司的互补资产是通过关联企业、协作企业获取的。这种能力和资产不仅对公司的现有活动是必需的，而且可能还有其他用途，这类资产通常是处于下游的。新产品和工艺可以增加这种资产的价值，也可以破坏其价值（Tushman et al., 1986）。例如，威顿公司的硫酸生产及工艺增加了这种资产的价值，然而也有某些企业项目的投资毫无用处。

WF（集团）公司的金融资产（Financial assets）。从目前情况看，WF（集团）公司的现金状况和利用程度也许还没有提上战略高度。虽然没有东西比现金的流动性更重要，但是，如果向潜在的投资者透露相当的信息，是可从外部市场筹集现金的。当然公司在短期内能做的事也通常都与其资产负债表密切相关。从更长的时期来看，现金流周期缩短在长期更具有决定作用。

WF（集团）公司的声誉资产（Reputational assets）。企业就像个人一样，也要讲声誉。WF（集团）公司2001~2007年获得的主要荣誉就是其声誉资产。声誉通常是对与集团企业有关的大量信息的概括，还决定个人、供应商和竞争者对企业的反应。有时很难将声誉同企业的现有资产和市场定位区分开。然而在本书看来，最好是将声誉资产看作是能使企业在市场上实现各种目标的无形资产，它的主要价值是外部的。因为关于声誉最重要的是，它是对企业的现有资产和定位以及企业未来可能行为的总结性统计。由于企业的内部认识和外部认识之间通常有很强的不对称性，有时声誉就可能比事情本身的真实情况更重要。在这种情况下，外部行为人必须根据他们知道的情况而不是根据可以知道的情况采取对策。

WF（集团）公司的结构资产（Structural assets）。从创新的速度和方向以及能力的演变方式来讲，组织的正式和非正式结构以及其外部联系都具有重要的意义（Teece, 1987）。层级化程度（Degree of hierarchy）以及横向和纵向的一体化水平都是企业专有结构的要素。WF（集团）公司和各子系统之间边界明确，层次清晰，具有典型的分形特征。它与众不同的治理模式能够被人们所认识，这种模式或多或少地对不同类型的创新活动提供支持，如WF（集团）公司的一体化结构导致的系统创新。

第 4 章 系统创新行为的演化及其对经济绩效的影响：以磷化工产业为例

WF（集团）公司的制度资产（Institutional assets）。WF（集团）公司的制度资产由公共政策资产和公司制度资产构成。虽然制度资产是限制企业行为的重要因素，但有利的是中国特色的市场经济体制的制度资产却是朝着有利于经济发展的方向演进，而不利于经济发展的因素也大为减少了。由于制度本身是企业环境的一个关键要素。监管制度（Regulatory system）、知识产权制度（Intellectual property regimes）、民事侵权行为的法律规则（tort laws）和已经出台的反垄断法（Monopolistic law）都是环境的一部分。它们都有利于 WF（集团）公司的生存与发展。这些资产可能并不完全是企业特有的，不同国家和地区的企业需要不同的制度资产。因为制度/政策环境的不同，其结果是大相径庭的。

WF（集团）公司的市场（结构）资产（Market (structure) assets）。产品的市场定位很重要。WF（集团）公司的产品营销和"WF 村"模式使其找到了农化服务的最佳结合点与创新了服务方式，很好地解决了产品市场的定位。对企业而言，营销是关键，而搞好营销的一个重要手段就是开展优质的服务，从某种程度上说，服务就是赢得市场的一把钥匙。因此，"WF 村"的建设，既是企业营销方式的一种大胆创新，同时也是企业农化服务模式的一次创新。通过这种形式，企业可以深入到农村基层，缩短了企业与经销商和农民的距离，既强化了服务，同时也是对销售工作的大力推进。这些"WF 村"也将成为 WF（集团）公司牢不可破的"革命根据地"，为企业的长远健康发展打下了坚实的市场基础。但是这并没有全面决定 WF（集团）公司在外部环境中的根本定位。这个问题的解决还有待于市场的界定，以便于企业以具有经济意义的方式开展竞争。更重要的是，在磷肥业技术迅速变化的领域，市场定位通常是极其脆弱的。部分原因是因为在这样的环境中，时间是按照不同的标准进行计量的。例如，因为技术变化的速度非常快，互联网与 IT 的一年可以等同于汽车产业的十年。而且，"WF 村"模式创新和市场份额之间的联系（如果实现的话）不是集团固有市场资产。所有这一切都说明了产品的市场定位虽然很重要，但是能够占领的市场份额未必不变。WF（集团）公司绩效中更重要的方面是其制定的战略，而战略是植根于能力之中，根据定位和路径而形成的。

WF（集团）公司的组织边界（Organizational boundaries）。"定位"的一个重要方面就是企业边界的位置。换句话说，横向、纵向和水平一体化程度具有相当重要的意义。边界不仅对内部的技术资产和互补资产非常重要，而且对内部能实现的协作性质也是如此。当专有资产或保护不力的知识资本还处于争议之中时，纯粹的市场安排就将当事人暴露在了重复缔约或被侵吞的危险之中。在这种情况下，层级控制结构可能比纯粹的不友好合同的效果好得多。

WF（集团）公司的路径依赖（Path dependencies）。WF（集团）公司能发展到今天的程度是与它以前的定位和前进路径相关的。集团目前的定位又是由善于学习的领导人及领导层理性的认知努力与感性的灵感探索路径形成的。在经济活动中，WF（集团）公司能够选择的技术和能够占领的市场都是没有边界的。随着技术根据价值最大化原则流进和流出，模仿的结果使产品或要素价格不可改变性只存在于短期之内。低成本扩张战略，可以使企业的定价低于全面摊销成本（Fully amortized costs），但绝不应放弃未来投资选择。

WF（集团）公司领导认识到，"历史很重要"。过去的事情很少是过去了的。因此，他们认同以前进行的投资和它经常使用的惯例。他们之所以采取这种正确的做法，是因为如果太多的因素同时被改变，集团开展新的有意义的、自然的准实验的能力会被削弱。事实上如果一家企业的学习环境同时在太多方面发生了改变，因果关系就很难确定。这是因为新的认知结构不会迅速形成，学习作用也因此而降低。这就意味着以后许多正确的决策或回报很高的投资都很难作出。

WF（集团）公司连续10年生产经营主要指标年均增长接近或超过30%，是路径依赖重要性的反映。这种需求现象，是WF（集团）公司技术和体现这些技术的产品越是被采用就越具有吸引力。吸引力来自于使用者对产品的更多接受和偏爱，而这样反过来又促使产品发展得更加成熟，进而更加实用。WF（集团）公司产品不断增加的回报的来源很广，包括了声誉资产、互补资产的增加和起支持作用的关联与协作单位继续存在与趋同，使用中的认同以及"WF村"模式的规模经济（Scale of economy）。

为了寻求不断增加的回报，WF（集团）公司较早地为开展技术研发活动制定战略性规划。但是，由于高度的不确定性，要很早就制定可行性战略可能是极其困难的。又因为只有在创新行为导致的市场结构开始演变后，游戏规则和竞争者的身份才会显示出来，盈利就必须依赖建立和维持支持灵活性的组织的能力。例如，磷肥业垄断竞争的市场结构一旦瓦解，原有的战略就有转变的必要，没有支持灵活性的"自适应系统"能力，是很难使战略转变成功完成的。

从WF（集团）公司的动态能力与协调过程可以看到，WF（集团）公司的动态能力存在于他的组织流程中，组织流程反过来又形成了集团的资产（它的定位）以及所选择的演变路径。本研究看到WF（集团）公司的动态能力是异质型企业家属性的体现。企业家确实可以选择和调整他们的组织流程，在前进的路径中至少可以进行有限的选择。因此，集团的能力和集团用于感知机遇、抓住机遇的管理很关键。这种活动反映出异质型企业家活动不仅是管理活动，并且是企业在市场上取得成功的关键。

WF（集团）公司的领导班子是个善于学习的班子。通过学习，使他们的工作完成得更快更好，学习使他们发现新的可持续发展机遇。在WF（集团）公司良好的运行环境中,集团层面的学习解决了两个关键问题:第一,解决了组织和个人的和谐关系。可以说,WF(集团)公司的资源和智力都相对集中在集团层面和被集团领导层掌握。虽然个人作用很重要,但其价值取决于对他们在特定组织环境中的使用。在集体性的学习活动中,通过个人的模仿和效法,大家对解决复杂问题作出共同贡献;并形成了有共同交流规范和协调的决策程序。第二,通过这些活动产生的组织知识存在于新的系统行为模式、"惯例"或新的组织逻辑中。就像前面阐述的,相互作用科学决策管理模式,代表了成功解决特定问题的方式。这些相互作用的模式存在于集团层面的行为中,尽管某些惯例也存在于个人行为中。动态能力就像一个协调的管理过程,这一动作方式为组织间的学习潜力打开了一扇科学决策的大门。

1)外部感知。WF(集团)公司之所以能够展现动态能力,是因为善于学习,敏锐地感知到机遇和变革的需要、恰当考量反应性行动和投资,以及技术和效力实施新的机制。在"感知"的过程中,组织收集和解读有关新市场、新技术和竞争威胁的信息。这些信息是根据领导人个人与组织的经验和知识进行研判。

感知或解读信息的能力是很关键的。WF(集团)公司这方面做得好,使组织和它的环境联系起来,并且明智地使用自身的资源进行投资,进而产生更高的回报。对感知来说,最根本挑战就是有限理性(Bounded rationality)。一个人不可能了解所有的有关情形、机遇及所有应该了解的东西,行动的开展也必须基于对世界真实情况的直觉和有根据的猜测。WF(集团)公司组织和其管理的绩效,是得益于它们对有关它们世界的解读。这种解读活动本质上就是将市场影响和企业系统创新行为理论化。

2)组织行动。一旦感知到了机遇,就必须抓住。这就是企业的开始位置,也是它快速订购必需的外部资源,并在对相关的内部资源进行管理的能力开始展现的时候。

对能力、互补性资产、时机的选择和竞争都必须考量(图4-8),如前所述熊彼特(Schumpeter,1934)曾提到了实施"新组合"的重要性,这正是WF(集团)公司领导人做的事情。

使用动态能力实现技术(知识)资产的价值需要仔细分析定位、过程和路径。WF(集团)公司为了实现快速的反应,确实向联盟中的伙伴外包产品或服务。联盟的结构是有利的,因为很多集团需要的东西都没有市场可提供。WF(集团)公司的联盟做到了这一点,它分担了风险和分享回报,并实现了战略统一。

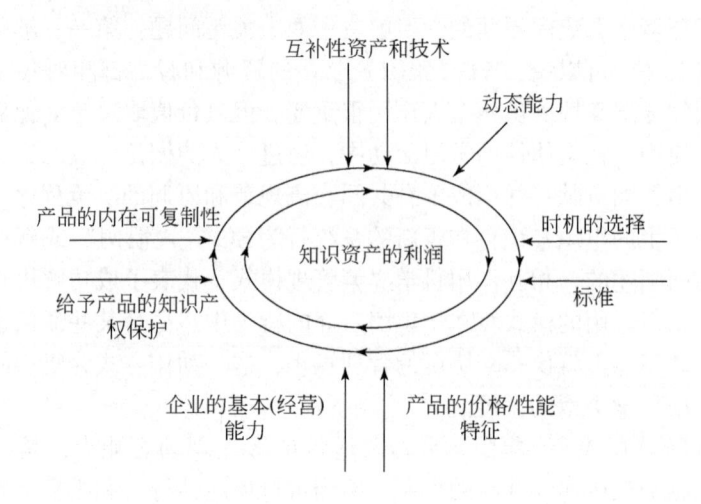

图 4-8　使用动态能力实现技术（知识）资产的价值示意图

就组织行动而言，它还需要能够立即做出决策、快速开展行动的组织结构和流程。WF（集团）公司的"自适应系统"就蕴含了这样的组织结构和流程。

上述制度创新的"异质性"要素系统特征的理性研究可获得三个明显的对比：

一是个性化。任何一个企业都是有个性的，但不是所有的个性都能激发"根本性冲突"。有人认为模仿就能够成功，其实这不符合事物发展的逻辑，不乏惨痛的失败案例。

二是"异质性"的路径依赖（Path dependencies）。WF（集团）公司能发展到今天的程度是与它之前的定位和前进路径相关的。其一直可持续发展着，没有因体制的缺陷而再深陷困境，其"异质性"要素系统特征的价值再次得以彰显。研究看到，"过去的事就过去了？"现实告诉我们，在某些产业系统，路径依赖的重要性完全没有被某些领导者认识到，这同样是对"社会系统"认识素养不足的反映，其结果是在企业天翻地覆的变化后面聚集了太多的矛盾，孕育了新危机，错误的"路径依赖陷阱"使很多企业被人为地弄垮了。

三是不是经济学认同有"异质性"，而是"异质性彰显了经济学"价值。"异质性"是经济学最近十多年研究所辟出的一个重要视点。

对 WF（集团）公司"异质性"要素系统特征及效应显现的系统创新行为与经济绩效的互动关联演化阶段范式案例的研究告诉我们，所谓异质性（Heterogeneity），就是表面上看起来完全相同的现实存在，深入下去仔细看则会发现它们彼此完全不同，甚至大相径庭。这种特征在生命科学涵盖的对象中比比皆是。

综上对 WF（集团）公司制度创新的"异质性"特征考察论述发现，WF（集团）公司经过长期创新发展，形成了一个复杂自适应创新系统。本书将这些要素系统特征及效应显现的系统创新行为与经济绩效的互动关联演化阶段范式概括为自适应系统创新，将具有这些要素系统特征及效应的企业称为创新系统型企业。

4.2.3 系统创新的条件和环境

4.2.3.1 系统创新的条件

从社会系统理论中组织平衡论的观点来看，技术创新"新组合"是 WF（集团）公司技术经济系统生成的内部早期诱因。"新组合"是获得成功的关键：一是这种诱因能够得以放大，从而形成系统突变的"基核"[1]；二是这种诱因经过放大后能够带来最大的经济收益，并推动产业升级。WF（集团）公司的技术创新优势来源于公司的制度，是制度的刚性与锁住效应保持与提升了 WF（集团）公司的优势并成为重要的制约因素。

社会系统理论认为，作为协作系统的正式组织，不论其级别高低、规模大小，都包含有三个基本要素：协作的意愿、共同的目标、信息联系。这三个基本要素对于一切正式组织来说都是必需的。每一个正式组织的产生和存续只有通过这三个要素的结合才能实现。

（1）组织平衡论

组织一旦建立，组织的存续就成了组织的最终目标。这方面巴纳德提出了一个组织必须保证对内平衡和对外平衡的思想，并认为这是组织能否存续的条件。

据此提出，组织三要素是 WF（集团）公司技术创新生成环境的基石；组织的内外平衡是组织存续发展的条件。WF（集团）公司技术创新系统生成环境的典型案例事实，将证明这一观点。

我们知道，"诱因"和"牺牲"的平衡实质上就是组织的对内平衡，其关系式可表示为：

$$牺牲 \leq 诱因（经济的、非经济的）\longrightarrow 组织存续和发展$$

从巴纳德"一个组织是有'效率'的，它就是有'效力'"的思想来看，可认为，对一个开放的组织系统来说"效率"和"效力"的作用是内部诱因自我

---

[1] 这种可能得到放大的诱因就是组织系统的最初的核心——系统的"基核"。参见曾国屏的《自组织的自然观》一书。

放大乃至最终突破的先决条件。可表达为图4-9"效率"和"效力"作用图。

"新组合"(诱因) —组织成员个目标满足→ 效率 —组织目标实现→ 效力 —放大→ 新诱因 —产生组合→ 绩效

图4-9 "效率"和"效力"作用图

一个经济组织，无论是单一法人组织，还是多法人组织，按照社会系统理论，它们是作为协作系统的正式组织而存在的，正式组织三个要素对于一切正式组织来说都是必需的。每一个正式组织的产生和存续只有通过这三个要素的结合才能实现。

三个基本要素的结合，成员个人目标和组织目标的实现，应是经济组织技术创新的基石和生成源泉。研究表明，结合的有机程度和诱因（经济的、非经济的）的产生正相关，影响技术创新的组合经济绩效。

WF（集团）公司的前身宏福公司，作为计划经济典型产物的基地企业，三要素结合不好。就协作意愿而言，基地企业典型的金字塔式组织结构轮廓分明、线条清晰，从上至下，直线控制。企业经济活动不是同时进行的，在时间序列上是前后相继的。这种结构使企业内部包括生产布局、人事安排、资金使用等各种制度僵化，整体结构缺乏弹性。分工越细，专业化程度越高，管理环节就越多，协调监督就越困难，从而导致企业整体"效力"降低，组织的存续出现了危机，个人目标也无法实现，因而也无"效率"，企业也不能随着外界环境的变化而表现灵活性。

作为正式组织的基地企业，其规模越大，成员的协作意愿越弱。加之其作为一个子经济系统，当时的环境使其顾不上也跟不上技术变化率的提高，企业经济系统中充满着越来越多的不确定性，经济活动呈现出越来越明显的非线性特征。对初始条件的敏感依赖使企业的最高决策显得更加重要和异常困难，决策延误及其他突发事件对企业整体造成损害就在所难免了。

（2）协作的意愿

社会系统理论研究表明，对一个组织的成员来说，协作的意愿，就是个人由于协作而得到的"诱因"同协作所付出的"牺牲"两者相比较后诱因的净效果，同时又是个人参加这一组织同不参加这一组织或参加其他组织两者相比较后诱因的净效果。这一研究结果是相对于一个协作系统中起作用的核心组织而言的，协作系统以组织为核心把物质子系统、人员子系统、社会子系统连结成一个复合的要素聚合整体。协作系统归根到底是指组织本身。一切取决于人、一切归结到人，人是技术创新生成环境的内生因素。

当基地企业诱因的净绩效,趋于零甚至成为负数时,基地企业成员的协作意愿也将趋于零,人心也就散了。作为技术创新生成环境必需的内生因素的人心都散了,还哪来技术创新生成环境。

因此,为了获得组织成员的协作意愿,保证实现组织目标,组织必须采取两方面的措施:一方面对组织成员提供充分的诱因(经济的、非经济的)来满足成员的需要;另一方面通过逐渐形塑企业核心价值观来逐渐改变成员的主观态度。就共同目标而言,它是协作意愿的必要前提。没有共同目标的组织是发展不起来的;没有共同目标,组织成员就不知道组织要求他们干什么,以及从协作的结果中他们能得一些什么满足,这样就无法从组织成员那里诱导出协作的意愿来。所以必须有一个共同目标,共同目标对于组织来说是不可或缺的要素。

(3) 共同的目标

共同的目标详解如下:①使共同目标,被成员企业接受,形成了协作的活动。②认同组织成员的双重人格,营造使个人为了实现组织目标而作出合乎理性行为和使个人为了实现个人目标而作出行为的氛围,使组织的共同目标这个外在的、非个人的、客观的目标和个人的目标这个内在的、个人的、主观的目标,有机地结合,使个人之所以对组织共同目标作出贡献。③认识组织成员对组织共同目标的协作性理解和个人性理解的区别。要求组织中的管理人员要努力消除对复杂组织目标的两种不同理解的矛盾,使组织目标与个人目标一致。④使组织共同目标与外部大环境平衡,组织适应环境变化,实现可持续发展。

关于"企业核心价值",何乐辉在《决定成败的到底是什么》一文中引用了鲁迅先生的话:"人是要有点精神的。"他认为,这个"精神"就是人们常说的"核心价值观",是核心价值观决定了成败。笔者虽然不认同这种绝对化的理念,但"企业核心价值观"是决定企业成败的至关重要的因素之一,也可以是一种事实上的治理系统,但绝不是经济增长、发展的唯一推动力。世界是复杂的,企业的情况也是千变万化的。对具体的企业来说,其成败也许可作定性的判断,对无数的企业则不能简单地作成败原因的非体制性定性判断。创造世界工业史的是企业,点亮工业史的是企业家,定格世界工业史的是先进市场机制和异质型企业家。决定成败的到底是什么尚需商榷!唯物辩证地看,但至少有一点可肯定的,如魏杰认为:"中国已有的经济发展的成就就是来自于市场经济的繁荣,中国经济更为辉煌的繁荣必将来自于市场经济。"

(4) 健全信息联系

WF(集团)公司把信息化建设放在重要位置,把信息技术作为提高劳动生产率、管理效率和管理质量的重要措施加以应用。用健全的信息联系始终把共同目标与具有协作意愿的成员紧密联系起来,能合理高效地协作行动,提高了劳动生产力、管理效率和管理质量。

　　WF（集团）公司信息化建设注重了几条原则：①信息联系的渠道被组织成员所了解和渠道惯例化；②公司的每一个人同公司组织有明确的正式关系渠道；③利用现代办公手段使信息联系的路线尽可能地直接或短捷；④新组织形式建立后，强调信息联系按新体制运行，以避免产生矛盾和误解；⑤作为信息联系中的各级管理人员必须称职，具备在复杂情况下处理工作的综合能力；⑥确保信息联系的畅通；⑦每一个信息联系都必须是有相应权威的。

　　WF（集团）公司的信息化建设在上述原则下的运行取得了以下几方面的成果：①实现了生产控制和生产调度的信息化；②建成了公司内部网络系统；③建成了公司应用系统；④外部信息资源系统。

（5）异质型决策者的认知与践行

　　WF（集团）公司的领导人作为异质型企业家，知道并不是所有的个体都可抽象为"同质理性人"[1]，即认为人人都是绝顶聪明的自利者，人与人之间完全没有区别，是具有完全可替代性的"经济原子"。他们知道，"异质行为人"[2]才是人真实的德性显现，而且不同的个体在空间与时间上的认知与情感是有差异的。各种复杂的经济关系、政治关系、社会关系、文化关系，不能简单地处理为非人格的关系。尤其在我国改革开放早期的经济转型条件下，经济体制改革给社会生活带来的全方位冲击，使得各社会主体的利益诉求及价值观念多元化。如果再认为个体具有同质的偏好和行为能力，因而只要使每个个体都能实现利益最大化，就达到了所有个体都能接受的利益的均衡就错了。因为在现实中，各群体争取自身利益的能力不同，这种异质性导致仍按利益最大化原则无法达成各方都能接受的均衡结果，必须重塑公平、公正、正义等社会目标，这些问题用传统经济理论是不能很好解释的。

　　在这种认知水平下的WF（集团）公司领导人把过去服从于权威的管理方式改为理念式管理方式，对人和生产经营两者都非常关心为先决条件，努力使职工个人的需求与公司的目标最有效地结合，营造了技术创新（新组合）的生成环境。

　　生成环境问题解决后，WF（集团）公司在突变式发展过程中，迅速完成了

---

[1] "同质理性人"的内涵有两层含义：第一，每个个体在他所处的环境中都能根据自身的利益原则理智地行为；第二，每个个体都具有完全自利的偏好。

[2] "异质行为人"的概念内涵粗略概括为两点：第一，个体是有限理性的，可能为外部事件与他人行为形成完全正确的信念，或无法做出与信念相一致的正确选择，而导致不同个体形成异质的外部信念和能力；第二，个体不是完全自利的，可能还具有其他偏好，在一定程度上对他人的行为与行为结果进行评估。但不同个体会对他人行为产生异质的价值判断。

技术创新的"新组合",并以新组合为"基核",在中国磷肥业中逐步形成了相对固定的技术模式,建立了核心技术优势,处于一种新的平衡状态。这样,在保持整个系统处于平衡状态,摆脱困境压力,稳定发展的同时,在内部"营造"许多非平衡区域诱因,为技术创新提供了一个比较适宜的生成环境,是这个经济组织领导人独具特色的一种创新制度安排。

对于公司内部涌现的创新成果和外部环境中的技术扰动,WF(集团)公司具有很强的自催化作用。雄厚的经济实力和独具的动态能力使其能够为创新成果的放大和进一步修正调集充足的资源。"三升两降"工程是提高了WF(集团)公司的地位,使具有巨大市场潜力的根本型创新项目成为新的核心业务。这时,WF(集团)公司进入了新技术轨道,整个公司也自动完成互动关联演化嬗变过程。

从上面的分析中可以看出,WF(集团)公司技术创新能力是公司互动关联演化嬗变的关键,但从其发展演进的角度看,我们所观察到的成功者或幸存者并不是那些保持最佳技术结构的经济组织,而是一些善于学习和动态能力强的经济组织。动态发展过程并不要求经济组织行为一定是最佳的。为了保持对外部经营环境的适应性,经济组织内部必须保留一些随机的具有冒险性的行为。这一点作为经济组织最高领导人,对内要理解并支持那些随机的具有冒险性的行为,对外则要承担个人为其经济组织的发展随机的具有冒险性的行为后果。这些行为有时是要为上级领导者的个人认知水平和个性付出个人的沉重代价,并可能对经济组织的发展造成一些暂时的阻碍或无法弥补的巨大损失。但是恰恰是这些内部的微观差异和个体可变性构成了这个经济组织发展的机会成本离散事件。因为相同的因素对不同个性的人可能产生不同的做法,冒险精神不是离散事件。

对企业的创新活动,在政策上予以鼓励,采取利润返还,承担研发经费和失败项目损失,减少直接而详尽的经营计划干预来提高成员企业的创新安全感,促使他们保证技术创新的基本投入。

WF(集团)公司的技术创新优势条件来源于集团的制度,是制度的刚性与锁住效应保持与提升了集团的优势并成为重要的制约因素。集团并没有消除集团内各主体机会主义行为因素,多元化(管理+组织流程+核心价值观)理念治理是WF(集团)公司形成长期竞争优势的制度基础。这也是WF(集团)公司独具的治理机制。

4.2.3.2 WF(集团)公司系统创新"异质性"的生成环境

"异质性"经济学价值虽然是关于个性化生产的,但它对工业化的大规模同质化生产是一种"根本的冲击"。而"异质性"组织的制度经济学价值虽然也是关于个性化组织的，但它对产业（区域）乃至国家，甚至世界经济一体化的大规模同质化组织也是一种"根本的冲击"。

（1）系统创新与 WF（集团）公司互动关联演化发展过程中的平衡和突变

按照社会系统理论的组织定义，组织的本质表现为进行协作活动的人组成的系统。在这个系统中，存在着个人目标和组织目标，往往员工个人目标和正式组织的目标是不一致的。因此，需要用"效力"和"效率"这两条原则将它们联结起来。"效力"原则是说，当正式组织运行正常而取得成功时，它的目标就能够实现，这时，这个正式组织是有"效力"的。反之，它就是"没有效力"的，这个组织将崩溃或瓦解。因此，组织的"效力"是组织存在的必要条件，而组织的"效率"原则是组织中成员个人目标的实现程度。如果组织成员的个人目标得到满足，他们将参加组织，为组织作出贡献。当满足的程度与他们为组织的贡献成正比时，他们就会认为这个组织是有效率的。反之他们就不会支持甚至退出这个组织。因此，一个组织是有"效率"的，它就是有"效力"的，即成功的。如果一个组织是无效率的，它就不可能是有效力的，因而也就不可能鲜活地存在。这样，巴纳德就把正式组织的目标与员工个人目标连结起来。WF（集团）公司是 WF 矿肥基地实现组织创新后蜕变而成的经济组织，这个新经济组织的形成，为个人目标和组织目标的实现提供了新的诱因，集团的决策者们在组织系统的设计上充分兼顾个人目标与组织目标，使这个蜕变后的经济组织既是有"效率"的，又是有"效力"的。他们成功地驾驭着这个庞大的经济组织，实现了内外的新平衡[1]，为经济组织的突变创造了良好的人文环境，这个让人干事，干成事的先决条件。

熊彼特的技术创新理论和经济发展理论强调了造成经济演进和性质变化的内生力量，"经济生活中的变化不是外面强加的，而是由它本身的创造精神从内部产生的……发展的每一个具体过程最终以上一次发展为基础……每一个发展过程都为下一个发展过程创造了先决条件"。学者们认为，创新是打破经济生活中"循环流转"的"均衡"状态，促进经济演变的根本力量，而经济演变则是"由于创新及其所有效果产生的经济绩效过程的变化和经济系统对于变化的响应"（戴维斯和诺思，2018）在互动关联演化中发生。

在熊彼特看来，创新是一种创造性的破坏。这种创新理论形成非均衡分析的起点。他把不断从内部创新的经济结构，即公然地破坏旧的，不断地创造新的结构的过程称为"商业突变"或"创造性的破坏"过程。破坏使一些企业在创新浪潮中被淘汰。在对原有生产要素进行重新组合的基础上，设立出一批新的有活

---

[1] 在现实世界中，所谓平衡都是相对的，是指非平衡过程中的相对稳定状态。

力的企业，从而促进整个经济的发展；经济演变则是由创新及其所有效果产生的经济过程的变化和经济系统对变化的响应。创新是打破旧的均衡状态，使经济从一个均衡，向另一个均衡移动的根本力量。WF矿肥基地的决策者们就是人为地把握了"天时"利用了"地利"创造了"人和"的"德鲁克方式"发展机遇，使这个经济组织在互动关联演化中发生突变。

（2）WF（集团）公司的创新特征与创新系统生成

WF（集团）公司的前身是国家投资建设的大型磷化工基地。从设计角度看，基地肥料和磷矿生产技术和装置设备，资本的集约度、生产专业化程度，期望的规模经济收益值不可谓不高。其生产流程是纵向的，经营业务企划是横向扩张的。但是，基地建设规模的过大，时间过长引起组织运行成本的增加。当其超过市场交易成本时，基地的进一步投资建设便失去了必要性和可能性。投入变成了冲抵成本，再投入又没钱，由此陷入了高负担组织运行成本的困境（负债达86%）。戴维斯和诺思（2018）认为，"当在现在的制度结构下，由外部性、规模经济、风险和交易费用所引起的收入的潜在增加不能内在化时，一种新制度的创新可能允许获取这些潜在收入的增加"。

WF（集团）公司创造的自适应系统突破了"企业成长极限"对组织扩张的约束。首先，集团向不利于企业运作的管理体制开刀，重造企业业务流程，把原来高度集中的直线式管理改为分层分块的矩阵式管理，按生产经营性质和所在地方，成立了WF磷矿、WF磷肥厂、供销公司和多种经营公司，初步形成了集团的核心企业和协作企业。虚拟的外围企业（集团）机制，完成了组织结构从纵向控制型转向横向网络型结构，通过资本、技术等纽带，用较低的组织成本把多个独立法人资格的企业联系在一起，在一定程度上享有虚拟要素投入，边际效应递增收益和一体化组织的规模经济收益，实现范围扩张和分散风险的经济性。从本质上讲，集团体制是一种高级形态的经济组织形式和制度安排。这种从计划经济体制的企业制度向现代企业制度变迁的结果，使原来的企业因制度变迁而从低"效率"与无"效力"向高"效率"与有"效力"转化，实现了经济增长。就WF（集团）公司而言，它与过去的单一法人基地不同，WF（集团）公司并不是完全以内部组织代替市场交易，而是追求组织安排与内外市场交易之间的一种动态平衡。通过对两种制度的成本比较，本研究看到，WF（集团）公司这个经济组织可以灵活地选择不同的手段或它们的新组合来协调其内部的生产经营活动，借此，最大限度地排除外部交易不确定性，减少有限理性与机会的谋利倾向所导致的企业间内外市场交易复杂，交易成本过高的问题。多元化经营策略思想、企业间不完全联合使其建立起有效的风险防范机制。信息化、自动化技术和高度专业化分工，大规模生产也使产品成本大为降低。尤其是坚持走科学发展观指导下的新型工业化道路思想，使他们形成了消化吸收引进技术并加以创新，提升行业技术装备水平；推进产品结构升级，转变经济增长方式；发展循环经济，培育新的经济增长点；积极向国际化迈进的路径，形塑了企业技术创新的系统内生环境。WF（集团）公司创新系统生成环境是其异质性系统特征形成的注释。

4.2.4 系统创新行为显著提升经济绩效

本节作系统创新行为显著提升经济绩效研究，可以论证创新行为的经济绩效—社会贡献是系统创新行为与经济绩效互动关联演化的结果。系统创新行为显著提升的经济绩效如下几个方面。

（1）实现销售收入的结构性增加，成功应对金融危机

依据多年积蓄的技术、品牌、营销等领先优势，在国内磷化工企业大幅减产停产的形势下，WF（集团）公司顺利度过金融危机，在层层逆境中突出了重围，上缴利税13亿元，销售收入突破100亿元，发展速度超过35%，进出口贸易总额超过10亿美元，年人均劳动生产率达到260万元，万元产值能耗为0.54吨标准煤，吨磷矿石实现价值近3300元，实现了"保增长，保稳定，保民生"的目标。2009年，WF（集团）公司生产磷矿石446.84万吨，实现销售收入114.16亿元，利润3.35亿元，在全行业大面积亏损的情况下，WF（集团）公司坐稳了过百亿企业的宝座，成为磷肥行业中极少的成功应对金融风险且盈利的企业之一。

（2）从濒临破产到"百亿集团"，WF（集团）公司实现大步跨越式发展

从2000年企业账面只有180多万元，到2008年金融危机时期突破百亿元销售收入，再到2011年销售收入由2001年的7.3亿元上升至242.96亿元，WF（集团）公司以年均超过35%的速度跨越式发展，投入产出比（ROI）从过去的6.1提高到12，一跃成为我国磷肥产业的领头企业。2011年，WF（集团）公司人均劳动生产率超过300万元，是2001年24.88万元的十多倍，进入了世界先进水平。WF（集团）公司已由最初的单一采掘型矿山企业发展成为集磷矿、磷复肥、磷硫煤化工、氟碘化工、科研、国际贸易和行业技术服务与国内国际工程总承包于一体的国有大型企业，年产磷矿石500万吨、磷酸150万吨、硫酸200万吨、磷复肥350万吨、工业及食品磷酸16万吨、三聚磷酸钠15万吨、碘100吨、无水氟化氢2万吨，并拥有年运输能力超过500万吨的自备铁路专用线。

（3）飞跃性发展彰显WF（集团）公司创新行为的经济绩效—社会影响

1）总资产。WF（集团）公司的总资产从2000年的53.09亿元增加到2011年的204.81亿元，11年增长了近3倍，2009年受金融危机影响，略有下降，为

111.56亿元（图4-10）。

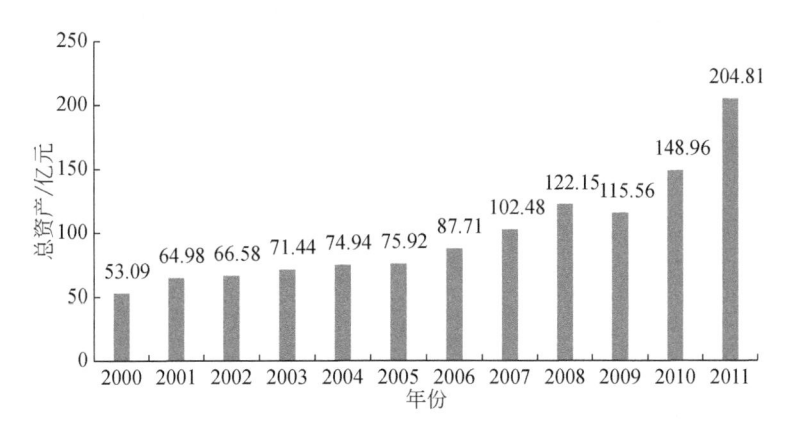

图4-10　WF（集团）公司2000～2011年总资产变化情况

2）资产负债率。由于国家拨改贷的原因，2000年WF磷肥厂建成后，WF（集团）公司的资产负债率高达98%。通过债转股，国家投资建设磷肥基地的财政拨款都划给了国家开发投资公司，其余的是银行贷款，划给了中国信达资产管理公司。2000年12月27日，WF（集团）公司债转股方案经国务院同意，其债转股金额，中国信达资产管理公司为302 163万元，停息日为2000年4月1日。中国信达资产管理公司的30多亿元主要是由国家开发银行与建设银行两家贷款资金组成。30多亿元由债权转为股本，每年减少了1亿元左右的财务费用。2001年，WF（集团）公司资产负债率由98%跌到34%（图4-11）。

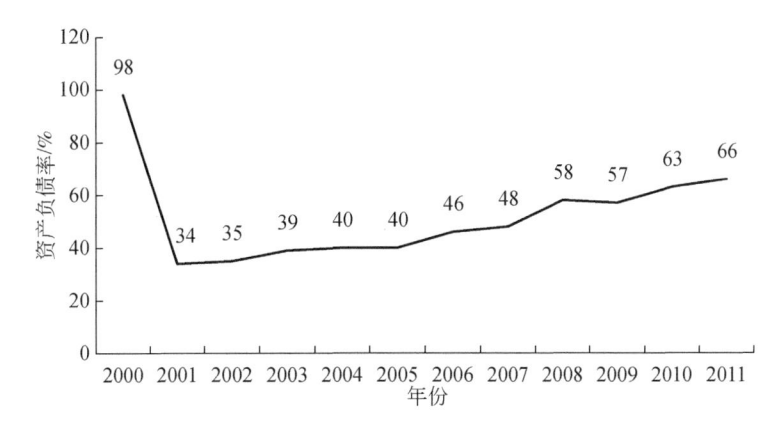

图4-11　WF（集团）公司2000～2011年资产负债率变化情况

3）资产报酬率。2000年，WF（集团）公司的资产报酬率极低，只有

0.1%，到2011年已上升为5.15%，资产利用效率明显提升。2007年WF（集团）公司智力国际化开启，中标沙特曼阿顿项目，利润大幅提升，为6.91%（图4-12）。

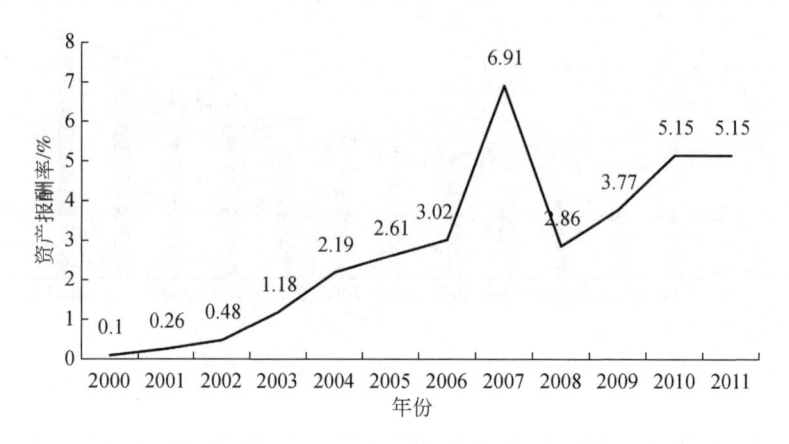

图4-12　WF（集团）公司2000~2011年资产报酬率变化情况

4）产量。2000~2011年，WF（集团）公司磷肥产量呈现不断上升的态势（2008年有所下降）。针对金融危机时期国家限制化肥出口，WF（集团）公司调整了产品结构，加大了化工产品的生产力度，工业MAP装置改产磷酸脲，预处理酸生产MDCP（图4-13，图4-14）。

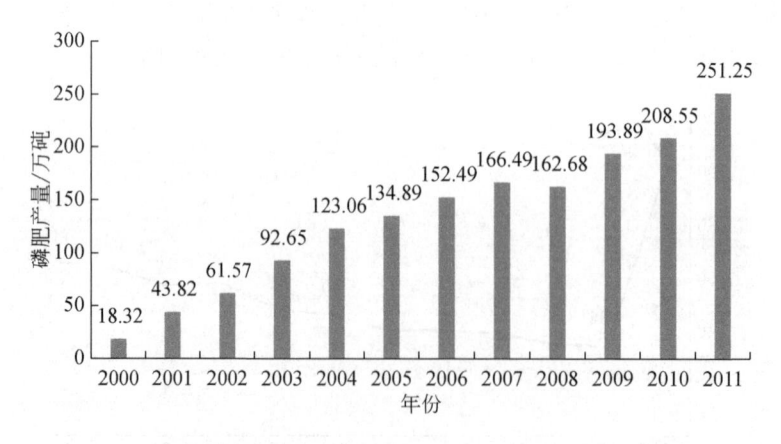

图4-13　WF（集团）公司2000~2011年磷肥产量变化情况

5）工业总产值。2001~2008年，WF（集团）公司工业总产值不断攀升。受金融危机的影响，2009年工业总产值比2008年下降了26%，但仍略高于2007年的工业产值。2011年，WF（集团）公司工业总产值达到81.54亿元（图4-15）。

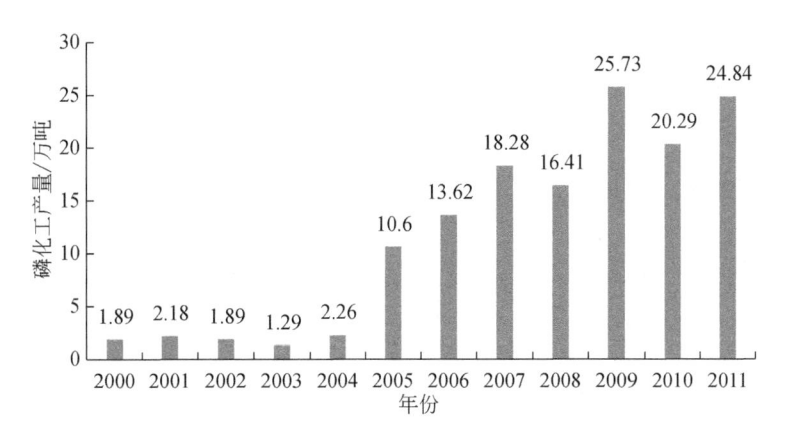

图 4-14 WF（集团）公司 2000~2011 年磷化工产量变化情况

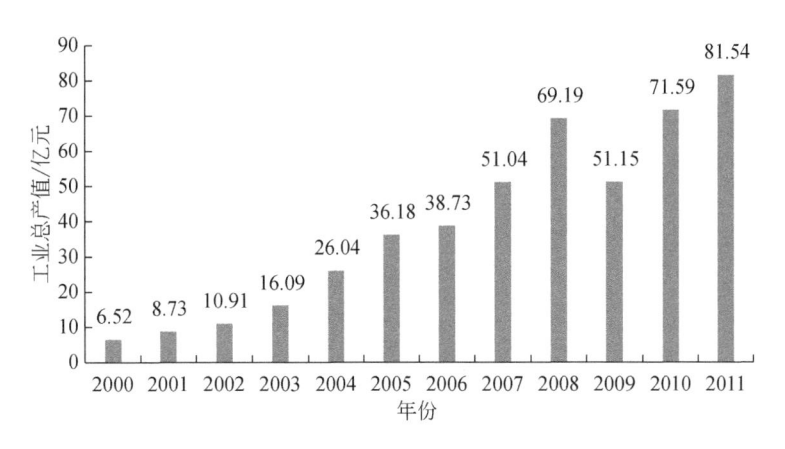

图 4-15 WF（集团）公司 2000~2011 年工业总产值变化情

6）销售收入。2001~2006 年 WF（集团）公司销售收入年均增长 40.93%，2007 年、2008 年增长速度加快，年均增长 53.76%。2008 年，在全球金融危机的情况下，WF（集团）公司销售收入不减反增，并且突破 100 亿元。2009 年，WF（集团）公司在磷化工企业大面积停产、减产的态势下，依然坐稳了"百亿集团"的宝座，销售收入 114.16 亿元，同比增长 11.03%。2010 年，销售收入增长到 150.75 亿元，增速为 32.05%。2011 年，销售收入增速较快，为 61.17%，销售收入已达到 242.96 亿元（图 4-16）。

7）工业总产值与销售收入变化情况比较。2000~2006 年，WF（集团）公司的工业总产值与销售收入基本在一条线上，差距不大。2007 年，差距开始拉大。到 2011 年，销售收入高于工业总产值 158.42 亿元，占销售收入的 65.2%

(图 4-17)。

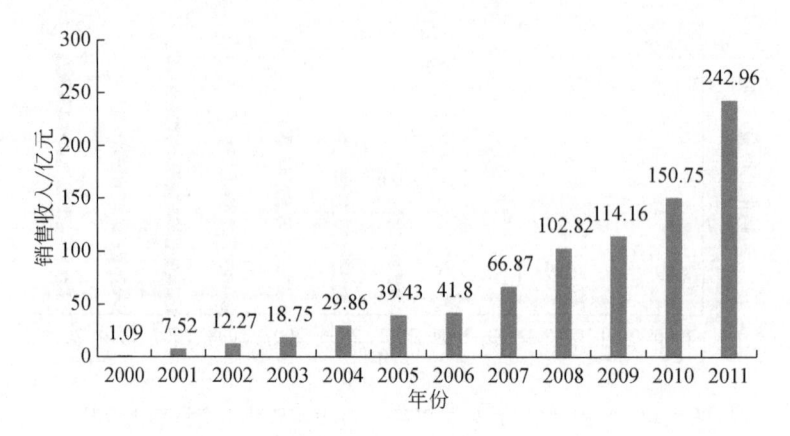

图 4-16　WF（集团）公司 2000~2011 年销售收入变化情况

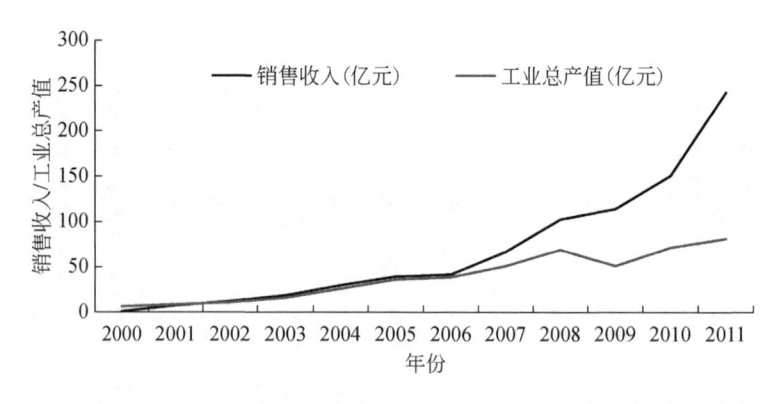

图 4-17　WF（集团）公司 2000~2011 年工业总产值与销售收入变化情况比较

8）销售收入构成的变化。2007 年，WF（集团）公司工业总产值与销售收入的差距开始拉大，2008 年金融危机、2009 年工业总产值下降，销售收入仍保持上扬，这些都要归功于产业结构调整。2008 年、2009 年，WF（集团）公司在制造、贸易和服务三大板块上全面开花，取得了骄人的业绩。WF（集团）公司的发展已由单一依靠制造业向制造业、贸易与智力服务并举转变（图 4-18）。

9）净利润。2000 年，WF（集团）公司的净利润只有 42.28 万元。2001 年 1 月，WF（集团）公司新的领导班子就任，9 月矿肥基地工程建设指挥部撤销，WF（集团）公司基本建设结束，进入了生产阶段。经过了债转股、重钙改磷铵等一系列措施的实施和多方努力，WF（集团）公司 2001 年实现利润的大幅增加，实现净利润 334.41 万元。2002~2006 年，WF（集团）公司利润平稳增加。

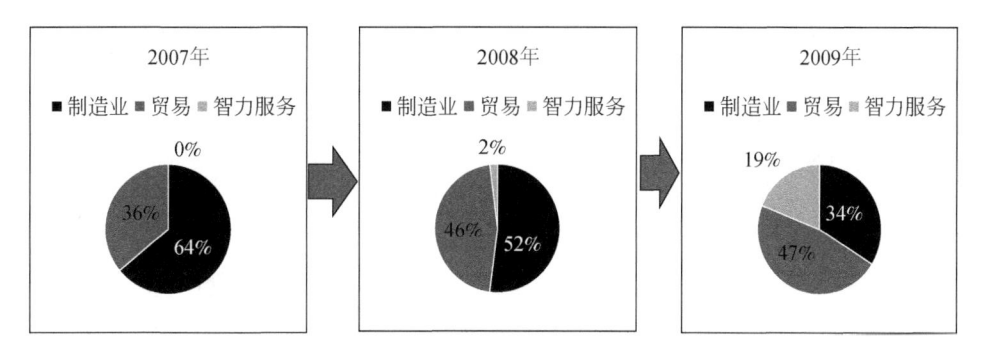

图 4-18　WF（集团）公司 2007~2009 年销售收入构成变化情况

2007 年，由于 WF（集团）公司智力国际化的开启，净利润有大幅度的攀升。2007 年 11 月、2008 年 5 月，WF（集团）公司先后中标沙特曼阿顿选矿项目及两个辅助项目，获得总金额达 4.5 亿美元的工程技术合同，智力国际化业务发展前景良好。2009 年，磷肥市场持续萎缩，但是 WF（集团）公司净利润仍达到 14 447.9 万元，比 2008 年增长 139.1%。这是 WF（集团）公司调整产业结构带来的收益。2009 年 WF（集团）公司国际化收入为 25 亿元，利润 8 亿元，达到较好的盈利水平，成功度过金融危机（图 4-19）。

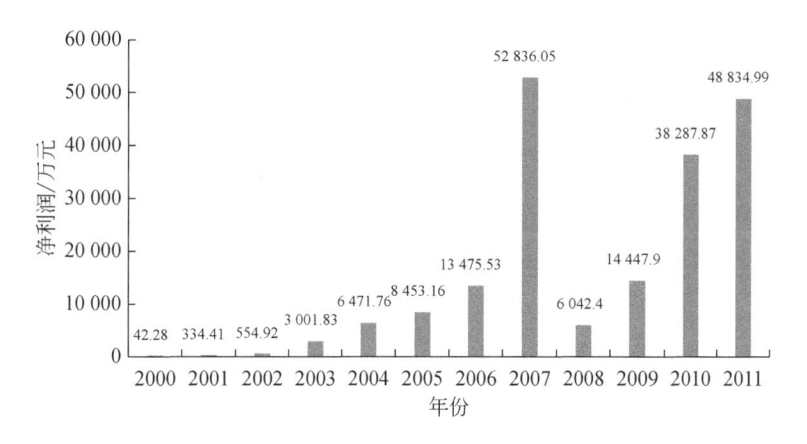

图 4-19　WF（集团）公司 2000~2011 年净利润变化情况

10）税收。2001~2007 年，WF（集团）公司税收都呈现平稳增长的态势。2008 年陡增，从 2007 年的 4.98 亿元增至 13.43 亿元，增长 169.68%，2009 年又回落到 5.15 亿元。金融危机时期，为保障国内化肥市场供应，国家在 2008 年对化肥的出口关税税率六次调整，磷肥特别关税税率从 35% 增至 135%。2008 年，WF（集团）公司缴纳的 13 多亿元税收中，关税就超过了 9 亿元，占到整个税收的70%（图4-20）。

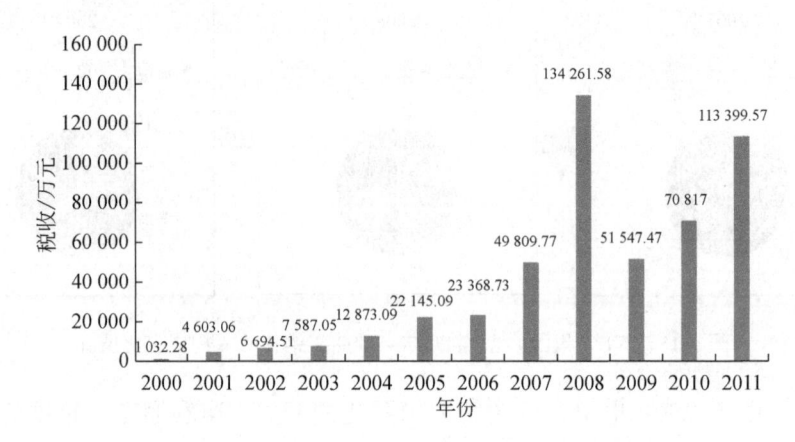

图4-20 WF（集团）公司2000～2011年税收变化情况

11）出口创汇。2001年，WF（集团）公司出口创汇达0.54美元，成为贵州省第一出口创汇大户。2006年，WF（集团）公司出口创汇已达2.38亿美元，成为中国磷化工行业最大的出口贸易商。2007年，WF（集团）公司出口创汇有大幅增加，达到4.62亿元，同比增长了94.12%。2008年，是WF（集团）公司出口创汇最多的一年。2008年，通过产业结构调整和技术研发投入，在金融风暴来临时，WF（集团）公司及时调整出口的产品结构和国内外贸易的销售格局，大力拓展大洋洲、东南亚及南美等高端磷化工产品市场，这些高端产品均是WF（集团）公司的自主知识产权，占WF（集团）公司出口总额的30%左右，具有高附加值。在金融危机中，WF（集团）公司高端磷化工产品市场基本没受影响。因此，在生产经营成本上涨、磷肥出口关税提高和美元贬值等情况下，2008年，WF（集团）公司进出口贸易总额突破10亿美元，达到10.08亿美元，约占贵州省当年进出口贸易额的三分之一，出口创汇7.04亿美元。2009年，WF（集团）公司完成进出口贸易总额5.81亿美元，出口创汇4.91亿美元。2011年，WF（集团）公司出口创汇9.97亿美元，进出口总额超过14亿美元，连续11年居贵州省第一（图4-21）。

创新行为的经济绩效—社会影响显现了系统创新行为与经济绩效的互动关联演化结果。可以从WF（集团）公司上述量化的数据产能情况、生产经营指标，以及主要荣誉及在采用了一套新的连续性组织流程的独立子公司新产品反映出来（表4-4、表4-5）。

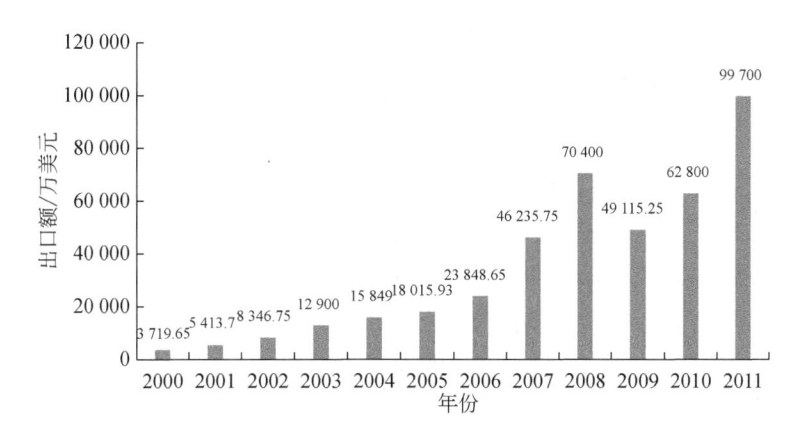

图 4-21　WF（集团）公司 2000~2011 年出口创汇变化情况

表 4-4　WF（集团）公司产能情况表

产品	产能/万吨 设计值	产能/万吨 现值	增长/%
磷矿石	250	400	60
磷精石	190	250	32
硫酸	80	200	150
磷酸	60	80	33
磷复肥	80	200	150
磷化工	—	35	—

表 4-5　WF（集团）公司 2001~2006 年生产经营指标表

指标		2001 年	2002 年	2003 年	2004 年	2005 年	2006 年	年均增长/%
产量	磷肥/万吨	31.19	59.98	93.65	123.06	134.40	147.13	36.38
	磷化工/万吨	1.40	1.22	0.79	2.23	10.02	13.13	56.4
工业产值/亿元		8.73	10.91	16.09	26.04	36.17	38.73	34.71
销售收入/亿元		7.52	12.27	18.75	29.86	39.43	41.8	40.4
利润/万元		335.94	977.49	3 378.21	8 864.84	11 089.74	19 844.55	126
税费/万元		4 603.06	6 694.51	5 372.79	15 549.16	22 144.26	23 368.73	38.39
出口创汇/万美元		5 414	8 949	12 900	15 849	18 016	23 848	34.52

4.3 系统创新行为提升经济绩效的机制分析

系统创新行为使 WF（集团）公司嬗变与发展及对市场经济绩效的影响涉及三个问题：其一，企业为什么要系统创新（创新动因），即 WF 探讨（集团）公司嬗变与发展归因的动力因素、动力机制、动态能力对企业的意义；其二，企业如何进行系统创新（创新运行机理），是要解决"怎么办的问题"；其三，企业系统创新行为如何影响市场绩效，规范表达市场影响"应该是什么的问题"。研究 WF（集团）公司系统创新行为与经济绩效互动关联演化过程和条件，必须以 WF（集团）公司创新的蜕变与成长为根，以系统创新的嬗变与发展为主线，以系统创新行为与经济绩效互动关联演化过程、动因和条件的实证为本，提炼一般性理论框架。根就是立地的基础，本研究以这个基础，深入研究 WF（集团）公司二十多年来创新、蜕变与成长的不凡经历；由蜕变与成长至嬗变与发展；因系统创新行为而逐渐形塑的"复杂自适应创新系统"。

4.3.1 企业系统创新的动因

WF（集团）公司面对复杂多变的社会环境、经济环境乃至政治氛围中所特有的不确定性、不可预测性、非线性等特点，自适应（所谓适应，就是个体与环境之间的主动的、反复的交互作用），且自觉不自觉地在"适应性中造就复杂性"，并互动关联演进成"复杂自适应创新系统"。俨然具备了，复杂适应系统的特征：企业能够通过处理信息从经验中提取有关客观世界的规律性的东西作为自己行为的参照，并通过实践活动中的互动反馈来改进对世界规律性的认识从而改善自己的行为方式。这反映了生物、社会等高级系统的能动的自组织的机制。

用实证分析方法考察这个"适应性主体或行为主体"蜕变与成长，嬗变与发展，因系统创新行为范式及其创新运行机理的内在成因，而逐渐形塑的"复杂自适应创新系统"，可以获得实证结论。

用理论经济学方法阐述系统创新行为使 WF（集团）公司蜕变与成长，并提出系统创新行为使这个经济组织嬗变与发展的观点；分析形成这个经济组织系统创新行为动力机制的主要环境变量和管理变量因素；归纳这个经济组织系统创新行为机制的作用机理；总结这个经济组织系统创新行为的"共性"、"异质性"要素聚合效应，提供解决经济组织创新行为过程及结果与创新活力矛盾的有效化解途径理论结论，从而提供解决经济组织经济绩效显著提升社会影响的理论结论；与关联"四要素"聚合效应，体现为总体创新、大创新（Big innovation）的创新思维范式，其精髓在于整体观、系统观和着眼于重大创新。绪要素有机聚合形成了系统创新行为含义的系统特征。

WF（集团）公司蜕变与成长、嬗变与发展实践表明，WF（集团）公司的主要成就蕴含着其成功的经验，飞跃性发展经济绩效指标变化彰显了集团继任者及其决策层理论认知与实践的相互融合，在自觉与不觉间，解决了"是什么""为什么"的问题，更是解决了"怎么办"的问题。

蜕变理论是日本明治大学藤芳诚一（1982）提出来的，有感而发的藤芳诚一提出了企业"蜕变经营哲学"。他认为，企业和生物一样，不进行蜕变，就不能在变化的环境中生存。企业作为一个经济组织要适应环境的变化，从昨天的事业转换为今天的事业，在今天的事业孕育着明天的事业。随着企业内部平衡的不断寻求过程，企业人事、经营、研发，从制度环境、组织形式到经营范围都要主动进行新陈代谢，通过战略化经营管理实现有意识的蜕变。

WF（集团）公司的蜕变是个突变过程，是集团成长过程中的一个早期的特殊阶段，这个特殊阶段的蜕变主要是从集团实物形态的蜕变到精神形态的蜕变，即主要是通过"组合创新"活动使集团重新焕发新的活力，但也兼容陈佳贵和张建中（1999）曾归纳的三种主要蜕变形式，WF（集团）公司的蜕变就可归为其中一种。

WF（集团）公司的蜕变，主要是根据集团生产经营困境中反映出的疑难和关键环节，在新产品开发、组织流程再造产生新方法、开辟新市场、获得原材料或半成品的新供给来源、实行新的组织形式等新组合的整合实现的。

其中，市场创新的主线是一个从上游企业到下游企业、内部市场到外部市场形成的完整营销与服务过程，组织创新是从单一法人组织形式到多法人结构不断寻求组织内外平衡的过程。集团的生产经营困境是其发生蜕变的原动力。

WF（集团）公司技术创新机会主要来源于应用领域研究的重大突破，创造了自己的核心专利技术群，打破对世界先进工艺的依赖观念，找出生产工艺成本居高不下的症结，对工艺流程进行重组，其产品优良的质量、规模的数量、组合创新行为效应产生的与生产成本适宜的价格与服务创造了一个新市场。从市场上得到了直接和间接的回报，降低增量投入运筹资本的思想使其获得了巨额的潜在风险收益用于生产。创新思路到实际运用获得巨额经济收益和组合创新行为对市场结构及经济绩效的彰显，惠及社会福利的完整过程。

蜕变得以顺利实现的关键因素：一是WF（集团）公司领导人及其决策层，他们为创新的行为的内外平衡创造了很丰富的经济的、非经济的诱因，竭力减少了创新系统内部起落放大的各种阻力；二是公司核心知识体系，这些催化手段加速了集团因创新而后又好又快成长。

4.3.2 企业系统创新行为的运行机理

WF（集团）公司在摆脱困境后，以系统创新行为范式及其创新运行机理而逐渐形塑的"复杂自适应创新系统"为立业之本，顺利实现了企业的嬗变，并获得了新的生机和更大平台的发展空间。其嬗变与发展过程的作用原理可供学习与借鉴：

WF（集团）公司作为一个开放的技术经济系统与外界之间是互渗的。具有准法人或独立法人地位的成员企业都要直接受外部环境的影响，从而使系统与环境之间的物质和能量交换更为便捷，系统从环境中获益的机会更多，集团的整体生存与发展能力因此增强。

集团内部治理结构的非均匀性为系统内部创新的生成和放大提供了适宜的环境。处于公司"边缘"位置的松散层、关联层、半紧密层成员企业与核心企业在产权、生产、经营等方面受比较利益驱动，既向心于集团，又随环境诱因随时想"偏离"集团的"正常业务"。这种"自由行为"是中小型企业自己创新和新技术轨道的起点，并且这些活动不像核心层或紧密层企业中那样容易受到强大的阻碍作用而衰减，从这个角度看，诸多准法人结构的集团兼容了大中小企业在创新中的优势。

集团雄厚的技术基础和资金实力使内部技术扩散更具优势。当集团预测到成员企业的创新活动蕴藏着较大的市场潜力或技术价值时，集团可以及时地给予资金、技术等方面的支持，推动进一步创新；为了分散投入风险，集团注重对风险项目的科学论证，以期使创新项目的投资有可靠的创新收益；当某些创新项目具有巨大的市场潜力时，集团调集足够的内部资源促使它成为集团的核心业务，把集团带入新的技术轨道，从而实现集团公司的嬗变。

建立（新）行业的进入壁垒，最大限度地使创新收益内部化。集团的资金和核心技术实力还可以使集团利用先动优势，干中学、信息的递增收益、技术互补性等"公司的报酬递增"效应迅速垄断一些新技术领域，并将技术的发展引入对经济增长有利的轨道，或使自己的技术标准成为整个行业的通用标准。资金和核心技术实力还可以使创新项目迅速达到合理的经济规模，并建立起新的行业的进入壁垒，最大限度地使创新收益内部化。

系统创新活动形成了相对稳定的行为范式及其运行机理。在经营活动中，WF（集团）公司在中国磷肥业行业积累了丰富的核心知识和技术能力，形成了相对稳定的技术模式和发展轨道，并在这些轨道上开展连续不断的系统创新活动，使所形成的核心技术的经济潜能得到最大程度的发挥。

"自适应创新系统"与"随机行走"效应。通过应用研究、产品开发、市场创新、工艺创新、技术扩散时机与地点、风险资金的流向、资本运作思路创新、技术或产品组合与服务等实行战略管理创新、制度创新，可以形成完整的"自适应创新系统"，有效地保证集团公司在市场中的长期领先地位。其中，具有确定性的应用研究活动（研究一代、开发一代、储备一代战略）与成员企业的"随机行走"行为是重大技术突破的摇篮。同理，一个国家之所以比其他国家更成功，有一个重要原因那就是，那里人的随机行为呈现出的极端性比较强，极端性越强，则创造性就越强。

寡占创新垄断的效率和经济绩效发生了变化。从初期垄断形成的高价格和低产量（造成了社会福利损失），向由于磷化工技术进步推动，从规模垄断形成了创新技术垄断的帕累托改进，这个过程中集团的创新（组合创新）和研发战略，确实在改善产品的功能，提高产品的品质，起到系统创新范式作用，推动了产业技术创新进步，由此，技术创新进步在一定程度上抵消了垄断造成的社会福利的损失。

WF（集团）公司内部创新的系统行为范式活动的有效整合保证了集团在技术轨道跃变过程中的连续性。在创新活动的产权机制的配合下，集团可以使自己长期处于富有朝气和活力的前沿位置，并通过持续系统创新，使自己的产品与服务保持强大的市场竞争力，集团也将进一步发展、壮大。WF（集团）公司靠自己的"技术创新、资本扩张、国际经营、产业转型升级、系统创新"五步走战略成为创新系统型企业。

4.3.3 企业系统创新行为改善产业市场结构提升经济绩效的机制

从产业组织视觉看，WF（集团）公司系统创新行为现象反映出来的系统创新行为与经济绩效互动关联演化过程和条件及市场（效应与绩效）影响关系，很值得研究。中国磷肥业自然寡占形成的产业集中度相对高度集中于几省域，导致了竞争的削弱。但是，随着磷肥业的不断进步，市场结构特性也发生了变化。这是因为以 WF（集团）公司系统创新行为范式型的几大寡占企业已经不再是单纯地依靠资源优势形成的市场规模来获得竞争势力，假如他们都是依靠先进的技术、科学的管理，以相似性、异质性、共性效应、关联四要素及其 CAS 的运行机理与反馈系统进行系统创新、形成差异化的产品、高质量的品牌优势来占领国内外市场，其产生的"经济绩效提升—社会影响"显现的系统创新行为与经济绩效的互动关联演化结果必然是可观的。

近几年来，几个寡头企业的垄断程度也发生了变化，开磷（集团）与 WF（集团）公司整合成立贵州磷化集团。其技术扩散和创新的内部共性效应与异质性效应因整合而自然起落速度，这取决于整合的企业必须不断创新才能维持或拓展原有市场份额。因此，这个典型标本案例表明一个重要问题：寡头结构对创新不是起到抑制作用，而是推动作用。帕累托改进效应冲抵了寡头结构造成的社会福利损失，对于垄断行业或企业可能不再是简单的拆分组合问题。为了制止几个垄断者而把整个经济置于价格管制之下就像为消灭几个害虫而毁坏整个花园一样。

这就给我们提出了一个问题：在向市场化演进中的中国，需要什么样的市场行为、市场结构、市场绩效范式？显然，这是可以回答的问题。如文献评述所述，市场结构决定论与市场行为决定论（即 SCP 与 CSP）旷世之争尚无定论，又有新的 CPS 决定论观点。本书试图利用 IT 与 ICT 及 AI 技术开展深入的跨学科研究，在系统分析三种决定论的差异与共性基础上，通过厘清系统创新行为对市场影响的多方面概念与内涵及运行机理的演化，借助科技的加持形成了结论：系统创新的 CSP 三者间是双向互动关联的关系。破解了 CSP 关系是企业创新实践和产业组织理论研究长期面临的难题。最终完成系统创新行为的 CSP 市场影响仿真理论体系构建。并作了 CSP 影响的实证分析，获得一般性认识。

本章所考察的具有与普通创新型企业（创新型与科技型）相区别的创新系统型企业 WF（集团）公司，其系统创新行为与经济绩效互动关联演进过程，动因和条件的经验于中国各产业皆有启示与借鉴作用。尤其在创新演进过程中的相似性、异质性、共性效应、关联四要素聚合及其 CAS 的运行机理与反馈系统特征和动态能力对各类企业有着重要的理论指导意义。

本研究证实了企业个体行为的"自适应性"加上产业系统部门的主体成为"适应性主体"或"行为主体"，把 CAS 组成单元的个体的主动性提高到了复杂性产生的机制和复杂系统互动演化的基本动因的重要位置。在 CAS 中，任何特定的适应性主体所处环境的主要部分，都由其他适应性主体组成，所以任何主体在适应上所作的努力，就是要去适应别的适应性主体。因此，企业个体与主体、产业系统创新主体与支持系统和社会系统之间的相互作用、相互适应成为企业"复杂适应创新系统"生成复杂动态能力模式的主要根源。

4.4 本章小结

本章以 WF（集团）公司为例，深入且系统考察了创新绩效最高的创新系统型企业的系统创新行为与经济绩效的互动关联演变。以创新发展历程、创新发展的方向、创新发展过程与结果的典型案例展现一幅动态图景，使系统创新行为的 CSP 模式理论分析框架有了更丰富的实证环境，获得宝贵的启示和借鉴。

WF（集团）公司既具有普通创新型企业（创新型与科技型）创新行为的相似性，又具有其异质性、共性效应、关联四要素聚合的系统特征及其 CAS 的运行机理与反馈系统，最终形成了复杂适应创新系统，可以称为创新系统型企业。

依据 WF（集团）公司符合动态能力理论的创新动因，可归纳出这个经济组织系统创新行为动力机制的创新运行机理。WF（集团）公司的系统创新行为动力机制是集团适应社会—经济—技术环境的变化而自动调整自身运行结构的"复杂适应创新系统"的内在创新运行机理；是集团突破"组合创新"以创新相似性范式效应及其动力因素的范畴演化；再以异质性、共性效应、关联四要素聚合，即一种总体创新、大创新（Big innovation）的创新思维范式，其精髓在于整体观、系统观和着眼于重大创新，向着系统创新行为演进。

企业创新的"复杂适应创新系统"可作"德鲁克式"机遇解读。解读的简要结论是：陷入"德鲁克式"困境的 WF 矿肥基地，在不断急剧变化的市场面前，建立起一个充满活力的复杂适应创新系统。短短 3 年，以"组合创新"行为使其蜕变与成长；之后十多年，系统创新行为与经济绩效的互动关联演变，因系统创新行为使其嬗变与发展；系统创新行为诱因放大过程的作用原理使垄断的效率和经济绩效发生提升性变化，使它成为了产业系统创新主体子系统的核心企业。在向市场化演进中的中国，要形成"系统创新的 CSP 双向互动关联关系"最重要的是制度因素保障。

第 5 章 系统创新行为能力评价指标体系与评价软件开发设计

在理论机制分析的基础上，本章拟构建一套系统创新行为能力评价指标体系，为创新主体系统在市场体系中的效应和绩效作出评价。本章系统创新影响的评价涉及创新行为能力（创新投入和产出能力）、创新绩效或创新效应的影响（通过"管理创新行为能力评价指标"和工业创新中的创新成功因素来体现）、创新的动机和结果（通过制度创新和创新系统动力机制来体现）。评价指标体系及评价软件涉及行为能力（绩效与效应）评价，因为，系统创新行为能力评价指标体系及评价软件依据现实情况，在评价过程中既可能有创新行为能力绩效的评价，也可能有创新行为能力效应的评价或兼顾之，故"系统创新行为能力评价指标体系与评价软件"在一般性叙述时回避了绩效与效应的区别，具体情况依需要作定性或定量的评价情形而定。

5.1 系统创新行为能力评价软件的研判理论与功能

系统创新的行为能力主体相似性元素及其运行机理形成技术创新、管理创新、制度创新、文化创新、环境创新五个方面的创新行为能力结果特征，在产业层面互融交集反映出来的系统创新行为能力关联运行机理形成的产业发展（规模、结构、绩效、辐射带动）、产业政策、产业创新环境三个方面的创新行为能力效应反馈，构成了系统创新行为能力模式评价指标体系与评价软件。

5.1.1 系统创新行为能力研判理论基础

本章研究涉及的主要理论概念和理论观点来自于第 2 章理论基础的总结概括，并与后续研究相联系，说明为什么后续会运用这些理论研究什么问题。

工业创新经济学的创始人克利斯·弗里曼和罗克·苏特认为，信息技术（ICT）对创新管理和评价创新成功的影响很大。对创新成功而言，ICT 更加重要，因为 ICT 为机构内，以及个人与机构之间数据积累和快速传输提供了非常有效的手段。促使这一变化有两个重要因素：一是技术革新日益复杂；二是很多 ICT 创新本身具有系统性。本研究的目标之一就是借助 ICT 创新的系统性以获得企业、机构之间数据积累、变化和快速传输提供有效的手段。关于"创新与公司规模"的研究，目前没有证据表明创新与市场结构和公司规模存在着普遍的正比关系。关于"不确定性，项目评估和创新"的研究，由于创新过程固有的不确定性，以及企业缺乏理性运作必需的信息，或者缺少时间和意向去获取这些信息，或者缺乏应用非常复杂的评估方法的能力，多数企业对任何一个项目都不能做出非常合理的计算，这就意味着创新活动发展是杂乱无章的，并且没有一家能非常清楚地预见到自己和竞争对手的行为后果。本书借助学者们的研究成果，构建的行为能力评价软件系统能很好地解决这一非常复杂的行为能力的科学评估方法问题。本书构建的"系统创新的 CSP 模式影响的仿真实验"数理博弈模型能很好地解决这一非常复杂的行为能力研判问题，这一点在没有 ICT 和 AI 之前不能解决是确定无疑的。无序且参差不齐的创新活动所造成的社会利益和代价如何研判？在技术确定性和市场运行机制确定性局面下，企业所要面对的各种策略，则要从国家产业政策开放的角度来考虑这个问题，这正是本研究之所以构建系统创新行为能力评价指标体系研判软件，并在产业层面作出行为能力评价的原因。

5.1.2 系统创新行为能力研判软件功能

本章以拟构建的"系统创新行为能力评价指标体系"为依据，设计开发了系统创新行为能力评价研判软件，并将其运用于对象主体行为能力实践的创新评价，为后续创新行为的 CSP 互动关联影响的仿真模拟实验研究奠定理论与实证一体的指标体系。

相关文献研究的观点与结论表明，仿真研判功能在现代产业经济领域的研究和决策分析中，是一项非常重要的、开创性的、有很大价值的工作。这是因为，现有的研究分析手段是借助于计算器、电子表格软件等手工方式。这就导致了现行研判工作效率低下、计算出的数据准确性不高、数据计算时间长、重复工作多，并且也只有经济学专家级人员才能完成。但是进行决策分析的往往是企业领导和政府部门的主管人员，在他们当中真正懂得经济的、有专业背景的人并不多，因此，决策的盲目或决策工作花费的时间太长，甚至发生了较大的偏离而造成了一些损失是难免的。为此，迫切需要研发一套具有辅助决策分析和计算的快捷易用的经济信息系统仿真运行研判软件，为现实的决策提供直观和具体的参考。

5.2 系统创新行为能力的研判问题

根据国家有关深化国有企业改革和上市公司高质量发展的文件精神[1][2]，推动跨企业整合，提高产业集中度，打造高质量示范企业，本节选择两个政府整合目的明确，而创新绩效未明的创新行为能力的案例作剖析，以说明经济活动中创新的"不确定性"与"项目评估和创新"能力评价的重要性，以目的论、组织效力的角度去考量两个问题：一是产业集中度对市场的影响如何研判；二是如何解决跨企业整合创新的经济绩效回报量化评价问题。

案例一：资源禀赋的整合创新

资源禀赋：我国磷矿开采因资源条件不同和矿业开发程度不一，主要开采省份是云南、贵州和湖北，四川和湖南次之。上述五省磷矿石产量约占全国总产量的97%，是我国为磷肥和磷化工生产组织原料的主要省份。其中，贵州磷资源储量约32亿吨，占全国储量的24.08%。

我国磷肥产业主要集中于磷资源产地的云南、贵州、四川和湖北四个省，其磷肥产量约占全国磷肥总产量的62%。2009年我国磷肥（100% P_2O_5）总产量1386万吨，同比增长7.8%。WF（集团）公司和开磷（集团）公司是其中的寡头垄断型企业典型代表。

从资源禀赋分布看，我国这种不可再生磷资源是十分有限的。磷复肥产业又是关乎国计民生的重要产业，而作为原料的磷矿资源在国际上更是十分重要的战略性资源。从国家角度来看，必须"提高产业集中度，打造高质量示范企业，减少重复投资并优化产业链"以提升产业经济绩效。

从表5-1可以看出，硫矿资源国外依存度有降有升，2013~2018年我国连续6年磷复肥、硫酸产量呈现集中度递增发展。衡量磷复肥、硫酸产业整合创新的重要市场效应指标"市场集中度"是逐年增强的，利润率同比在2016~2018年增长，形成了创新行为能力的市场效应正相关结果。国内生产向资源地集中的趋势更加明显；行业集中度在持续提升，大型优势企业规模因跨企业整合创新而不断扩大，产量向创新能力强、管理水平高、产品质量好、品牌优势明显的几大企

---

[1] 《中共中央、国务院关于深化国有企业改革的指导意见》（中发〔2015〕22号）。
[2] 《国务院关于进一步提高上市公司质量的意见》（国发〔2020〕14号）。

业集中；进出口双双增长；原料成本支撑市场保持高位运行，磷铵行业景气度持续回升，磷复肥市场表现大体上还能让企业满意；磷复肥产业链不断整合，使行业盈利能力增强（王莹等，2020年）。

表 5-1　2013~2020 年中国磷复肥产业整合创新的市场效应情况

年份	磷复肥产量/万吨	同比增加幅度/%	硫矿资源国外依存度/%	磷复肥产业集中度（↑↓）	利润率同比增减/%
2013	1705.5	-2.6%	49%	↑	—
2014	1769.2	+3.6%	48%	↑	—
2015	1862.3	+5%	52.5%	↑	—
2016	1734.0	-7.4%	—	↑	-1.1%
2017	1711.7	-1.3%	—	↑	+0.2%
2018	1696.3	-0.9%	—	↑	+0.3%
2019	1610.2	-5.3%	—	—	—
2020	1589.1	-1.3%	—	—	—

注：磷复肥产业运行数据是产业机密，故数据不完整
资料来源：中国磷化工协会

案例二：跨企业整合创新

开磷（集团）公司与 WF（集团）公司整合成为亚洲第一大型企业集团，即是整合创新属性。2019 年贵州两大磷化工集团（开磷和 WF）合并，成立贵州磷化工（集团），成为中国最大的磷化工集团（世界第二大磷化工集团）。贵州磷化工（集团）的成功组建，标志着贵州磷化工产业向着高端化、绿色化、集约化的高质量发展道路迈出了重要的一步。其致力于成为具有全球竞争力的磷化工行业领军型企业，不仅是贵州乃至全国及磷化工产业布局优化升级的重大举措，对全球磷及磷化工市场格局、产业生态优化也将产生积极影响和意义。就产业结构而言，滇、黔、川、鄂四省目前仍保持其基本产业结构。

我国磷复肥产业的整合创新是产业系统创新的典型创新行为能力案例，其创新的经济绩效本应彰显印证系统创新理论研究的价值。遗憾的是从国家对资源禀赋调整与跨企业整合创新两个案例可以看到，对整合创新效应、绩效是否达到目的评价都只是描述性的，既无标准也无法量化；既不能解决产业

> 集中度对市场的影响如何研判，又不能解决跨企业整合创新的经济绩效回报量化评价问题。要解决这两个问题，就必须建立系统创新行为能力的评价定性、定量指标体系。由此引发了本研究，要建立系统创新行为能力评价指标体系并开发设计评价软件的动因。

5.2.1 系统创新行为能力效应绩效评价设定

目前，对"系统创新系统行为能力"还没有明确概念界定。从《产业创新系统研究文献综述》一文（贺晓宇，2012）对产业创新系统构建结果的典型模型比较，可知产业创新系统的研究在 2012 年前还不成熟，还有大量的问题有待探索和研究，尤其是鲜有作为应用的"系统创新行为能力评价指标体系"的构建。

依文献综述现状，比较各家之说并梳理归集，结合本书的系统实证考察研究，在我国产业管理机构弱化和虚拟的现实下，依据本书对系统创新行为能力的研究，可对"系统创新行为能力"作出如下"主体"和"体系"的设定。

1）主体："系统创新行为能力"评价是以普通创新型企业与创新系统型企业为主体。

2）体系：二类系统创新行为主体的创新"相似性"要素[1]构成创新元素，创新元素在具有适应性、主动性、目的性、智能性的活动主体作用下，组成综合性微观创新系统；再加上推动产业发展的产业政策、产业创新环境组成综合性中观创新系统，以及相应的运行机理和系统创新行为能力研判系统构成的体系。

5.2.2 系统创新行为能力评价指标体系软件构建的依据与权重

按照 5.2.1 节中的设定，以一个已建的产业层面的基础核心模型，在产业层面用定性、定量指标体系研判软件评价创新主体系统的创新行为能力。

构建的"系统创新行为能力评价指标体系"权重设定依据：

1）"系统创新行为能力评价指标体系"主要系统要素的综合性：创新主体的微观系统（基础核心模型）。

---

[1] "相似性"要素：技术创新、管理创新、制度创新、文化创新、环境创新。

2）创新的中观系统：产业发展、产业政策、产业创新环境等（基础核心模型）构成的体系。

3）体系的相应运行机理的有机结合：定性指标与定量指标体系；关联的数理函数关系确定的研判软件功能和基础核心模型的普适性。

5.3 系统创新行为能力评价指标体系与评价研判软件

如前所述，系统创新行为能力包括创新的系统主体及其运行机理形成的技术、管理、制度、文化、环境系统创新行为能力，以及系统创新的 CAS 运行机理的行为能力与创新的中观系统形成的产业发展、产业政策、产业创新环境创新行为能力。

本节构建的系统创新行为能力指标体系的评价软件系统，具备定性与定量两套行为能力的研判功能，既可评价本产业系统内的企业，又可作为同类属性的产业使用。各产业相关管理或研究部门只要用评价软件系统的样本并加以完善，就可对相应产业系统创新行为能力作出研判。

根据系统创新行为能力的评价指标体系的基本构成，将系统创新行为能力的评价指标体系设计为 9 个子系统，如图 5-1 所示。

参考高建（1997）的《中国企业技术创新分析》中的技术创新行为能力的评价指标、张林（2012）的"管理创新行为能力的评价指标"和克利斯·弗里曼、罗克·苏特（2004）《工业创新经学》中的创新成功因素，分别设计技术、管理、制度、文化、环境与系统创新的 CAS 运行机理等创新行为能力，以及产业发展、产业政策、产业创新环境等 9 个子系统的定性与定量评价指标。其中，CAS 运行机理的行为能力是创新评价的重要指标，因为，其整体有机的内在统一性不宜分解，故在评价时不宜独立使用。

因为，评价指标体系的效用涉及研判软件内部数据库、链接外部数据等，故本研究评价的数据指标体系放在研判软件算法数据库。

5.3.1 技术创新行为能力评价指标

参考高建的"技术创新行为能力评价指标"，构建产业企业技术创新行为能力定性与定量微观评价指标（图 5-2，表 5-2）。

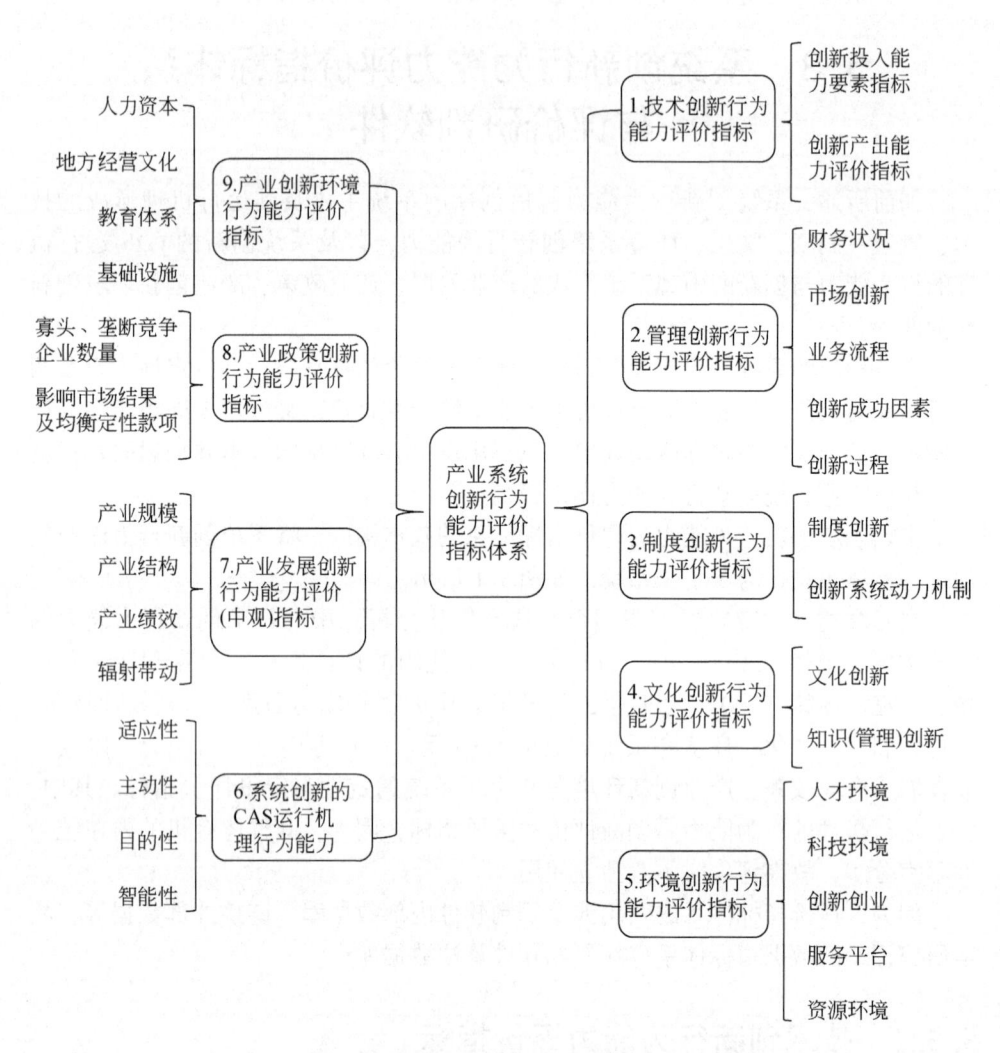

图 5-1　产业系统创新行为能力评价指标体系结构图

| 第 5 章 | 系统创新行为能力评价指标体系与评价软件开发设计

技术创新行为能力评价指标
- 1.创新投入行为能力要素指标
  - 1)创新资源投入行为能力
    - ①研发投入强度
    - ②研发人员素质(数量强度)
    - ③非研发投入强度
  - 2)创新管理能力(IMC)
    - 创新公式：IMC=(E1+E2)度
    - E1：创新战略评分，0~100度
    - E2：创新机制评分，0~100度
  - 3)创新倾向：创新频率(每千人创新数量)
  - 4)研发行为能力
    - ①专利拥有数
    - ②自主创新产品率
    - ③引进技术改进
  - 5)制造行为能力
    - ①设备水平 — 设备有关
    - ②现代制造技术采用率
    - ③引进技术达产率
    - ④工人技术等级及工作质量
    - ⑤计量、测试和标准化水平
    - （与企业制造活动的基础工作有关）
  - 6)营销能力
    - ①市场研究水平
    - ②对消费者/用户的了解程度
    - ③营销体制的适合度
    - ④分销网络
- 2.创新产出行为能力评价指标
  - 1)收益性指标
  - 2)技术性指标
  - 3)竞争性指标
  - 4)效率指标

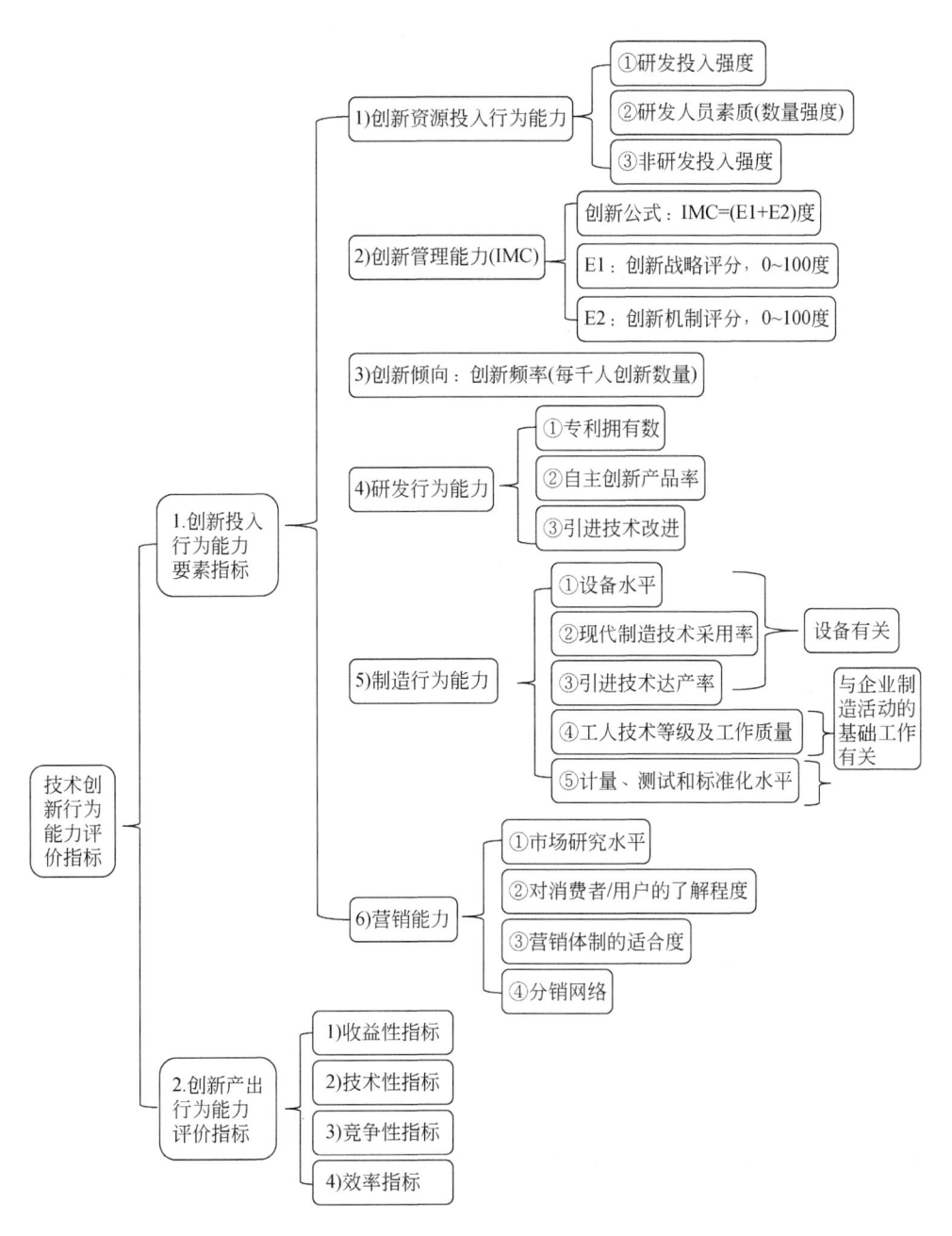

图 5-2　技术创新行为能力评价指标结构图

| 151 |

表 5-2　技术创新行为能力评价指标

一级指标	二级指标	三级指标	计算依据
创新投入行为能力要素指标	创新资源投入行为能力指标	研发投入行为能力强度	
		研发人员素质	
		非研发投入行为能力强度	
	创新管理行为能力	创新管理行为能力用 IMC 表示	计算公式：IMC =（E1+E2） E1：创新战略评分，0~100. E2：创新机制评分，0~100
	创新频率	创新频率/每千人创新数量	
	研究开发行为能力指标	专利拥有数	
		自主创新产品率	
		对引进技术的改进	
	制造行为能力（制造能力用 PC 表示）	设备水平	这三个指标与设备有关
		现代制造技术采用率	
		引进技术达产率	
		工人技术等级及工作质量	与工人有关
		计量、测试和标准化水平	与企业制造活动的基础工作有关
	营销行为能力（评价营销行为能力的指标全部依赖经验数据）	市场研究水平	
		对消费者/用户的了解程度	
		营销体制的适合度	
		分销网络	
创新产出行为能力评价指标	收益性指标		
	技术性指标		
	竞争性指标		
	效率指标		

资料来源：高建，1997

5.3.2　管理创新行为能力评价指标

参考张林（2012）"管理创新行为能力评价指标"和《工业创新经济学》中的"创新成功因素"，构建产业管理创新行为能力定性与定量微观评价指标（图 5-3，表 5-3）。

第 5 章 | 系统创新行为能力评价指标体系与评价软件开发设计

```
                    管理创新行为能力评价指标
   ┌──────────┬──────────┬──────────┬──────────┬──────────┐
1.财务状况    2.市场创新   3.业务流程   4.创新成功因素  5.创新过程

1)资产负债率  1)客户满意度  1)产品的生产  1)项目执行因素  1)基本策略要素
                          周期律
2)现金流动负  2)市场知名度  2)员工生产率  2)公司水平因素  2)能够实现的
债比率率                                                主要特点
3)资产周转率率 3)社会贡献    3)新生产能力
              增长率        利用率
4)无形资产周转率 4)新产品市场  4)售出产品故障
              占有率        排除率
5)其他指标    5)其他指标    5)其他指标

6)经营成果与发展
```

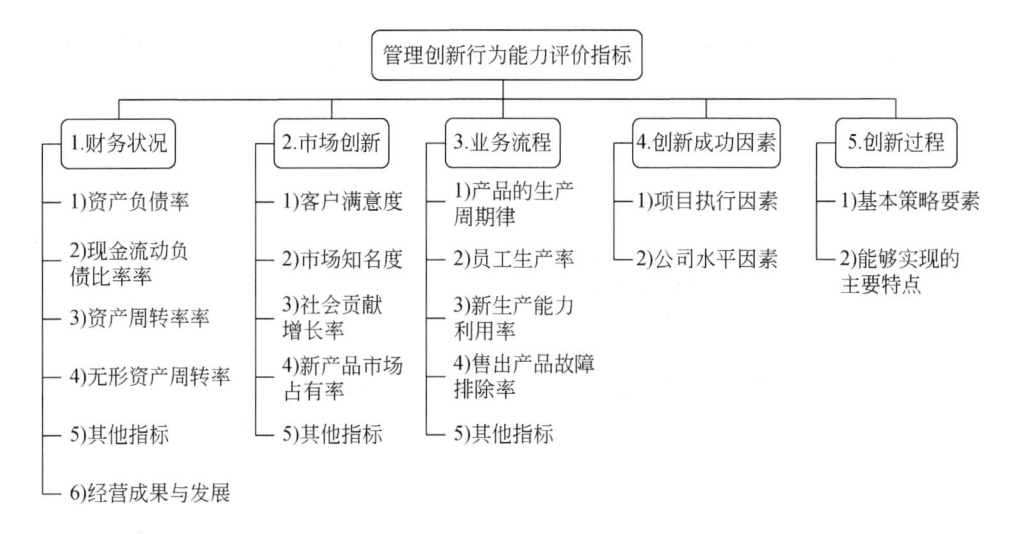

图 5-3　管理创新行为能力评价指标结构图

表 5-3　管理创新行为能力评价指标

一级指标	二级指标	指标说明
财务状况	资产负债率、现金流动负债比率、资产周转率、无形资产周转率、其他指标、经营成果与发展	EVA（税后经营利润-投资资本聚加权平均资本）、3 年资本平均增长率、净资产收益率、其他指标
市场创新	客户满意度、市场知名度、社会贡献增长率、新产品市场占有率、其他指标	市场创新的概括说明
业务流程	产品的生产周期率、员工生产率、生产行为能力利用率、售出产品故障排除率、其他指标	业务流程的概括说明

| 153 |

续表

一级指标	二级指标	指标说明
创新成功因素	项目执行因素	①内部和外部充分交流：获取外部技术诀窍 ②将创新作为公司范围的任务：有效的内部职能协调，各种职能全面平衡 ③执行详细的计划和项目指挥程序：高质量的前期分析 ④开发工作效率高、生产质量好 ⑤强烈的市场导向：强调满足用户需求，研制着重于创造使用价值 ⑥为用户提供最佳技术服务；有效的用户培训 ⑦有力的产品主管和技术把关者 ⑧高质量开明的管理：旨在发掘利用优秀人才资源 ⑨争取项目间最佳协作效果和项目内互相学习
	公司水平因素	①高层管理明确地支持创新 ②长期公司战略及与之相关的技术对策 ③长期支持重大项目（提供专利费用） ④公司对变革作出灵活反应 ⑤高层管理承担风险 ⑥形成接受创新，并使之与企业精神相容的文化（Rothwell，1994）
创新过程，系统一体化和网络化（SIN）	基本策略要素	①时间策略（更快更有效地开发产品） ②研制重点在于质量及其他非价格因素 ③强调公司灵活性和责任感 ④用户至上策略 ⑤与主要供应商相结合的策略 ⑥横向技术合作策略 ⑦数据电子处理策略 ⑧全面质量管理政策
	能够实现的主要特点	①整个机构和系统一体化：平行和集成（横向作用）开发方式；初期供应商参与产品开发；技术领先的用户参与产品开发；适当建立横向技术合作 ②组织结构更简单灵活，旨在快速有效地作出决策；授予基层管理者更大的权力 ③全面开发的内部数据库；有效的数据分享系统；产品研制衡量标准、计算机探试、专家系统；采用三维-CAD 系统和仿真模型的计算机辅助产品开发；链接 CAD/CAE 系统以提高产品开发灵活性和产品生产能 ④有效的数据链发：通过链接 CAD 系统与供应商合作开发；用户接口采用 CAD；与研发合作者有效的数据链接（Rotllwell，1994）

资料来源：张林，2012；克利斯·弗里曼和罗克·苏特，2004

5.3.3 制度创新行为能力评价指标

参考张林（2012）的"制度创新行为能力评价指标"与曾悟声（2008）的"创新系统动力机制的主要因素"等指标，构建制度创新行为能力评价指标（图5-4）。该指标是产业制度创新行为能力定性评价指标，包含制度创新和创新系统动力机制。这部分指标以定性指标为主，故简要表述。

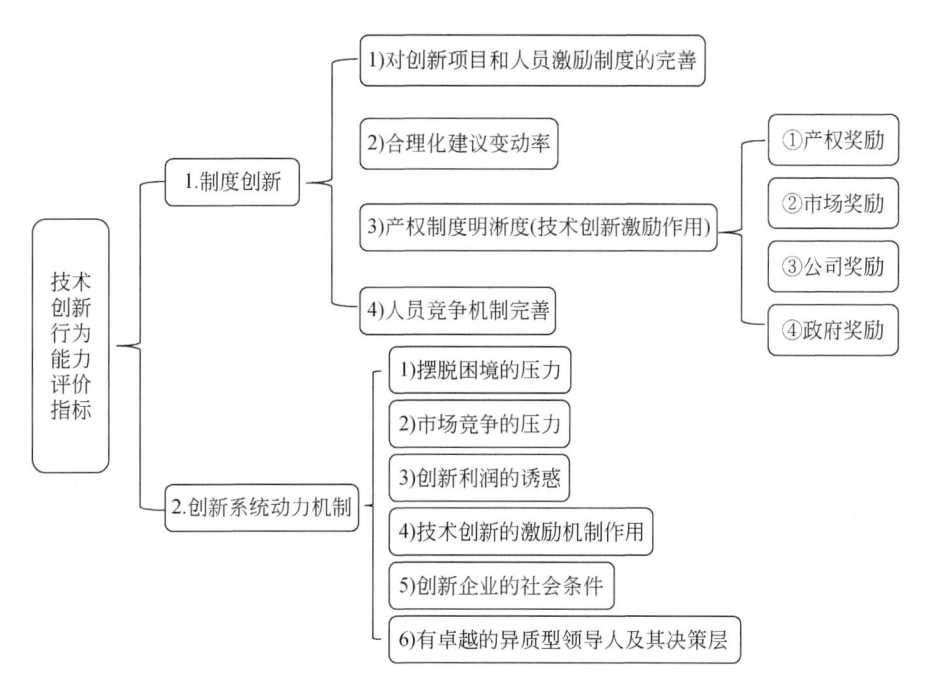

```
技术创新行为能力评价指标
├─ 1.制度创新
│   ├─ 1)对创新项目和人员激励制度的完善
│   ├─ 2)合理化建议变动率
│   ├─ 3)产权制度明晰度(技术创新激励作用)
│   │   ├─ ①产权奖励
│   │   ├─ ②市场奖励
│   │   ├─ ③公司奖励
│   │   └─ ④政府奖励
│   └─ 4)人员竞争机制完善
└─ 2.创新系统动力机制
    ├─ 1)摆脱困境的压力
    ├─ 2)市场竞争的压力
    ├─ 3)创新利润的诱惑
    ├─ 4)技术创新的激励机制作用
    ├─ 5)创新企业的社会条件
    └─ 6)有卓越的异质型领导人及其决策层
```

图 5-4 制度创新行为能力评价指标

5.3.4 文化创新行为能力评价指标

参考张林（2012）的"文化创新行为能力评价指标"，构建产业文化创新行为能力定性与定量微观评价指标（图5-5）。

5.3.5 环境创新行为能力评价指标

参考"中国新闻网"的"环境创新行为能力评价指标"，构建环境创新行为能力评价指标的定性（微观）指标（图 5-6）。它是产业内企业层面的环境因素置于创新行为能力评价指标。

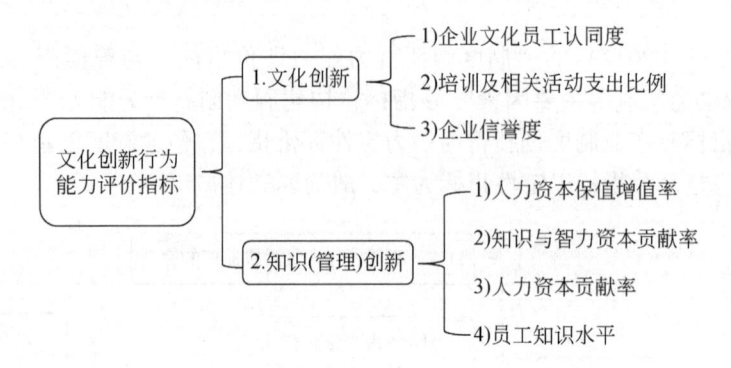

图 5-5　文化创新行为能力评价指标结构图

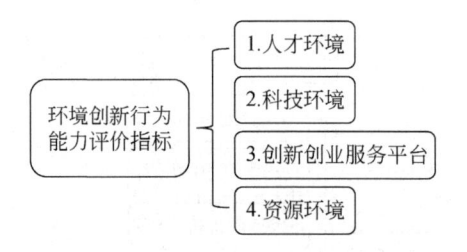

图 5-6　环境创新行为能力评价指标

5.3.6　系统创新的 CAS 运行机理的行为能力评价指标

创新系统型企业"复杂适应系统"具有的适应性、主动性、目的性、智能性等系统特征，而作为"活"的主体，围绕生产经营、市场、经济绩效而运行。其 CAS 运行机理的行为能力"要素"——投入、主体、内容和产出作为评价指标。按系统创新的 CAS 运行机理行为能力"四维'要素'伴生关系"模式分解的基础模块为：从适应性（创新投入：人才、资本、技术）、主动性（创新主体：政府、企业、高等院校、科研机构）、目的性（创新内容：技术、制度、管理、文化、环境）、智能性（创新产出：环境、产业、产品）四个维度构成"四维关系"基础模块；从智能性与目的性、目的性与主动性、智能性与主动性、主动性与适应性等之间的主要关系反映行为能力"'要素'伴生关系"基础模块内部关系（图 5-7）。

主体 CAS 系统之间具有的各自或相互的适应性、主动性、目的性、智能性的"活"的主体"四维'要素'伴生关系"模式及运行机理，体现为："四维伴生关系"是指从智能性与目的性、目的性与主动性、智能性与主动性、主动性与适应性之间的内部主要关系；"'要素'伴生关系"行为能力指标则由创新产出与创新内容、创新产出与创新主体、创新主体与创新投入等四大类聚合要素之间的主要关系反映；主体系统运行机理由创新的产出牵引、要素协同、循环反馈、主导转换（胡树华等，2010）四个方面体现；"四维'要素'伴生关系"模式共包含四大类要素聚合、相互之间存在复杂的影响和作用关系。

产业系统创新是个多创新主体之间互动相互适应及其与多维度创新对象之间互动相适应，且与创新环境互动相适应构成的复杂适应系统。正是创新主体间的相互适应性，创新主体与创新对象、创新环境的适应性造就了产业创新系统的复杂性，形成不同产业及同一产业不同发展阶段创新行为的异质性。

CAS 理论核心思想是"适应性造就复杂性"，将系统内部成员看作是具有适应性、自主性、目的性和智能性的"活的"主体，能够在与环境进行相互作用中主动地改变自身的方式和结构，最终达到适应环境的合理状态，这也是系统发展和进化的根源。主体之间通过选择竞争或者合作进行互动，来适应不断变化的环境，并寻求自身的生存和发展。正是这种具有适应能力的主体使得系统的复杂性得以呈现，即所谓"适应性造就复杂性"。

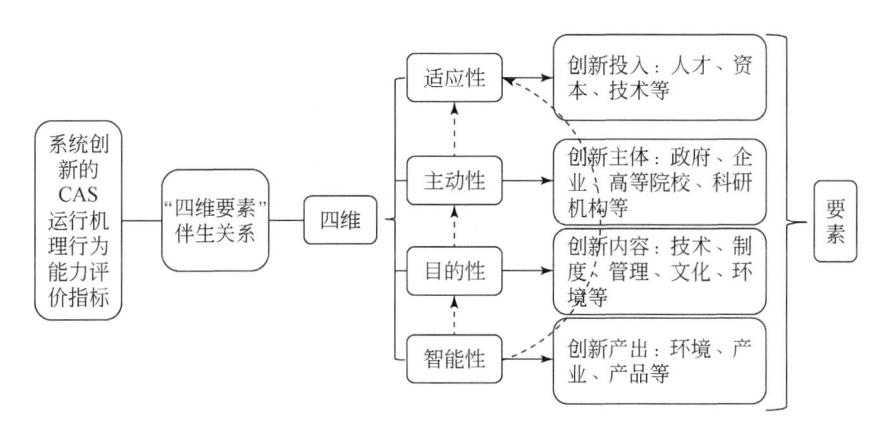

图 5-7 系统创新的 CAS 运行机理行为能力评价指标

5.3.7 产业发展创新行为能力评价指标

本节用产业发展的一级指标、二级指标作为产业系统创新行为能力的定量与定性中观评价指标。一级指标：产业发展。二级指标：产业规模、产业结构、产业效益、辐射带动。三级指标：平均份额、集中系数、总产值产业集中度、赫芬达尔指数、进入壁垒、兼并与广告、价格、利润、消费者剩余、生产者剩余、社会总剩余、横向技术合同、成交额、设立分支公司、跨区域并购等（图5-8）。

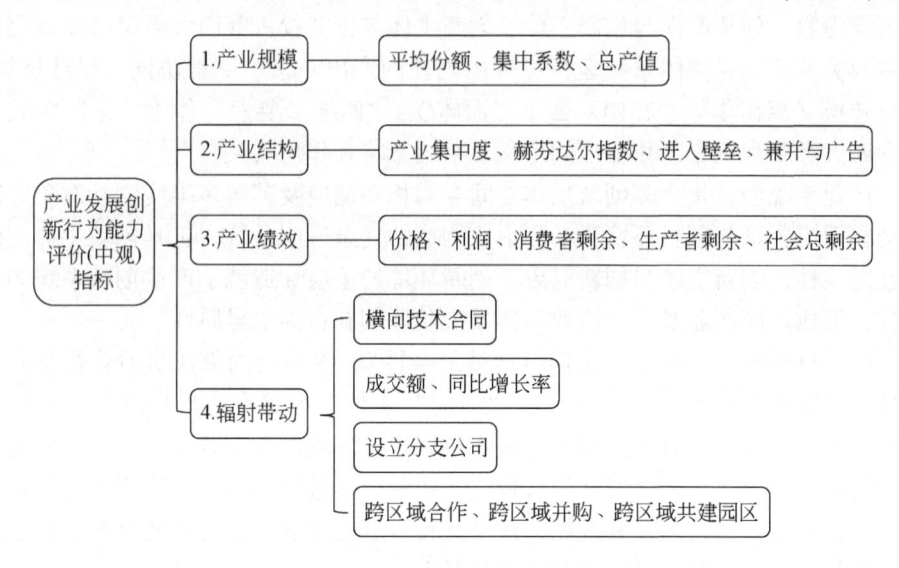

图 5-8 产业发展创新行为能力评价指标

5.3.8 产业政策创新行为能力评价指标

用本节用创新的产业（组织状态）政策应当"使社会福利最大化及消费者剩余和生产者剩余均衡"原则，作为产业政策系统创新行为能力的定性中观评价指标。一级指标：产业政策。二级指标：寡头、垄断竞争企业数量；影响市场结果及均衡定性款项。三级指标：反垄断法细则（寡头之间的公开协议禁止）。四级指标：市场结构模式的标准与构建措施、产业创新效应评估模板（图5-9）。

5.3.9 产业创新环境行为能力评价指标

"创新环境"（Innovative milieu）概念最早由欧洲创新环境小组，即人力资本、地方经营文化、教育体系、基础设施等社会网络范畴的因素置于创新环境框架，这成为"技术创新系统模式的雏形"。创新环境研究及其政策的出发点兼论增强区域的全球化竞争力，强化了这一"创新环境"概念（李远，1999）。作为产业系统创新"创新环境"行为能力评价是定性（中观）指标，如图5-10所示。

第 5 章 系统创新行为能力评价指标体系与评价软件开发设计

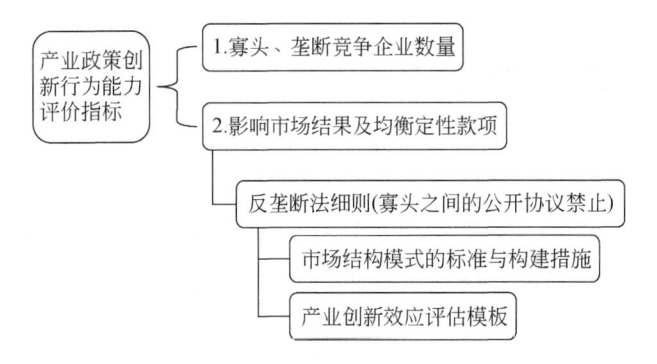

图 5-9　产业政策创新行为能力评价指标

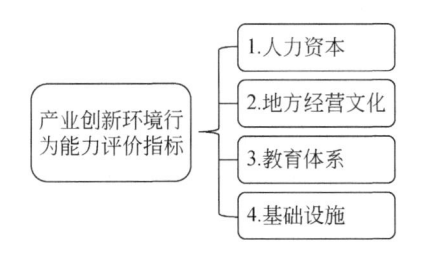

图 5-10　产业创新环境行为能力评价指标

关于 5.3.5 节环境创新行为能力和 5.3.9 节"创新环境"行为能力，从标题上看似乎一样，但它们是不同层级的评价指标。前者是企业层面的环境因素置于创新行为能力评价的定性（微观）指标，后者是社会网络范畴的因素置于创新行为能力框架，作为产业创新环境行为能力评价的定性（中观）指标。也就是说，前者是企业对创新环境的适应能力，后者则是产业改善创新环境的能力。

5.4　系统创新行为能力评价研判软件开发设计

系统创新行为能力对市场结构与市场绩效互动关联影响的研判软件在现代产业经济运行领域的研究和决策分析中，是一项非常重要的有很大价值的工作。IT、ICT 与 AI 人工智能及软件手段的应用，使过去靠人工所不能完成的这项研判工作得以完成。尤其是本研究所做的"创新的 CSP 互动关联影响的定量分析效应函数"研判博弈数理模型软件，可使研判工作在现代产业经济运行领域的研究和决策分析中显现出大数据的准确性与趋势性研判功能，使现实的决策抉择科学化。为此，本研究认为很有必要研发一套具有辅助决策分析和计算的快捷易用的经济运行信息系统研判软件，为现实的决策提供直观和具体的参考。

5.4.1 研判系统软件设计的理论依据与目标

(1) 理论依据

CAS 理论不仅为经济学研究复杂现象提供了强有力的方法论,而且为经济学进行仿真模拟实验提供了有效的遗传算法。CAS 理论在经济学的应用形成了计算经济学(Agent-based computational economics,ACE)。

计算机仿真模拟实验是研究 CAS 的重要途径,模拟实验研究也有效地弥补了传统经济学研究无法短期内获得大量数据而作出统计研判的不足。在 ACE 的视角下,产业经济运行系统可以看成是由大量具有适应性的主体不断地进行着相互作用,并在这种相互作用的过程中"自下而上"地形成一个 CAS。通过建立多主体相互作用的统计模型进行 CAS 的仿真模拟实验,能够更为深入地理解经济运行系统的自组织演化,且能够更融洽地将宏观经济与微观经济结合在一起(Arifovic and Karaivanov,2010)。随着经济全球化的发展,信息经济、网络经济、数字经济等新概念不断涌现,企业、产业、区域,甚至国家的经济运行发展都需要运用复杂适应系统思想去思考,并找出合理的对策。系统仿真技术也称系统模拟,就是根据系统分析的目的,在分析系统各要素性质及其相互关系的基础上,运用算法编制计算机软件系统模型,建立能描述系统结构或行为过程的、且具有一定逻辑关系或数量关系的仿真模型,在计算机上进行仿真实验,对系统模型进行测试和计算,并根据测试和计算结果,对系统模型进行研究改进,据此进行试验或定量分析,以获得正确决策所需的各种信息。

本研究的实证应用研究可以表明 IT 与 ICT 及 AI 人工智能技术、系统仿真技术是完成"发展趋势"实证的最好方法。

(2) 研究的目标

本研究的目标就是借助 IT 与 ICT 及 AI 人工智能技术具有创新的系统性,以获得企业、机构之间数据积累、变化和快速传输显示。

5.4.2 模拟运行研判系统软件设计思想

考虑到使用对象是非计算机专业人员,要求设计的软件必须具备安装配置简单、使用方便、结果直观、维护容易。由于研判系统软件的数学模型具有探讨性、发展性,也就要求软件必须具备足够的可扩充能力,所以该软件系统的架构设计是非常重要的。因此,系统设计时采用了 C/S 架构、OLE(对象嵌入式)、OOP(面向对象的编程)、COM(组件)技术、3D 图形显示技术、文档模板、

WORD 域、轻便性数据库等软件工程新技术，数学模型内部各项指标计算模块采用 OOP 技术实现，使得模块各自保持相对独立性便于扩充和拆装。采用这些新技术，有利于提高系统软件的可变伸缩性、编程效率、使用灵活性等。

根据输入的参变量数据自动计算出创新行为对市场结构与市场绩效影响的考量指标数据，结果数据以表格和立体图方式显示，并根据研判项目属性信息、报告模板和参量数据自动生成研判报告。

为了使非经济专业人员也能看懂经济指标数据，在系统中设立"字典管理"功能模块，供相关使用人员查阅、维护人员添加或修改。

5.4.3 模拟运行研判系统软件设计约束

（1）系统软件作用及其意义

运用本研究构建的理论模型，采用软件工程和信息处理技术开发的决策研判软件，可根据使用人员输入的相关参数，自动计算出评估模型中的结果和自动生成报表，为使用人员提供科学便捷的手段和经济指标数据参考。解决了现有研究分析手段（借助于计算器、电子表格软件等手工方式）的一系列，诸如计算复杂、工作重复多、效率低下、结论不可靠、需要专业人员配合完成等问题。本研判软件能够为各产业组织运行状态的分析和评价工作，探索出一种简明实用的非经济专家也能完成的经济运行信息评价方法，有利于推动因创新而对经济市场结构及绩效的衡量与评估方法的发展。

（2）适用范围

本软件可为经济研究、教学科研、产业结构及绩效衡量分析和决策等提供辅助计算和分析判断手段，并为这些工作带来较高的效率和提供较全面的评价指标体系、判断数据及判断报告；为从事经济工作或教学研究人员、企业战略规划人员、政府宏观调控及微观经济管理人员或其他经济专业人员和非经济专业人员等提供辅助计算和科学判断手段，从速、从快、从准地进行经济信息分析判断和决策。

（3）系统软件特点

研判软件为单用户单机系统，C/S 方式。由于软件的规模不大，性能要求不高，可以将客户端和服务器端的程序模块集中在一台计算机上运行使用。具有使用简单，操作方便直观，无须专人维护，具备计算机基本常识即可操作使用。

优点：①经济理论依据充分，数学模型科学，评价指标体系较为完善。②较好地表现了理论与实际的关系。③功能完善，具有项目管理、数据表生成、报告生成与浏览、字典管理、备份数据、用户权限管理等功能。④软件界面直观、经典，满足易用性和友好性，没有无关紧要的花哨功能。⑤操作简单，使用方便，无需专门维护。⑥支持多种判断报告，用户可以根据修改规则任意修改判断报告模板的格式和内容。判断报告支持文字、图表、图像、多媒体对象嵌入。⑦单机单用户系统，C/S（客户机/服务器）体系结构。⑧绿色软件，无需安装、无需特殊配置。直接复制到计算机硬盘或 U 盘上便可运行使用，不安装文件到 Windows 系统所在的文件夹中，不影响原有系统任何软件的运行。⑨为了节省用户成本，满足用户的一般使用要求，以及易于维护和使用，系统的当前版本采用免费的微型数据库系统（Access、TinyDB），无需额外安装数据库管理系统软件，也无需花费额外的费用。

（4）系统软件运行环境

软件系统运行环境要求较低，常用的计算机都能满足运行要求。

1）硬件环境：支持兼容 Intel CPU 芯片，配置为 CPU586、内存 512MB、硬盘 40GB 以上的计算机均可。

2）软件环境：支持 Windows 操作系统的多种版本，如 XP、2000、2003、2008、Win7、Win10，要求计算机系统中安装 MS Word 2000 以上版本，用于支撑判断报告的相关处理。

5.4.4 模拟运行系统功能设计

系统包含项目管理、数据处理、报告处理、字典管理、系统管理五大模块，内置市场结构指标数学模型和市场绩效指标数学模型，以及几种行业的绩效报告模板（图 5-11）。用户可以自行增加和修改行业的绩效报告模板。

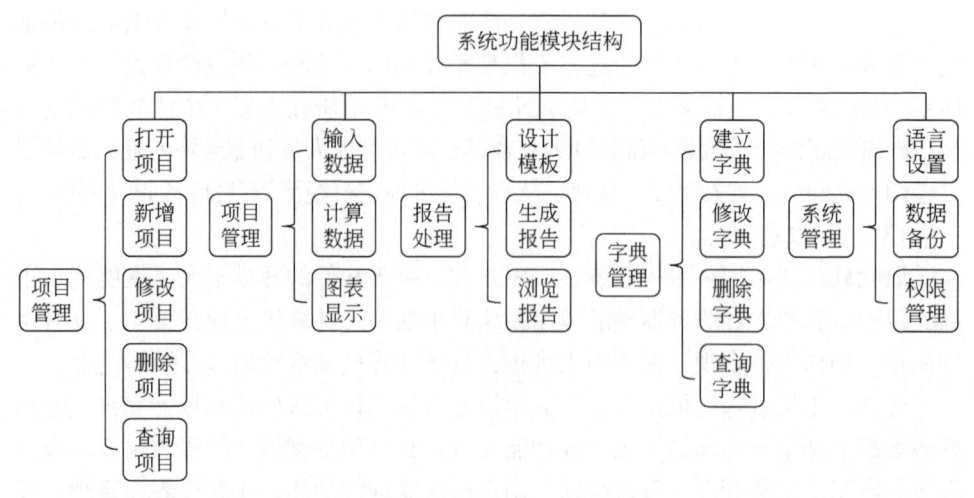

图 5-11 系统结构

系统启动时首先要登录进行身份验证,身份验证成功之后就可进入系统登录→项目管理→数据处理→图形显示→生成报告→备份数据等。

其中,数据处理包括输入数据(含数据录入、数据存储、数据读取)、计算数据、图形显示(含图形生成、图形显示、图形控制)三个子模块,是整个系统的核心部分,也是本研判系统软件开发中最为复杂的一部分。

5.4.5　模拟运行数据处理设计

系统启动时首先要登录进行身份验证,身份验证成功之后就可进入项目管理—数据处理—图形显示—生成报告—备份数据主干流程,在这过程期间还可进行字段管理、报告模板设计等操作(图5-12)。

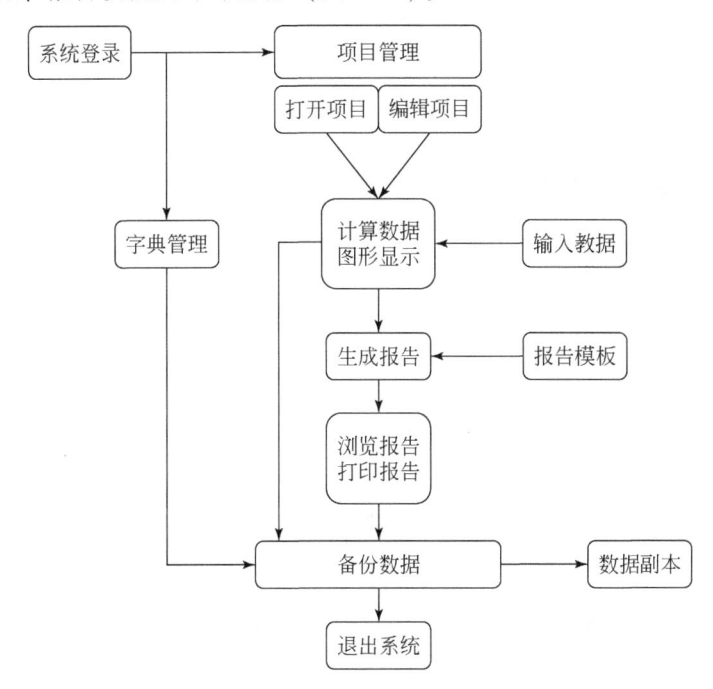

图5-12　系统核心流程

软件系统的主界面由菜单和快捷按钮两部分组成(图5-13)。快捷按钮是用于辅助用户快速进入使用频率比较高的子模块,这设定了项目(打开项目)、数据(输出处理)、字典(字典管理)、备份(备份数据)。

项目管理模块包括"打开项目""编辑项目"子项,其中"编辑项目"包括新增、修改、删除、查询等功能(图5-14)。可以按照项目名称、行业名称、行业性质来进行分类查询,也支持模糊内容查询。

| 系统创新的 CSP 模式与仿真实验研究 |

图 5-13　系统主界面

图 5-14　项目管理界面

图 5-14 中的项目管理表单支持栏目排序，只要点击你感兴趣的栏目名称就可自动按照拼音或字母排序显示。栏目名称右边的△方向指示了选定栏目的排序方式。

每个判断项目都包含一些属性数据，如项目名称、行业名称、行业性质、市场规模、备注等字段。其中，市场规模、备注字段支持 512 个字符以上。"项目名称"是为用户用来标识和区分项目的，只要用户自己能够识别就可以了，可以输入任意字符。这些属性数据可在"报表处理"模块中输出到报告文件的对应数据项中。

数据处理模块包含输入数据、计算数据、图形显示3个模块。数据处理模块的主界面（图5-15），分为左右两大部分：左边用于显示计算结果（数据表、图形），右边为控制面板及数据输入框。

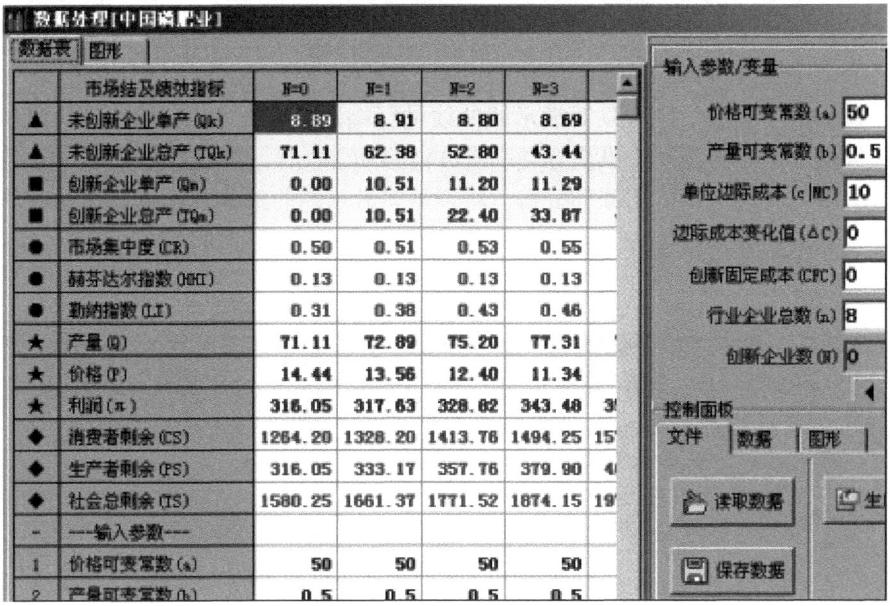

图 5-15　数据处理界面

在控制面板的右上方输入指标计算的变量数据，如价格可变常数、产量可变常数、单位边际成本、边际成本变化值、创新固定成本、行业企业总数、创新企业数等。在这些数据输入框中，系统对数据的输入操作进行了控制，能够自动判断输入数据的合法性、合理性。变量数据输入完毕之后，点击"计算数据"按钮便可到相关数据。

在控制面板的右下方的显示控制面板（图5-16），包含了文件、数据、图形三项，分别用于计算数据的保存和读取、控制数据表中数据的显示（字体大小、行距）、图形显示方式及内容。

(1) 图形模块

以"社会福利指标"数据为例来介绍"图形"方面的操作使用。"图形"包括5张显示卡片（图5-17顶部），如产量指标、市场结构指标、成本指标等。在每张卡片的曲线显示中，用户可以自己设定图例显示位置、节点数据是否显示、

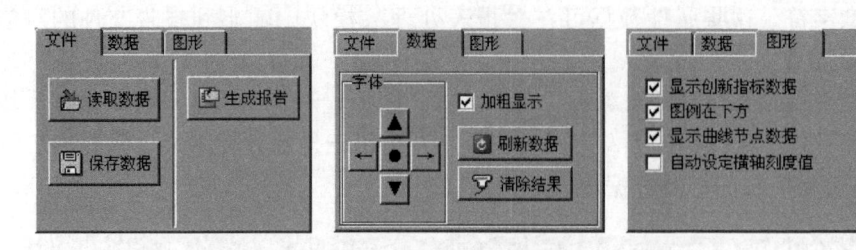

| 系统创新的 CSP 模式与仿真实验研究 |

图 5-16　显示控制面板界面

不仅显示指定曲线，还可以对显示的曲线进行缩放、三维立体旋转、全屏显示、横坐标轴水平方向移动、纵坐标轴垂直方向移动等操作。有了这些曲线显示控制功能，就可方便用户的阅读和分析，特别是当显示的曲线及其数据较多时就会显得特别有用。许多设置操作都只要在相应指示位置的前面进行勾选（√）操作即可。

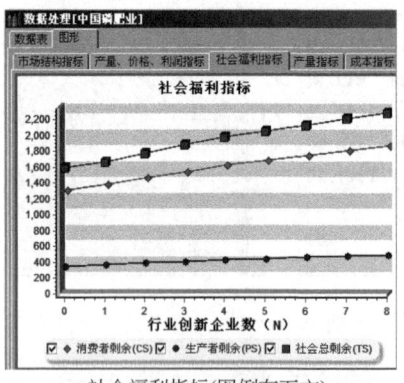

a.社会福利指标(图例在下方)

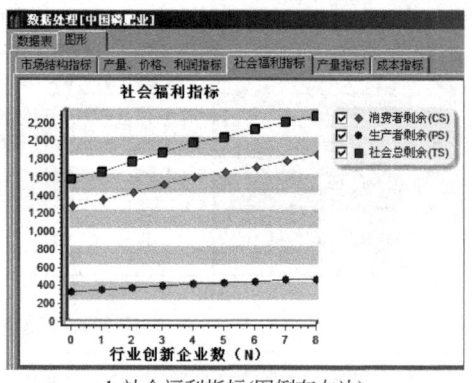

b.社会福利指标(图例在右边)

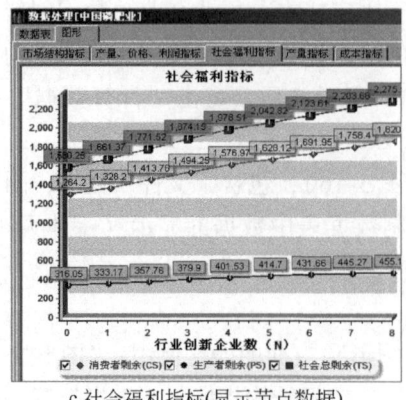

c.社会福利指标(显示节点数据)

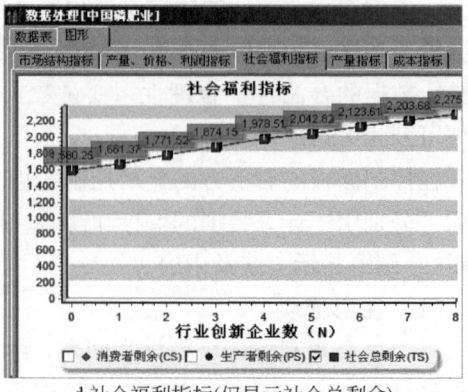

d.社会福利指标(仅显示社会总剩余)

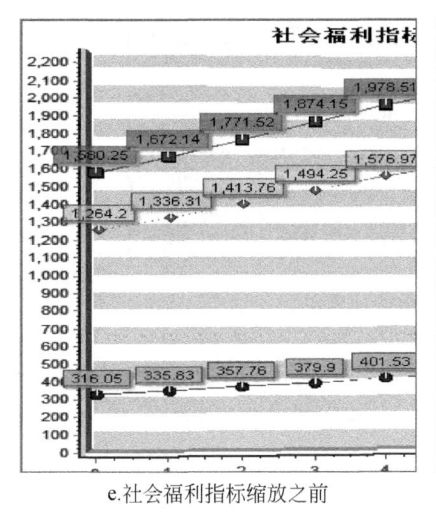

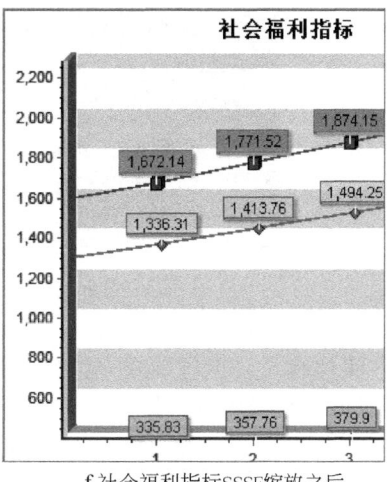

e.社会福利指标缩放之前　　　　　　　f.社会福利指标SSSE缩放之后

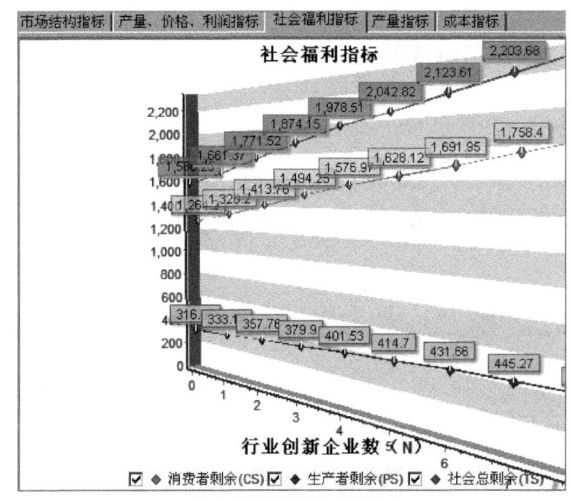

g.社会福利指标(旋转显示)

图 5-17　社会福利指标图形界面

（2）报告处理模块

报告处理模块包括浏览报告、设计报告模板、生成报告文件三部分。浏览报告和设计报告模板是借助（调用）系统外部的 MS Word 软件来操作实现的，本系统采用 OLE 技术进行调用。

变量数据输入计算完毕之后，便可进行生成报告操作。生成报告时，要求选择输入"报告模板文件"和"报告文件"的文件存放位置和文件名称（图5-18）。

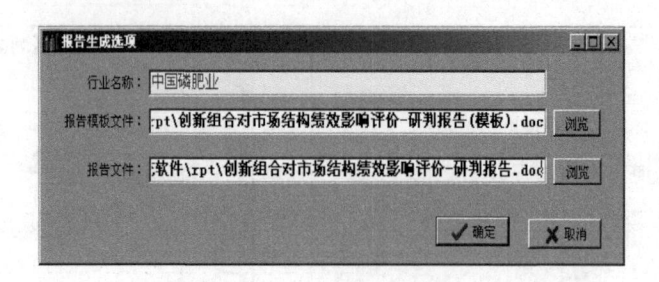

图 5-18 报告选项界面

1）生成报告。根据已建立的报告模板格式，将已知的项目属性内容和系统依输入参数计算得出的数据生成一个 DOC 标准格式的判断报告。

2）浏览报告。通过"报告管理/浏览报告"菜单可以打开浏览依次生成的判断报告，当然也可进行打印输出。

3）报告模板。报告模板文件内容由静态文本和动态文本组成。静态文本是由报告模板设计人员事先预置的；动态文本是由标签（尖括号<>之内的部分）和 WORD 域构成。

（3）字典管理模块

这里的字典指的是与本仿真软件相关的产业组织经济学中的名词、术语等概念之类的解释或说明（图 5-19）。设立此功能的目的在于帮助软件使用人员的理解和查阅。

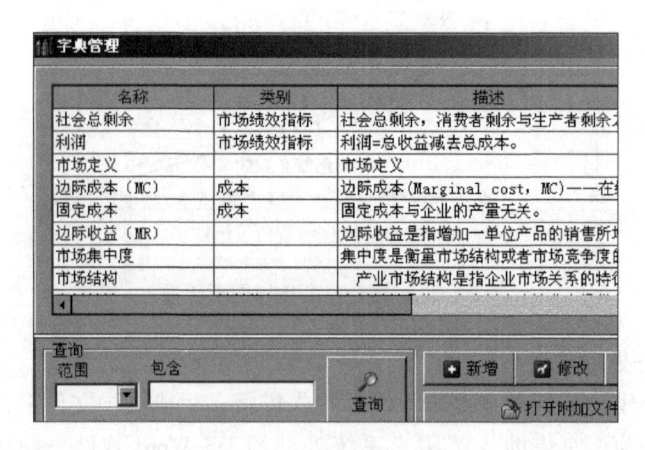

图 5-19 字典管理界面

（4）系统管理模块

系统管理模块包括 English、备份数据、权限管理、退出系统等。其中：

①English。语言设置，中英文显示界面切换。②备份数据。备份数据库中所有的数据，备份位置和备份的文件名称由用户自己指定（图5-20）。③权限管理。防止系统数据被篡改或盗用。在使用本系统时，用户必须事先登录，供系统对使用人员进行身份鉴定。当然，用户可以在"系统管理"模块中修改自己的密码。

图 5-20　备份数据界面

5.5　系统创新行为能力评价研判软件应用

依据系统创新行为能力评价指标体系，用设计的研判系统软件可对创新主体子系统、支持系统的创新行为能力作出评价。

本研究不是比较产业之间创新行为能力（效应与绩效）的影响，而是从产业的视角研究同一产业内企业创新行为能力对产业市场结构和市场绩效的影响，因而更关注创新主体子系统、支持系统的创新行为能力影响。研判的信息数据是由使用该研判系统软件的企业提供并使用的。

本节以 WF（集团）公司为例进行创新行为能力绩效评价。原因有二：其一，从理论角度静态上检验创新主体子系统创新行为能力的经济绩效最好的假设对象（用技术创新行为能力评价指标才能作定量研判）；从实证角度动态上检验系统创新行为能力的经济绩效最好的假设对象（创新系统型企业的系统创新行为）。其二，是因为需要研判的信息数据可以获得，而且需要用理论与实证是一体的证例，来佐证研判系统软件评价的功能与可靠性。

实证采用技术创新投入能力要素指标（详见本章5.4 研判软件：数据处理设计）。技术创新投入行为能力要素由下列一级指标构成（二、三级指标略）：
①创新资源投入行为能力指标；②创新管理行为能力；③创新倾向或行为；④研发行为能力指标；⑤制造行为能力；⑥营销行为能力。

创新产出行为能力要素指标（详见本章5.4 研判软件：数据处理设计）。

6 个行为能力要素经组合得到创新成果，即技术创新从构思（意思能力）或投入变成商品（行为能力）进入市场。在市场上，创新产出表现为收益性产出、技术性产出和竞争性产出，分别用收益性指标、技术性指标和竞争性指标反映。

技术创新产出行为能力要素由下列一级指标构成（二、三级指标略）：①收益性指标；②技术性指标；③竞争性指标（a. 产品市场占有率、b. 质量提高率、c. 成本降低率、d. 能耗降低率、e. 原材料利用率）。

用 CI 表示竞争性指标，则计算公式如下：

$$CI = 1/2 \times (S_{15} + (S_{16} + S_{17} + S_{18} + S_{19})/4)$$

式中，S_{15} 代表产品市场占有率，S_{16} 代表质量提高率，S_{17} 代表成本降低率，S_{18} 能耗降低率，S_{19} 原材料利用率。

本节在工业企业通用的技术创新行为能力评价指标基础上，根据企业实际情况制作技术创新行为能力子系统评价指标，虽然更为复杂，但编写的源代码数据库中的三级指标词源可由用户依本企业的实际需要自由择用。

5.5.1 评价指标实证

本节采用的"创新投入能力要素指标和创新产出能力要素指标"所做的实证是依据，分解能逐一说明评价企业技术创新行为能力的统计数据指标（S 型指标）和经验数据指标（E 型指标）。其中，统计数据指标共 19 个，经验数据指标共 9 个。完整评价该企业技术创新行为能力，需要使用这 28 个指标，分别从资源投入行为能力、创新管理行为能力、创新倾向或行为、制造行为能力、营销行为能力和产出行为能力上做出判断。然而，由于经验数据缺乏（企业没有能力提供数据），只能在简化处理的基础上对 WF（集团）公司技术创新的行为能力进行评价（曾悟声等，2008）。尽管评价缺乏完整性，但评价结果证明了指标体系的有效性，并且揭示出许多重要问题，具有极大的启发性。

仿真运行的研判博弈数理模型，使仿真研判工作在现代产业经济运行领域的研究和决策分析中显现出大数据的研判功能，使现实的决策，抉择科学化。

评价中使用的指标共 11 个，表 5-4 中指标及其含义全部是 S 型指标。

表 5-4　WF（集团）公司创新系统行为能力评价指标

指标	名称	评价的方面
V_1	研发人员投入强度	资源投入行为能力（提高自己创新能力的潜力）
V_2	研发经费投入强度	资源投入行为能力
V_3	非研发经费投入强度	资源投入行为能力（提高自主创新能力的潜力或行为和具备使用技术行为能力）
V_4	技术装备水平	资源投入行为能力（提高生产能力的潜力或行为）
V_5	每千人员职工创新数	创新倾向或行为

续表

指标	名称	评价的方面
V_6	专利拥有数	研发行为能力
V_7	设备装备水平	生产行为能力
V_8	新产品销售份额	产出行为能力（收益性指标）
V_9	出口产品份额	产出行为能力（竞争性指标）
V_{10}	创新新颖性	产出行为能力（技术性指标）
V_{11}	税后利润率	产出行为能力（收益性指标）

在下面的分析中，本研究没有采用上节的指标符号，而是一直使用表5-3中的指标符号。这样做的目的是使上节的指标设计具有自身的完整性，而不要因为缺乏数据而使其研判变得残缺不全，不能反映评价对象的真实现状。

关于表5-3中的指标，有几项需要作进一步说明：①研发人员投入强度（V_2），按研发人员占企业职工总数的比例计算，原因是统计数据还不能分成四个档次。这样，V_2就没有考虑到研发人员能力上的差异。②所有指标都使用WF（集团）公司演变初期（2002年）的数据计算。③设备装备水平采用加权平均法计算。计算公式为：设备装备水平=1×国际先进水平（%）+0.8×国际一般水平（%）+0.6×国内先进水平（%）+0.4×国内一般水平（%）+0.2×其他（%）。④创新的新颖性采用百分制评分。国际水平为100，国内水平为75，省内水平为50，企业水平为25。⑤新产品销售份额和税后利润率同为反映收益性的产出能力指标，两者具有正相关性，相关系数为0.4183。由于相关程度不是很高，评价时用两个指标较好。因为新产品销售份额与税后利润率存在四种关系（图5-21），企业同时分析这两项指标，可以给自己的创新业绩定位，也为企业的战略筹划提供重要依据。

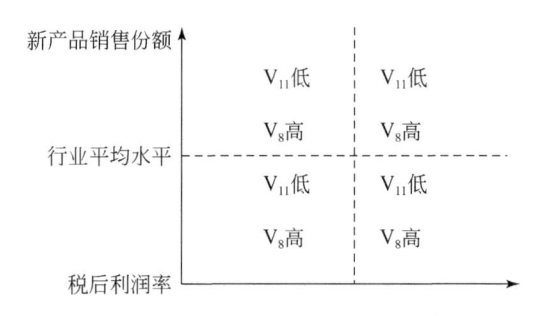

图 5-21　产出能力的收益性指标组合关系

数据：评价数据全部来自笔者对这个经济组织的调查问卷。设代码：WF 矿肥基地，A；WF（集团）公司，B。

5.5.2 能力要素评价

（1）资源投入行为能力

纵向比较看，B 的研发人员投入强度高于 A。这表明 B 的研究人员实力大于 A（图 5-22a）。但是人员只有与资金相结合，才能发挥作用。过去的 A，人员投入强度不高，研发经费投入强度也不高。B 研发人员投入强度高，研发经费投入也高，所以，创新能力强。A 因陷入困境，不可能有大的资源投入，故人员闲置。从这个意义上讲，A 存在明显的研发人员能力闲置。

a.研发人员投入强度(V_1)　　b.研发经费投入强度(V_2)

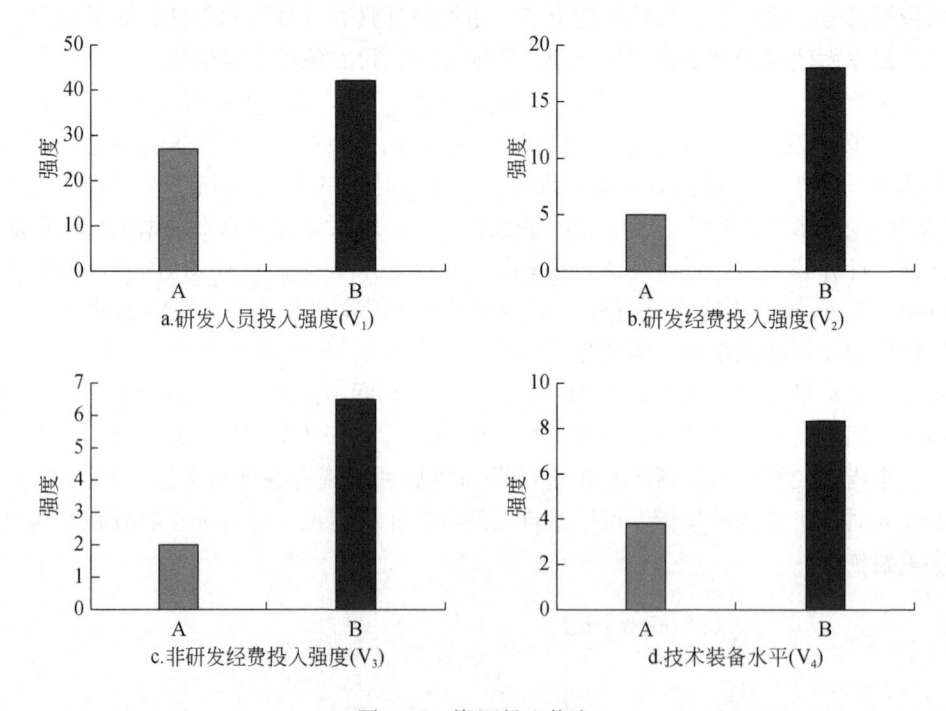

c.非研发经费投入强度(V_3)　　d.技术装备水平(V_4)

图 5-22　资源投入能力

比较非研发投入强度和装备水平发现，A 的非研发经费投入很低，依赖其原技术装备水平。因而既有经济原因更主要的是有依赖心理，不想作技术引进经费的再投入，尤其是不作技术创新的经费投入，故而原料的供给成了制约企业规模经济的瓶颈，工艺不改造使生产的边际成本居高不下。

而 B 既做了非研发经费投入，又做了技术装备水平的投入（改造工艺流程），以新技术装备企业，其结果之一是进一步提高企业装备水平。当装备水平提高后，边际成本降低，成本收益大，非研发投入必然减少，产生潜在的机会。

（2）创新倾向

创新倾向指标是对过去创新投入所创造成果的反映用每千员职工创新数表示，如图 5-23 所示，B 的创新倾向很强，远高于 A。这也是 A 陷入困境的原因之一，没有创新的企业是不能生存和存续的。

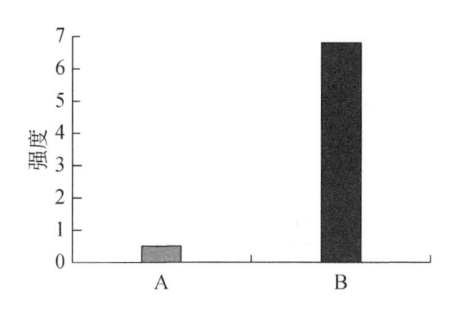

图 5-23　每千名职工的创新数（V_5）

（3）研发行为能力

可使用的指标仅有专利拥有数和尚未申请但具有创新的成果。

A 建设 10 年，既没有自主创新产品率，又没有对引进技术的改进两个指数，B 组建 3 年既有自主创新产品又有引进技术的改造。因此说 B 的研究开发能力是很强的。

（4）生产行为能力

从图 5-22d 可见，A 的装备水平不如 B，显然 B 生产能力强于 A。A 建成之日即陷入困境，因而 A 没有技术创新。B 把集世界上一流装备的设备进行了工艺改造，其技术创新的新颖性应为国际先进水平。

（5）产出行为能力

新产品销售份额属于收益性指标（图 5-24a）。A 的产品只在国内外销售，但其产生经营困难，成本高、消耗高，销售陷入困境。B 对工艺进行改造后，生产新产品在国内外销售，销售市场份额高于 A，其产出能力远比 A 强，这是 B 创新投入的结果。

税后利润由新老产品共同决定（图 5-24b）。新产品销售份额大，企业的税后利润率高，说明新产品对企业提高税后利润率的贡献大（如 B）；新产品销售份额大，而企业税后利润率并不大（如 B_1），并不能说明新产品对税后利润率的贡献小，因为 B 存在老产品亏损，新产品扭亏这样的情况。结果，税后利润并不高，但新产品对提高税后利润具有巨大作用。新产品销售份额不很大，而税后利润率高，有两种情况，一是份额虽不大，但利润极高；二是现有产品为高盈利产品，新产品尚未成为高盈利产品（如 B_2）；新产品销售份额小，税后利润也小，可能是新产品缺乏市场需求或刚进入市场（如 B_3），总之，通过图 5-24a 与图 5-24b 的比较可以发现，本研究能够对新产品销售份额有丰富的认识。因为"因素输入、价格变化"引起的经济绩效回报量化，才是创新的微观经济学最终考量的落脚点。

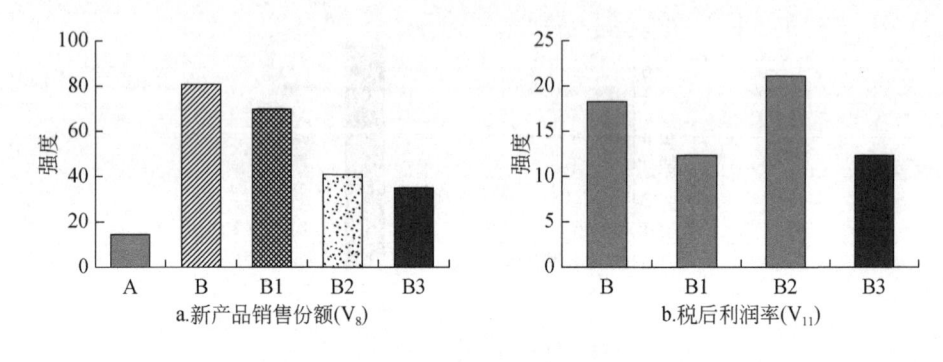

图 5-24 产出行为能力评价

5.5.3 结果分析

根据前面的分析，可以对 WF 矿肥基地和 WF（集团）公司的技术创新行为能力做出基本判断。WF（集团）公司组建后的技术创新能力远高于单一法人结构的 WF 矿肥基地，这是 WF（集团）公司蜕变与成长的关键因素。围绕创新行为能力（投入、产出、协作、效率）需要回答的三个基本问题。第一，创新投入、产出与企业绩效究竟有什么关系？第二，创新产出如何考量？第三，创新行为对市场有什么影响？

5.6 本章小结

本章的"系统创新行为能力评价指标体系与评价软件开发设计"的评价指标，是依据第 3 章系统创新的 CSP 模型分析框架，基于两类企业创新行为特征及效应比较，提炼出的系统创新行为范式及其运行机理，以及第 4 章系统创新行为与经济绩效的互动关联演化（过程和条件支撑）。本章的评价指标体系和评价软件及其对作为创新主体 CAS 系统的创新行为能力的判断，为第 6 章的"研判博弈数字模型"构建和仿真实验系统设计提供基础和依据。

第 5 章 | 系统创新行为能力评价指标体系与评价软件开发设计

本章构建的"系统创新行为能力评价指标体系与开发设计的研判运行软件",用其中的技术创新行为能力评价指标与研判运行软件对一个典型案例企业创新行为能力绩效进行了评价,尽管评价缺乏完整性,但评价结果证明了指标体系与研判运行软件的有效性,并且揭示出许多重要问题和具有极大的启发性。

本章构建的由技术、管理、制度、文化、环境系统创新行为能力等系统特征,以及产业发展、产业政策、产业创新环境系统创新行为能力及其运行机理的行为能力等 9 个子系统的定性与定量评价指标,构成了"系统创新行为能力评价指标体系",并以此为依据,设计开发了评价研判运行软件,为后续仿真模拟实验研究奠定理论与实证基础。该"评价指标体系与研判运行软件"的功能分为定性分析与定量分析两套系统数据库。定性分析数据库,可以用评价指标体系的表述性指标,对创新行为能力效应作评价。创新效应的体现形式是图表、效应的重要节点、发展趋势等。定量分析数据库,可以用评价指标体系的量化性指标,对创新行为能力绩效作评价。体现形式是数理图表、重要节点数据、发展趋势等。

自行开发的研判运行软件具有针对性强、携带方便、使用简单、数据计算能力较强、易于扩充功能和升级等特点。依据输入参量可自动计算出市场结构指标数据和市场绩效指标数据,计算速度快,同时输出计算结果表和立体图形,便于分析和判断。因为研判运行系统的"全解析",即通过人工智能的搜集、分析和研判,预测各产业及其企业的创新行为能力信息,产生异于传统的全新价值。"全价值"的意义在于,打破了各产业及其企业个体价值体系的封闭性,穿透所有价值体系,并整合与创建出前所未有的、巨大的价值链,形成"根本性冲击"。仿真研判运行系统自动计算出考量数据、自动生成分析报告。这个功能和内涵基础之上的"系统创新行为能力评价的(微观与中观)指标体系研判运行软件"是可靠、可行的。

第6章 系统创新行为对市场结构和绩效影响的仿真实验

本章将通过模拟实验揭示 CSP 的影响机理,为现实决策提供一个直观和具体的参考。旨在解决厂商治理与产业内寻找厂商数量多寡之间的最佳值,导致的厂商行为和绩效的不同。系统创新的 CSP 模式互动关联影响的定量绩效分析,所用"CSP 研判博弈数理模型"可以彰显出仿真运行研判工作在现代产业经济运行领域的研究和决策分析中显现出大数据的准确研判功能,使现实的决策科学化。系统创新的 CSP 模式互动关联影响的仿真实验,是要研究系统创新行为对市场结构和市场绩效是什么样的影响,也就是创新的系统行为对市场结构和市场绩效的影响会引起什么变化。最重的是要说明产业系统创新行为对经济—社会—技术变革综合性影响的最终落脚点,是对因素输入和产品市场中的价格变化作何种创新性及适性反应。因为"因素输入、价格变化"才是创新的微观经济学最终考量的落脚点。用 IT 与 ICT 及 AI 仿真技术等相关领域工具跨学科进行集成,用规范分析与实证分析一体化方法疏通理论分析与经验性分析之间难以沟通的瓶颈,体现依靠科技推动经济迅速发展在实践中的决定性作用,探索对创新理论应用的实证方法与途径,体现产业经济与科技一体化发展、科技创新的系统工程、生产与市场需求相结合的创新观点等,争取为系统创新提供些许新的理论方法和发展轨迹。

6.1 CSP 仿真模型的理论依据与构建

计算机仿真模拟实验是研究 CAS 的重要途径,模拟实验研究也有效地弥补了传统经济学研究无法短期内获得大量数据而作出统计研判的不足。系统仿真技术也称系统模拟(System simulation),就是根据系统分析的目的,在分析系各要素性质及其相互关系的基础上,运用算法编制计算机软件系统模型,建立能描述系统结构或行为过程的、且具有一定逻辑关系或数量关系的仿真模型,在计算机上进行仿真实验,对系统模型进行测试和计算,并根据测试和计算结果,对系统模型进行研究改进,据此进行试验或定量分析,以获得正确决策所需的各种信息。

6.1.1 构建 CSP 研判模型的理论依据

(1) 经济发展的本质在于创新

经济学家早就相信经济发展的本质在于创新,而实际上垄断是资本主义经济体系下技术创新的源泉。Schumpeter(1934)强调企业家和创新者的重要性——他们将"组合创新"及德鲁克式"创新"新产品或新工艺应用于生产、经营运行中。然而,由创新在短期内产生的超额利润,在长期内却由于被模仿,这些利润最终会消失。Samuelson(2007)对 Schumpeter 的创新观点给予了高度评价,并提出了"创新与市场势力之间的关系"问题,他认为不完全竞争的企业,其生存能力不仅是定价权,而且还来自开发新产品、新技术以及在未来就能盈利的新市场。尽管在大多数战略家看来,企业总是在想方设法适应市场,从而找到生存的空间,促进绩效的提升。然而,Waldman 和 Jensen(2013)却认为创新与市场势力之间存在一种更为复杂的关系。在一些特定的场景下,政府产业政策的战略性引导、企业为了谋求更高的战略目标,往往会导致一种将创新资源和创新要素进行整合和重塑的行为,从而力图改变市场结构和市场绩效的表现。例如,里根政府提出的"信息高速公路"计划造就的硅谷奇迹,日本爱知县在汽车产业战略引导下形成的"丰田城"。可以说,它们都是一种战略性的创新行为组合,结果是引发了原有的市场结构和市场绩效的改变。据此,学者们提出了整合式创新(Holistic innovation,HI)的概念,强调了组合创新由战略所引导。

(2) 遗传算法的仿真技术提供了研究系统创新的 CSP 关系的模拟实验方法

如上所述,因为市场影响的研判问题十分复杂,在 IT 与 ICT 及 AI 技术未成熟之前,要获得理论与实证一体的结论是十分艰难的。这正是 SCP 与 CSP 问题,百年之争而无果的瓶颈所在。因此,系统创新行为如何改变市场结构和市场绩效则成为了一项颇为有趣且十分有价值的研究。这也成为了本研究的动机和努力的方向。本研究使用 IT 与 ICT 及 AI 模拟仿真技术是根据构建的 CSP 理论模型,将其转化为适合在计算机上运行的程序。再通过输入历史数据而计算出能够帮助政策制定者、企业管理者进行决策的数据指标。这一方法被许多研究者认为是一种较为有效的实验方法——社会科学研究的一项热门的方法。系统创新行为对市场结构及绩效影响,完全可以通过这样的方法进行实验。这一方法的优势在于三个方面:一是能够利用信息工程技术把冗繁的理论分析论证变得简明适用;二是可以以市场结构与市场绩效为主要目标,根据 CSP 理论模型按照社会福利最大化原则及消费者和生产者剩余均衡原则,科学地计算出市场势力的大小;三是计算机(算法)的结果更为准确,能够为经济运行背后的原因提供定量化的证据。

(3) 系统创新的 CSP 效应是双向互动关联的

本书的理论性研究认为，系统创新行为改善了市场结构进而提升市场绩效，反之亦然。相对而言，学者们很早就探讨了市场的三大问题，即 SCP 与 CSP 的问题。关于市场结构（S）的问题，但却很少有人对这个概念进行严格的论证（Phillip and Scherer, 1971; Jefferson and Xu, 1991）。本质上讲，市场结构是指市场中不同要素的联系方式和特征，本研究特指的是产业组织理论中所说的市场结构，可以表述为企业与市场关系的特征和形式，反映了市场竞争和垄断关系，如完全竞争、寡头垄断、完全垄断。

市场绩效（P）通常指组织（也包括个人）取得的工作成效的总和。已有的研究习惯把市场绩效看作是组织（或企业）在市场中的经济效益指标，如产量、价格、利润等（Calantone et al, 2002）。然而，如果从政府决策的视角来看，不仅会关注企业层面（微观）的指标，一些社会效率的产业层面（中观）的指标也是必须考虑的，如产业总产能、消费者剩余、生产者剩余、社会总剩余等。

理论上看，关于组合创新及德鲁克式"创新"行为与市场结构和市场绩效之间的关系已经积累了大量的文献。一般而言，在研究方法上是遵循传统的 SCP 理论。正如 Charles 和 Phillips（1971）总结说，"自世纪之交以来，美国产业的市场结构明显变化不大，这令人吃惊"。可以发现，系统创新行为对原先的 SCP 模型产生了一定的冲击，或者说是对这一模型的拓展，这也印证了 Waldman 和 Jensen（2013）的设想。然而，尽管学者们对各种创新行为与市场结构的关系开展了许多的实证研究，但计算非常复杂，结论也不很可靠，省略许多重要的变量会导致系数偏差或得到错误的结论（Carlton et al, 1999, Cheng et al., 2012）。其中，最为关键的是多数的研究结论受制于行业的特殊性而可能显示出较大的差异，这使得企业和政策制定者感到更为困惑。然而，这也促使人们进行深入的思考——创新的决定条件是什么？当代研究的注意力转移到系统创新行为的基本条件方面，如市场需求、技术机会和挪用性条件等，历史数据和研究证明了这些因素是非常重要的，但也有许多工作尚未完成。

由于对这一问题的价值和困难还存在不少的争议（尤其是国际间的），很少有学者借助 IT 与 ICT 及 AI 技术开展深入的研究。对此，本研究从最简单的企业理论模型入手，对经典古诺模型进行了拓展，构建了系统创新的 CSP 影响的理论模型。研究结论对传统的观点"有市场优势的企业（垄断、寡头）会冲击市场结构"理论进行了修正。界定了垄断、寡头对市场结构和市场绩效产生负面影响的边界条件。本研究将评估模型设计为应用软件（见 5.4.4 系统功能设计、5.4.5 数据处理设计），通过数据计算，揭示了"八家寡头创新将形成最佳市场结构和市场绩效"的结论。通过企业数据的输入，所开发的应用软件能够计算对系统创新行为下的市场结构和市场绩效进行精准测算，从而能够帮助企业、政府做出更准确的战略决策。本研究对系统创新行为的研究，以及行为对市场结构和市场绩效影响的研究都有所贡献。在更广泛的意义上，本研究拓展了学术上对三方关系的理解。传统的 SCP 模型把市场结构看成难以改变的，创新行为只有顺应它才能创造更好的绩效。与之不同，本研究表明，在系统创新行为正在变得越来越重要的情况下，要证明系统创新行为对"经济—社会—技术"变革综合性影响的最终落脚点，是对因素输入和产品市场中的价格变化作何种创新性及适应性反应，导致市场结构也会发生改变，并产生良好的市场绩效，而后形成市场结构和市场绩效的互动关联正反馈效应。

因此，本研究用产业组织结构与绩效衡量的现代理论和方法来研判系统创新的 CSP 的相关影响，是靠运用 IT 与 ICT 及 AI 仿真信息技术加持和回归分析方法建立了"系统创新的 CSP 影响的仿真研判运行系统"。因利用 IT 与 ICT 及 AI 技术把冗繁的理论分析论证变得简明适用，尤其是本研究所做的 CSP（博弈数理模型）互动关联影响的定量分析指标研判功能。

6.1.2　CSP 研判模型对寡头古诺模型的拓展

为了运用仿真技术和数据库技术来实现经济绩效指标数据的存储、计算、处理、输出和查询，为经济方面的决策人员和管理人员提供一个易用、适用的市场绩效评估辅助分析软件，先要构建系统创新的 CSP 研判数理模型。本研究拟构建的 CSP 研判数理模型是在寡头古诺模型基础上的拓展。拓展的 CSP 研判数理模型依据寡头古诺模型的基本功能，拓展为对垄断、寡头、垄断竞争、自由竞争均衡的互动关联正相关边界研判功能，能用于定量研判系统创新行为对市场结构与市场绩效的影响。古诺-纳什均衡模型是能扩展到任意数量的相同性质厂商博弈研究中。假设有 N 个相同厂商，每个厂商具有相同的反映方程。在此假设下，证明古诺-纳什均衡的简单手段是计算它的有代表性的第 i 个厂商的反映方程。

本研判模型希望能解决以下几个问题：

1）通过创新引起寡头博弈模型的价格要素与边际成本变化来定量论证"系统创新的 CSP 的影响"——因创新而致使市场结构趋于合理、市场效率提高的假设；论证后，对理论认为的"垄断、寡头、垄断竞争，这些有市场势力的企业会使市场结果无效率"结论作修正。

2）从传统经典 SCP 理论的概念问题和瓶颈问题解释中解脱出来，用绩效衡量的现代理论和方法来梳理和构建绩效评估的一般性理论框架，疏通与主流经济学在相同理论层面进行交流和共融的瓶颈，构建结构与绩效研判的理论和方法；

从一般性的理论层面，对不同经验现象作广谱明确的解释。

3）利用这个"仿真运行研判博弈数理模型"对因创新而改变市场结构和提高市场绩效反之亦然的研究，提供实证回归分析理论模式工具。

4）"仿真运行研判博弈 CSP 模型"经验证后，可成为政府支持产业主体系统创新，考量市场结构与市场绩效；按照社会福利最大化原则及消费者和生产者剩余均衡原则来判断市场势力的绝对大小，对市场势力进行科学性计算和制衡；为企业或产业研判自己的市场定位，提供通过创新而获得且保持超额利润的抉择参考数据。

6.1.3　CSP 研判模型输入输出指标体系

CSP 研判模型输入输出指标体系是相关理论中，市场结构和绩效衡量的现代方法所涉及的市场结构类型、市场结构指标、市场绩效指标、消费者剩余、生产者剩余、社会总剩余与市场效率理论、价格加成利润理论和博弈论的基础古诺模型为依据。

输入指标由 n 家企业成本函数［式（6-1）］和 n 家企业的利润目标函数［式（6-2）］和市场的反需求函数（$p=a-bQ$，其中 $Q=q_1+\cdots+q_n$）三个函数公式依数理和逻辑关系求解后构成。

$$C(qc)=cq_i,(i=1,2,\cdots,n) \tag{6-1}$$

$$\pi_n=[a-b(q_1+\cdots+q_i+\cdots+q_n)]q_i-cq_i,i\in[1,n] \tag{6-2}$$

式中，p 为价格函数；a 为价格可变常数；b 为产量可变常数；c 为单位边际成本；i 为企业排序情况；q 为产量。

输出指标主要是建立市场结构和市场绩效评价指标体系两大部分，由所涉及的函数公式及相应若干变量推导求解后构成。

(1) 输入指标

在这里，输入指标是建立市场结构评价指标体系和市场绩效评价指标体系两大部分。其定量分析三个函数公式和公式必须涉及的输入变量参数包括：P（价格函数）；a（价格可变常数）；b（产量可变常数）；c（单位边际成本）；n（行业企业数）；N、g（创新企业数）（$N\in[0,n]$、$g\in[1,n-1]$）；m、j（创新企业排序数）；k、i（未创新企业排序数）；ΔC（边际成本变化值）、$t=\Delta C/(a-c)$（综合外生变量条件）。

(2) 输出指标

在这里，输出指标主要是建立市场结构评价指标体系和市场绩效评价指标体系两大部分。其中，市场结构的四种评价方法包括市场集中度（CR）、市场集中系数（CI）、赫芬达尔指数（HHI）、勒纳指（LI）所涉及的评估指标的比较；市场绩效评价指标体系包括总产量（Q）、价格（P）、利润（π）、消费者剩余（CS）、生产者剩余（PS）、社会总剩余（TS）。

6.1.4 CSP 研判模型的建立

能否对系统创新行为对市场结构与绩效影响有一个合理的科学的定性评估与定量研判，首先要建立一个合理的系统的评估与研判指标体系。在这里，本章主要是建立定量的市场结构和市场绩效研判指标体系两大部分。

依据古诺（寡头竞争）基础模型，假设在寡头市场结构中存在对称的 n（$n>4$）家企业，且其产品同质（或有差异），n 家企业成本函数都为 $c(qc) = cq_i$，（$i=1, 2, \cdots, n$），不考虑各企业的固定成本（因为在短期中，固定成本并不随产量的变动而变动），而且固定成本不影响抉择，所以忽略。市场的反需求函数为 $p=a-bQ$，其中 $Q=q_1+\cdots+q_n$。

以我国几家磷化工企业都进行了创新组合为例，这些行为的影响最终都要通过边际成本的变化来体现，这使得各企业单位的边际成本降低了 ΔC，即创新后边际成本 $C'=C-\Delta C$。为了使问题简化，假设几家企业创新的开发及实施成本相对于因单位边际成本降低而创新收益较高而忽略。n 家企业是既定的，假设不存在新企业进入或退出影响。n 家企业中有 0 家企业实施创新，g（$g \in [1, n-1]$）家企业和 n 家企业实施创新，本研究可考量随着实施创新的企业数目的变化，引起行业内某单个企业的产量、均衡价格、市场集中度、赫芬达尔指数、勒纳指数变化比较印证、消费者剩余、生产者剩余、社会总剩余、利润的变化情况。为了便于分析，本研究假设无论在一家企业还是在多家企业创新的条件下，所有企业的产量都是有解的，所以必须满足以下条件：

$$\Delta c/(a-c)=t, 令 n-1<(a-c)/\Delta c, 那么 n<(1/t+1)。$$

在寡头市场结构中，生产同质（或差异）产品的两家企业进行古诺竞争。将该模型的结论推广到 n 个厂商，则每个厂商的均衡产量为市场最大需求的 $1/(n+1)$，总产量则为市场最大需求量的 $n/(n+1)$。为了方便讨论和说明，只考量系统性协同创新行为产生的定量影响，即创新后边际成本 $C'=C-\Delta C$，而略去用以衡量创新组合的方式，如研发投入、专利、广告投入等。

下面把实施企业系统性协同创新的企业创新数分三种情况来说明，即业内 n 家企业中有 0 家企业创新，g（$g \in [1, n-1]$）家企业创新，n 家企业创新。

1）0 家创新。当 n 家企业中没有企业实施创新时，由于 n 家企业是对称的，n 家企业的利润目标函数为：

$$\pi_n = [a - b(q_1 + \cdots + q_i + \cdots + q_n)]q_i - cq_i, i \in [1, n] \qquad (6-3)$$

式中，i 表示企业排序情况；c 为单位边际成本；q 为产量。

2) g 家创新。当 n 家企业中有 g（$g \in [1, n-1]$，且为正整数）家企业实施创新，单位边际成本降为 $c - \Delta c$，则 $n\left[\dfrac{\partial c\ (qc)}{\partial q_{gm}}\right] = C$ 家企业的利润目标函数为：

$$\pi_{gm} = [a - b(q_{g1} + \cdots + q_{g2} + \cdots + q_{gm})]q_{gm} - (c - \Delta c)q_{gm}, m \in [1, g] \qquad (6-4)$$

$$\pi_{uk} = [a - b(q_{u1} + \cdots + q_{u2} + \cdots + q_{un})]q_{uk} - cq_{uk}, k \in [g+1, n] \qquad (6-5)$$

$$\pi_n = \pi_{gm} + \pi_{uk} \qquad (6-6)$$

式中，g、u 分别表示实施创新、未实施创新的企业数目；m、k 表示企业排序情况；c 为单位边际成本；Δc 为单位成本变化值；q 为产量。

3) n 家创新。当 n 家企业都实施了创新，n 家企业的利润目标函数为：

$$\pi_n = [a - b(q_1 + \cdots + q_j + \cdots + q_n)]q_j - (c - \Delta c)q_j, j \in [1, n] \qquad (6-7)$$

式中，j 表示企业排序情况；c 为单位边际成本；Δc 为单位成本变化值；q 为产量。

对上述公式分别求导推导后得到各参数公式组，并按数理逻辑组合构成权重关系，用户只需把评估指标的外生变量参数输入到系统中，系统就能够为用户提供考量指标变化情况数据报告。

假设他们均实施等项创新，创新后对市场结构的影响函数模型见表 6-1，对市场绩效的影响函数模型见表 6-2。

表 6-1 创新行为对市场结构影响的博弈研判数学模型

序号	市场结构指标	实施创新的企业数目 $N(N \in [0, n])$		
		$N = 0$	$N = g, g \in [1, n-1]$	$N = n$
1	未创新企业产量(Q_k)	$q_{0i} = \dfrac{a-c}{b(n+1)}$	$q_{gk} = \dfrac{a-c-g\Delta c}{(n+1)b}$	$q_{nj} = \dfrac{a-c-n\Delta c}{b(n+1)}$
2	创新企业产量(Q_m)	0	$q_{gm} = \dfrac{a-c+(n-g+1)\Delta c}{(n+1)b}$	$q_{nj} = \dfrac{a-c+\Delta c}{b(n+1)}$
3	市场集中度(CR_N)	$\dfrac{4}{n}$	$g \in [1,4]$: $\dfrac{4+gt(n-3)}{n+gt}$ | $g \in [5, n-1]$: $\dfrac{4+4t(n-g+1)}{n+gt}$	$\dfrac{4}{n}$
4	市场集中系数(CI_N)	$\dfrac{CR_n}{C_n}$	$g \in [1,4]$: $\dfrac{\left(\dfrac{4+gt(n-3)}{n+gt}\right)}{\left(\dfrac{100}{N}\right)n}$ | $g \in [5, n-1]$: $\dfrac{\left(\dfrac{4+4t(n-g+1)}{n+gt}\right)}{\left(\dfrac{100}{N}\right)n}$	$\dfrac{1}{25n}$

续表

序号	市场结构指标	实施创新的企业数目 $N(N\in[0,n])$		
		$N=0$	$N=g, g\in[1,n-1]$	$N=n$
5	赫芬达尔指数(HHI_n)	$\dfrac{1}{n}$	$\dfrac{-(n+2)N^2t^2+(n^2t^2+2nt^2+t^2+2t)N+n}{(n+Nt)^2}$	$\dfrac{1}{n}$
6	勒纳指数(LI_N)	$\dfrac{a-c}{a+nc}$	$\dfrac{a-c+(n-N+1)\Delta c}{a+nc-N\Delta c}$	$\dfrac{a-c+\Delta c}{a+nc-n\Delta c}$

注：a 为价格可变常数；b 为产量可变常数；c 为单位边际成本；n 为行业企业数；N、g 为创新企业数($N\in[0,n]$, $g\in[1,n-1]$)；m、j 为创新企业排序数；k、i 为未创新企业排序数；ΔC 为边际成本变化值；$t=\Delta C/(a-c)$ 为综合外生变量条件

表6-2 创新行为对市场绩效影响的博弈研判数学模型

序号	绩效指标	实施创新的企业数目 $N(N\in[0,n])$		
		$N=0$	$N=g, g\in[1,n-1]$	$N=n$
1	未创新企业产量(Q_k)	$q_{0i}=\dfrac{a-c}{b(n+1)}$	$q_{gk}=\dfrac{a-c-g\Delta c}{b(n+1)}$	$q_{nj}=\dfrac{a-c-n\Delta c}{b(n+1)}$
2	创新企业产量(Q_m)	0	$q_{gm}=\dfrac{a-c+(n-g+1)\Delta c}{b(n+1)}$	$q_{nj}=\dfrac{a-c+\Delta c}{b(n+1)}$
3	总产量(Q_N)	$\dfrac{n(a-c)}{b(n+1)}$	$\dfrac{n(a-c)+N\Delta c}{b(n+1)}$	
4	价格(P_N)	$\dfrac{a+nc}{n+1}$	$\dfrac{a+nc-N\Delta c}{n+1}$	
5	利润(π_N)	$\dfrac{n(a-c)^2}{b(n+1)^2}$	$\dfrac{n(a-c-\Delta c)^2}{b(n+1)^2}$	
6	消费者剩余(CS_N)	$\dfrac{(na-nc)^2}{2b(n+1)^2}$	$\dfrac{(na-nc+N\Delta c)^2}{2b(n+1)^2}$	
7	生产者剩余(PS_N)	$\dfrac{n(a-c)^2}{b(n+1)^2}$	$\dfrac{(a-c)^2[-(n+2)t^2N^2+(t^2n^2+t^2n+t^2+2t)N+n]}{b(n+1)^2}$	
8	社会总剩余(TS_N)	$\dfrac{(a-c)^2(n^2+2n)}{2b(n+1)^2}$	$\dfrac{(a-c)^2[(-2nt^2-3t^2)N^2+(2t^2n^2+4nt^2+2tn+2t^2+4t)N+2n+n^2]}{2b(n+1)^2}$	

表6-1和表6-2说明了实施创新的企业数目的变化与未进行创新企业在产量、总产量、集中度、集中系数、赫芬达尔指数、勒纳指数、价格、消费者剩余、生产者剩余、社会总剩余、利润等方面的影响。

系统创新系统行为通过影响市场结构进而影响市场绩效的博弈研判数学模

型，表征产业组织创新系统中单个企业创新与多个企业创新对市场结构和市场绩效的影响（表6-3）。

表6-3 创新行为对市场结构和市场绩效影响博弈研判数学模型

序号	市场结构及绩效指标	$N=0$	$N=g, g\in[1,n-1]$	$N=n$
		实施创新的企业数目 $N(N\in[0,n])$		
1	未创新企业产量 (Q_k)	$q_{0i}=\dfrac{a-c}{b(n+1)}$	$q_{gk}=\dfrac{a-c-g\Delta c}{(n+1)b}$	$q_{nj}=\dfrac{a-c-n\Delta c}{(n+1)b}$
2	创新企业产量(Q_m)	0	$q_{gm}=\dfrac{a-c+(n-g+1)\Delta c}{(n+1)b}$	$q_{nj}=\dfrac{a-c+\Delta c}{b(n+1)}$
3	市场集中度(CR_N)	$\dfrac{4}{n}$	$g\in[1,4]$: $\dfrac{4+gt(n-3)}{n+gt}$; $g\in[5,n-1]$: $\dfrac{4+4t(n-g+1)}{n+gt}$	$\dfrac{4}{n}$
4	市场集中系数(CR_n)	$\dfrac{CR_n}{C_n}$	$g\in[1,4]$: $\dfrac{\left(\dfrac{4+gt(n-3)}{n+gt}\right)}{\left(\dfrac{100}{N}\right)n}$; $g\in[5,n-1]$: $\dfrac{\left(\dfrac{4+4t(n-g+1)}{n+gt}\right)}{\left(\dfrac{100}{N}\right)n}$	$\dfrac{1}{25n}$
5	赫芬达尔指数（HHI_n）	$\dfrac{1}{n}$	$\dfrac{-(n+2)t^2N^2+(t^2n^2+2nt^2+t^2+2t)N+n}{(n+Nt)^2}$	
6	勒纳指数(LI_N)	$\dfrac{a-c}{a+nc}$	$\dfrac{a-c+(n-N+1)\Delta c}{a+nc-N\Delta C}$	
7	总产量(Q_N)	$\dfrac{n(a-c)}{b(n+1)}$	$\dfrac{na-nc+N\Delta c}{(n+1)b}$	
8	价格(P_N)	$\dfrac{a+nc}{n+1}$	$\dfrac{a+nc-N\Delta c}{n+1}$	
9	利润(π_N)	$\dfrac{n(a-c)^2}{b(n+1)^2}$	$\dfrac{n(a-c-N\Delta c)^2}{b(n+1)^2}$	
10	消费者剩余(CS_N)	$\dfrac{(na-nc)^2}{2(n+1)^2b}$	$\dfrac{(na-nc+N\Delta c)^2}{2(n+1)^2b}$	
11	生产者剩余(PS_N)	$\dfrac{n(a-c)^2}{b(n+1)^2}$	$\dfrac{(a-c)^2[-(n+2)t^2N^2+(t^2n^2+2t^2n+t^2+2t)N+n]}{(n+1)^2b}$	
12	社会总剩余(TS_N)	$\dfrac{(a-c)^2(n^2+2n)}{2(n+1)^2b}$	$\dfrac{(a-c)^2[(-2nt^2-3t^2)N^2+(2t^2n^2+4nt^2+2tn+2t^2+4t)N+2n+n^2]}{2(n+1)^2b}$	

6.2 CSP 仿真模拟实验

6.2.1 CSP 仿真研判模板生成设计

评估模板格式如下：行业性质、市场规模、备注。

从行业寡头数量如何影响市场结果来看，依据经典古诺模型为基础建立的系统创新系统行为对市场结构与绩效影响的评价博弈模型，卖者从两个增加到 n 个 ($n>4$)，这将如何影响行业产品/服务的价格和数量、利润呢？

如果行业的寡头卖者可以形成一个卡特尔，他们就可以通过生产垄断产量，并收取垄断价格来使企业总利润最大化。但随着卡特尔的扩大（当有 8 家大企业时），这种结果就不可能了。随着规模的扩大，达成和实施协议会越来越困难。如果行业各寡头没有形成卡特尔，他们就必须各自决定自己生产多少产品。在任何时候，每个企业都有权选择多生产产品。在做出这个决策时，生产企业要权衡两种效应：①产量效应。由于价格高于边际成本，在现行价格时每多销售产品将增加利润。②价格效应。提高产量将增加总销售量，这就会降低产品的价格并减少所销售的所有其他产品的利润。

如果产量效应大于价格效应，企业将增加产量；如果价格效应大于产量效应，企业将不会增加产量（实际上，在这种情况下，减少产量是有利的，这就是为什么寡头要减少产量的原因）。每一寡头都把其他寡头的产量看成既定的，并一直增加生产，直至这两种边际效应完全平衡为止。

现在考虑行业的企业数量如何影响每个寡头的边际分析。卖者的数量越多，每个卖者越不关心自己对市场价格的影响。这就是说，随着寡头数量增加，价格效应在减少。当寡头数量增加到极大时，价格效应就完全消失了，只剩下产量效应。在这种极端情况下，产业组织的寡头市场的每个企业只要价格在边际成本上就增加产量。

由上分析本研究可以看到，一个大的寡头市场本质上是一个竞争企业集团（小世界）。竞争企业在决定生产多少产品时只考虑产量效应，因为竞争企业是价格接受者，不存在价格效应。因此，随着寡头市场上卖者数量的增加，寡头市场就越来越像竞争市场，其价格接近于边际成本，生产量接近于社会有效率的水平。

6.2.2　CSP 仿真研判数据处理

依据研判数理模型，本研究对磷化工行业相关企业多年的数据进行统计调查，然后把相关数据（外生变量）通过（表6-2）进行计算，归纳汇总之后得到表6-4中的数据。表6-4中的市场结构数据与绩效数据，反映了磷化工行业的企业创新数从0到8的数据变化情况。表6-4中市场集中度系数是反映行业组织相对集中度的参量，用于考量该产业大、小规模差异。由于未获得可用的数据，所以没有计算。另外，因为 CSP 仿真运行研判模板用行业的概念，故后面的实验也采用行业的概念，行业的着眼点是企业或组织生产产品的微观领域，产业的着眼点是生产力布局的宏观领域。

表 6-4　数据计算表

序号	指标	N=0	N=1	N=2	N=3	N=4	N=5	N=6	N=7	N=8
1	未创新企业产量(Q_k)	8.89	8.91	8.80	8.69	8.58	8.30	7.73	7.33	6.67
2	未创新企业总产量(TQ_k)	71.11	62.38	52.80	43.44	34.31	24.90	15.47	7.33	0.00
3	创新企业产量(Q_m)	0.00	10.51	11.20	11.29	11.28	11.16	11.13	10.93	10.67
4	创新企业总产量(TQ_m)	0.00	10.51	22.40	33.87	45.11	55.80	66.80	76.53	85.33
5	市场集中度(CR_N)	0.50	0.51	0.53	0.55	0.57	0.55	0.54	0.52	0.50
6	市场集中系数(CI_N)	—	—	—	—	—	—	—	—	—
7	赫芬达尔指数(HHI_n)	0.13	0.13	0.13	0.13	0.13	0.13	0.13	0.13	0.12
8	勒纳指数(LI_N)	0.31	0.38	0.43	0.46	0.49	0.50	0.50	0.50	0.49
9	产量(Q_N)	71.11	72.89	75.20	77.31	79.42	80.70	82.27	83.87	85.33
10	价格(P_N)	14.44	13.56	12.40	11.34	10.29	9.65	8.87	8.07	7.33
11	利润(π_N)	316.05	317.63	328.82	343.48	359.31	366.42	370.35	378.95	382.42
12	消费者剩余(CS_N)	1264.20	1328.20	1413.76	1494.25	1576.97	1628.12	1691.95	1758.40	1820.44
13	生产者剩余(PS_N)	316.05	333.17	357.76	379.90	401.53	414.70	431.66	445.27	455.11
14	社会总剩余(TS_N)	1580.25	1661.37	1771.52	1874.15	1978.51	2042.82	2123.61	2203.68	2275.56

值得指出的是，不同行业的外生变量参数（a、b、c、n、N、g、k、ΔC）是不同的，上表数据仅为磷化工行业组织企业的表征，但也体现了隐藏在这些数据背后的本质规律。

依据测算数据可得出主要结论如下：寡头、垄断竞争企业创新的系统行为对市场结构及绩效的影响是双向互动关联边际正相关的，即创新的系统行为被激励，市场结构趋于合理，市场效率提高了，反之亦然。这种影响是通过企业的系统创新行为引起寡头、垄断竞争博弈模型中外生变量参数的变化，导致内生变量的变化，这些影响和变化是可以通过仿真博弈模型定量研判的。当企业创新行为的集聚和创新系统链的最终形成，企业系统创新行为模式也逐渐上升到（区域）产业系统创新行为范式，其 CSP 影响的传导机制及研判的边际正相关因果关系链，会对产业组织演进产生根本影响，促使整个产业发展。

6.3 CSP 研判仿真模拟实验结果分析

CSP 研判仿真模拟实验结果分析主要结论分析如下：根据博弈数理模型，分别对 0 家创新企业、g（$g \in [1, n-1]$）家创新企业和 n 家创新企业创新后的产量、价格、市场集中度、赫芬达尔指数、勒纳指数变化比较印证、消费者剩余、生产者剩余、社会总剩余、利润的变化进行分析，证明符合产业事实。

6.3.1 创新产量、价格、利润效应

(1) 创新企业产量比较分析

由表 6-4 比较可知，行业内 n 家企业中有 g 家企业实施了创新，数据分析结果如图 6-1 所示。当创新企业产量大于行业内企业都未创新时的产量，即 $q_{gm}>q_{0i}$（$m \in [1, g]$，q_{0i} 为行业内没有企业创新时单个企业的产量）；未实施创新企业的产量比以前企业均未创新时小，即 $q_{gk}<q_{0i}$（$k \in [g+1, n]$）；全部都创新时，企业产量仍高于未创新时产量，即 $q_{nj}<q_{gm}$（$j \in [1, n]$，$g=n$）。由此可知，在其他条件不变的情况下，仅考量创新的影响，行业内企业的创新将引起企业既有产量的变化，创新企业和未创新企业的产量都会发生变化。在前述条件下，创新企业的产量将增加，未创新企业的产量将减少，全部都创新时出现产量均衡现象，CR_8 是最佳寡头企业数目均衡量。但随着行业内企业总数的增加（均创新），企业的产量将逐渐减小。

(2) 总产量的比较分析

由表 6-4 比较可知，在前述的假定条件下，行业内 n 家企业中有 g 家企业实施了创新，其总产量大于产业内企业都未创新的总产量，即 $Q_{qm}>Q_{0i}$（$m \in [1, g]$，Q_{0i} 为行业内没有企业创新时的 n 个企业的总产量）。随着创新在行业内企业的拓展，全部都创新后，从曲线点看单个企业产量可能略有减少，但曲线表明总

产量持续增加（图 6-2 中间曲线）。

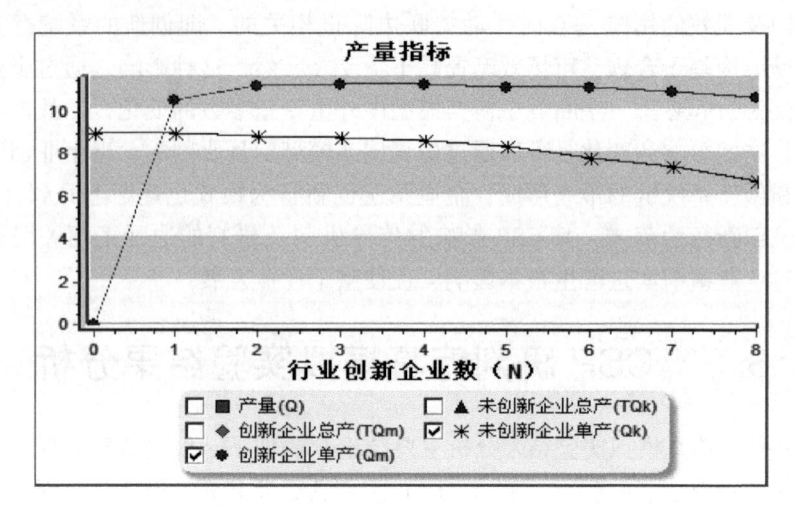

图 6-1　产量变化界面

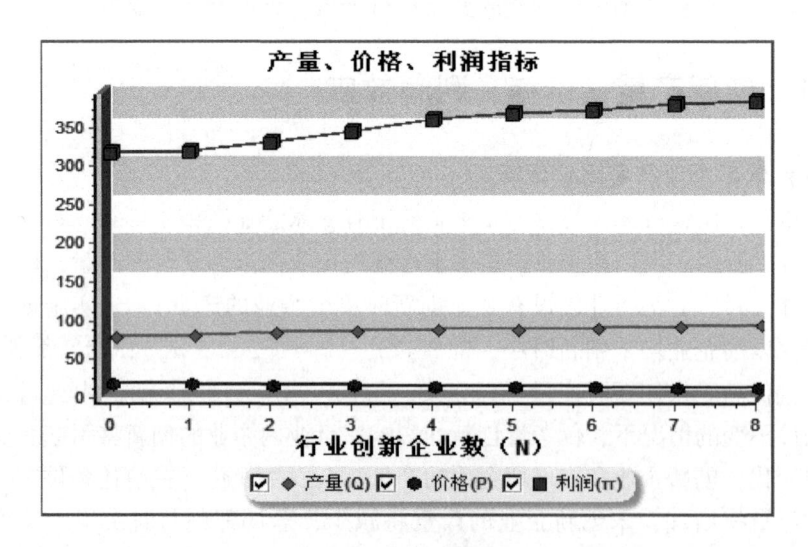

图 6-2　收益界面

(3) 价格的比较分析

由表 6-4 比较可知，在前述条件下，行业内 n 家企业中有 g 家企业实施了创新，其价格小于产业内都未创新时的企业价格，即 $P_{qm}<P_{0i}$（$m \in [1, g]$，P_{0i} 为行业内没有企业创新时的 n 个企业的价格）。随着创新在行业内企业的拓展，均衡价格将持续下降（图 6-2 底部曲线）。印证了熊彼特观点的论述。

（4）利润的比较分析

由表 6-4 比较可知，产业内 n 家企业中有 g 家企业创新，其利润大于产业内企业都不创新的利润，$\pi_{qm}>\pi_{0i}$（$m\in[1,g]$）；当 n 家企业都实行了创新，其利润小于业内 g 家企业实施创新的利润即 $\pi_{nj}<\pi_{qm}$（$j\in[1,n]$），创新利润出现新均衡（图 6-2 顶端曲线）。印证了熊彼特观点的论述。

6.3.2 创新行为的市场结构效应

（1）前 4 位企业市场集中度 CR_4

因假定 $n>4$，由表 6-4 比较可知，在前述条件下，同时有 4 家企业创新时，市场集中率 CR_{44} 达到最大（图 6-3 顶端曲线）；当 n 家企业同时等项创新，市场集中率 $CR_{n4}=CR_{04}=4/n$，此时创新对企业市场集中率 CR_4 没有产生影响。

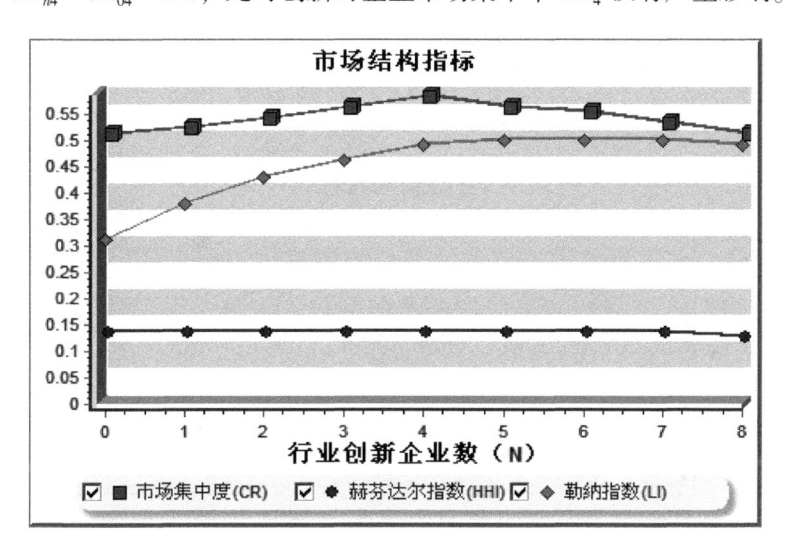

图 6-3 市场结构界面

（2）赫芬达尔指数 HHI

由表 6-4 比较可知，在前述的前提条件下，行业内 n 家企业中有 g 家企业实施了创新，其赫芬达尔指数大于产业内企业都未创新时的赫芬达尔指数 $HHI_{qm}>H_{0i}$（$m\in[1,g]$）。随着创新在产业内企业中的拓展，赫芬达尔指数先增后减，有一最大值点，这最大值位于 $N^*=n/(t+2)$ 上或附近。

（3）勒纳指数 LI

由表 6-4 可知，在前述的前提条件下，行业内 n 家企业中有 g 家企业实施了创新，其勒纳指数大于产业内企业都未创新时的勒纳指数，即 $LI_{gm}>LI_{0i}$（$m\in$

[1, g]）；当 n 家企业全部创新时，$LI_{gm} < LI_{0i}$ 趋于下降（图6-3底端曲线）。市场势力程度在竞争性市场和垄断市场之间趋于竞争。

6.3.3 创新行为的市场绩效结果

(1) 消费者剩余 CS_N 的比较分析

由表6-4比较可知，在前述假定前提下，行业内 n 家企业中有 g 家企业实施了创新，其消费者剩余大于产业内企业都未创新的消费者剩余，即 $CS_{gm} > CS_{0i}$（$m \in [1, g]$）。随着创新在行业中拓展，消费者剩余持续增加（图6-4中间曲线）。

(2) 生产者剩余 PS_N 的比较

由表6-4比较可知，在前述假定前提下，行业内 n 家企业中有 g 家企业实施了创新，其生产者剩余大于产业内企业都未创新的生产者剩余，即 $PS_{gm} > PS_{0i}$（$m \in [1, g]$）（图6-4底端曲线）。随着创新在行业内企业中的拓展，生产者剩余持续增加，到最大值点后减少（边际效应递减规律）。

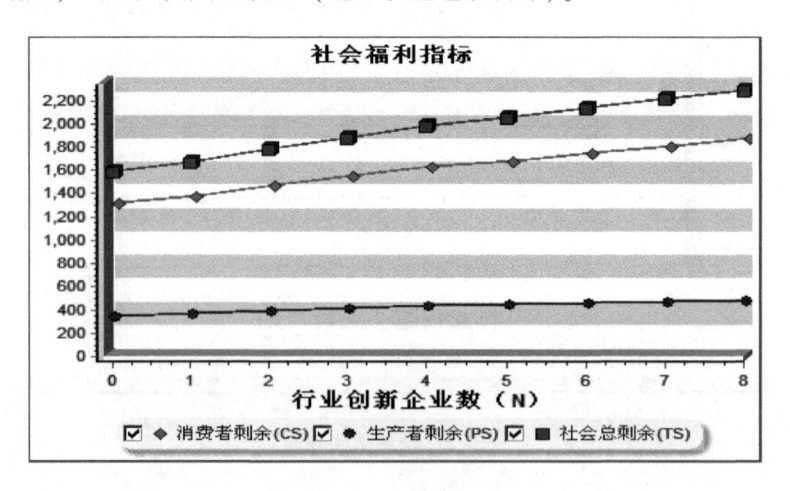

图6-4 市场绩效界面

(3) 创新的社会总剩余 TS 效应比较分析

由表6-4比较可知，在前述前提下，行业内 n 家企业中有 g 家企业实施了创新，其社会总剩余大于产业内企业都未创新的社会总剩余，即 $TS_{gm} > TS_{0i}$（$m \in [1, g]$）（图6-4顶端曲线）。随着创新在行业企业中的拓展，社会总剩余持续增加。当 n 家企业全部创新时，消费者剩余和生产者剩余达到社会福利最大化原则的新的均衡。

6.3.4 创新的产业组织状态分析

创新的产业组织状态应当按照社会福利最大化原则及消费者剩余和生产者剩余均衡原则存在。要实现这一目标，必须考虑寡头数量如何影响市场结果及均衡问题。至于垄断则是要依垄断法制裁的。

应该说，我国的市场结构是垄断、寡头、垄断竞争和完全竞争四种类型并存的。虽然随着经济的发展反垄断法已经出台，但垄断及寡头已成为我国经济运行中最重要的一部分是客观现实。从比较的观点看，寡头是一种只有几个卖者提供相似产品的市场，它是不可能避免或不合人意的，但它确比垄断好，可以带来高于垄断的效率，寡头企业可以以相对低价格向消费者提供更好的产品，并能引导使消费者生活更方便的行业性标准。但是，寡头也可以以损害消费者和经济进步为代价获得超额利润。它可以削弱竞争，而竞争对于市场资源配置最优是不争的事实。因此，权衡利弊，只有考虑寡头的均衡。

虽然一个寡头希望成为卡特尔并赚到超额垄断利润，但这往往是不可能长久的。反垄断法把禁止寡头之间的公开协议作为公共政策的重点。因此，有时寡头成员之间对如何瓜分利润的争斗也使他们之间的协议成为不可能。从我国几家通信寡头各自生产与服务的结果看，他们好像达到了某种均衡，这种均衡状态从几家寡头都没有最终做出不同决策的惠民激励可推知，也即几家相互作用的经济行为主体在假定其他主体所选择的战略为既定时，选择自己的最优战略状态获取超额垄断利润，形成了纳什均衡（Nash Equilibrium）。

同时，利己也不能总是使市场达到竞争的结果。和垄断者一样，寡头认识到，他们生产的产品数量的增加降低了其产品的价格。因此，他们不会遵循竞争企业的规律，在价格等于边际成本的那个点上进行生产。总之，当寡头企业个别地选择利润最大化的产量时，他们生产的产量大于垄断但小于竞争的产量水平。寡头价格低于垄断价格，但高于竞争价格（竞争价格等于边际成本）。

6.4 本章小结

本章基于系统创新行为博弈的决策理论分析了系统创新的 CSP 双向互动关系，设计研发了系统创新的 CSP 仿真系统模型，并进行了数据回归实验。结果表明垄断、寡头、垄断竞争、完全竞争市场结构条件下，系统创新的 CSP 的影响是互动关联边际正相关的，即创新的系统行为被激励，形成竞争的市场结构与好的市场绩效，反之亦然。印证了 Schumpeter（1934）的观点，创新系统通过降低边际成本，市场结构趋于合理，市场效率提高了。这种影响是通过系统创新行为引起寡头竞争博弈数理模型中外生变量参数的变化，导致内生变量的变化，这些影响和变化可以通过定量来进行判断和决策的。当企业创新行为的集聚和创新系统链的最终形成，"企业适应系统创新行为范式及其运行机理"也逐渐上升到"系统创新行为范式及其运行机理"，其 CSP 影响的传导机制会对产业组织演进产生根本影响，促使整个产业发展。

1) 企业创新行为组合及德鲁克式"创新"向"相似性""异质性""共性效应"、关联四要素的创新演进形成系统创新行为在行业内推广，会对市场集中度产生影响，向着既垄断又竞争的有利于资源配置的方向呈现规律性变化。在其他条件不变时，如果行业内企业初始成本函数相同，而且进行同一项（单项）创新后，成本函数做出相同变化，那么市场集中度不变。

2) 在具有外生沉没成本的市场中，其他条件不变时，寡头竞争企业在企业数量大于 2 的情况下，索取的价格在垄断竞争与竞争价格之间推广。

3) 市场集中度指标（CR_4）与赫芬达尔指数（HHI_N）在同样的条件下，其变化并不一致，但反映出集中化水平和价格之间是正相关关系。市场集中度是由产业特征（资源、定价、广告、研发费用）决定的内生变量。所以，指标 CR_4 的选取对市场结构的测定效用确实需要考量。但从总体上看，在具有外生沉没成本的市场中，市场规模与集中度的关系是相同的；在全部（除了最有竞争性的）产业中，市场规模与集中度的关系是负相关的。随着行业内，创新演进形成系统创新行为在行业内推广，创新企业数目的增加，两个指标都出现先增加后减少的变化是有利于市场竞争的。

4) 市场集中系数（CI_N）是某一行业前几位的企业集中度为平均的集中度的倍数。运用集中度指标（CR_N）和集中系数（CI_N）这两个指标，不仅可以反映某一行业的绝对集中程度，还可以反映这一行业的相对集中程度，不仅反映了行业中企业数量的影响，也反映了该行业大小企业之间规模差异。这样也就可以弥补现代产业组织理论计算方法的缺陷。

5) 反映市场实力的勒纳指数（LI_N）与市场集中度指标（CR_N）和赫芬达尔指数（HHI_N）在同样的条件下，其变化也不一致，说明勒纳指数指标的选取对市场结构的测定是有效的。从总体看，随着企业创新演进形成系统创新行为在行业内推广，创新企业数目的增加，勒纳指数出现先增加后减少的变化是有利于市场竞争的。

6) 创新行为组合及德鲁克式"创新"向"相似性""异质性""共性效应"、关联四要素的创新演进形成系统创新行为在行业内推广，以及因地制宜的创新的剧烈程度（渐进型、突变型、激进型）会影响市场总产量、消费者剩余、生产者剩余、社会总剩余（社会福利）利润的变动。在假定条件下，随着行业创新行为演进企业数目的增加将引起市场价格持续下降。市场总产量持续上升，利润增加，消费者剩余持续增加，社会总剩余（社会福利）持续增加，而生产者剩余先增加后降低。生产者剩余变化与需求函数，企业原有成本函数及创新系统行为演进形成系统创新行为在行业内推广，引起的边际成本降低幅度有关。在创新行为演进形成系统创新行为在行业内扩散这一因素作用下，消费者剩余、社会总剩余（社会福利）与生产者剩余、利润等变化都高于未创新的情况，实现了社会福利最大化原则及消费者和生产者剩余及市场势力的纳什新均衡，缓解了生产者、消费者和社会几个不同视角存在着的极大冲突。

7）市场结构状况与市场绩效状况是互动关联正相关的。在假定条件下，当行业内所有企业都创新时，市场集中度最小，市场势力也最小，而消费者剩余、社会总剩余（社会福利）却取得最大值。也就是说，随着行业内，创新行为演进形成系统创新行为在行业内扩散这一因素作用下，企业数目的增加，市场结构由集中到分散，市场势力也由大变小，从消费者剩余和社会总剩余两方面看市场绩效一直持续改善，生产者也获得创新超额。由此可知，在创新行为演进形成系统创新行为在行业内扩散的影响下，表征市场结构的市场集中系数、集中度指数、赫芬达尔指数，市场势力的勒纳指数与市场绩效改善的关系是正相关的关系。

8）系统创新行为改善了市场结构进而提升市场绩效，反之亦然。本研究从最简单的企业理论模型入手对古诺模型进行了拓展，构建了系统创新的CSP影响的理论模型。研究结论对传统的观点——"有市场优势的企业（垄断、寡头）会冲击市场结构"理论进行了修正；界定了垄断、寡头对市场结构和市场绩效产生负面影响的边界条件。本研究将评估模型设计为应用软件，通过数据计算，揭示了"八家寡头创新将形成最佳市场结构和市场绩效"的结论。通过企业数据的输入，所开发的应用软件能够计算对系统创新行为下的市场结构和市场绩效进行精准测算，从而能够帮助企业、政府做出更准确的战略决策。本研究对关于系统创新行为的研究，以及市场结构与市场绩效的研究都有所贡献。在更广泛的意义上，本研究拓展了学术上对三方关系的理解。传统的SCP模型把市场结构看成难以改变的，创新行为只有顺应它才能创造更好的绩效。与之不同，本研究表明，在系统创新行为能力正在变得越来越重要的情况下市场结构也会发生改变，并产生良好的市场绩效。

9）行业内已进行创新形成系统创新行为的企业将对未进行创新并未形成系统创新行为的普通创新企业，尤其是非创新企业形成竞争压力，体现在未创新企业的产量相对较少，利润相对较低。这就形成了竞争机制，促使未创新企业进行相应的创新来改变自己的生存状态，行业内的企业行为将随之发生改变。企业创新行为演进形成系统创新行为及其 CAS 运行机理影响市场结构与市场绩效的双向互动因果关系链，会促使整个行业组织壮大发展。这种结果，是创新型国家的目标所在，且是产业政策企盼的主要内涵之一。

10）创新的企业应向政府缴纳系统性政策激励工具创新产生的效益，形成的生产者超额剩余。企业和政府的绩效，都以价值最大化为目标，遵守市场逻辑不会有错。企业追求利润最大化，以市场利益最大化回报为把握基点；政府追求老百姓利益最大化以公平公正稳定为职能。市场逻辑下的完全竞争、垄断竞争、寡头、垄断四种市场结构与绩效定性判断的统一结论可表述为：对消费者而言，在支付同样价格时，获得的商品或服务当然是优质品好于正品，正品好于次质品，次质品好于劣质品，劣质品好于无品。完全竞争、垄断竞争、寡头、垄断之间的优劣关系同理。而组合创新及德鲁克式创新向"相似性""异质性""共性效应"及"关联四要素"形成系统性"战略""开放""协同""全面"等要素聚合的系统创新行为与经济绩效的互动关联演化影响，以市场化的制度保障和科技进步为主导因素可以使完全竞争、垄断竞争、寡头、垄断四种市场结构和市场绩效在良性轨道上加速演变实现国家工业体系的转型升级，早日惠及国民。

第 7 章　系统创新行为对经济绩效影响的实证检验

本章将依据第 5 章和第 6 章设计的系统软件的定量分析数据库,输入函数参数到 CSP 研判博弈数理模型,对系统创新行为的市场影响结果作实证检验。系统创新行为对市场影响的体现形式是数理图表、市场影响结果的重要节点数据、发展趋势等。进行系统创新的 CSP 影响结果实证分析,是希望实现规范理论分析与实证分析的统一,验证仿真研判运行系统的功能与价值。

7.1　理 论 依 据

7.1.1　构建的 CSP 理论与研判软件博弈模型理论的实证应用

博弈论是理解寡头垄断行为的框架,已经成为将不同的寡头垄断行为模型连起来的纽带。所有的寡头模型都可以看作非合作博弈论(Von Neuman and Morgenstern,1944)的特例。寡头垄断市场的均衡价格在竞争与垄断的均衡价格之间。各种寡头垄断模型的差异体现在面对的剩余需求曲线的差异上。

三个著名的寡头垄断模型分别是古诺模型、伯川德模型和斯坦克尔博格模型。本研究采用并基于古诺模型的拓展。在古诺模型中,企业战略在于设定产出水平,且所有企业同时行动。寡头模型分静态或单阶段博弈模型(适用于仅持续一个较短时期的市场)和动态多阶段博弈模型(用来分析 $n>2$ 家企业长期的重复竞争)。在动态多阶段博弈中,可能会出现比阶段博弈更为复杂的可置信战略(Credible strategy);企业可能采用根据前期产出而对本期行为进行调整的复杂战略。参与者知道竞争对手的前期行动,并以此调整自己本期行为的博弈,称为超级博弈(Supergames)。也是非对称信息环境与微观信息经济学重要的研究内容。

由于不同寡头垄断模型对企业的行为方式、企业的数目、博弈的规则(市场性质)以及博弈的时间长度作出了不同的假设,因此人们无法在纯理论的基础上进行选择。这就涉及人们所做的假设是否合理,或者他们所得出的预测结果是否和实际市场中的结果相一致？因此，本章研究要解决由来已久的"市场结构与绩效衡量的现代方法理论假设，没与实证统计结果相一致"问题的追本溯源。

7.1.2 寡头垄断三模型

（1）古诺模型

奥古斯都·古诺（Augustin Cournot）1838年最早尝试构建寡头垄断行为的正式模型。即两个相同企业的双寡头垄断市场问题模型：两个企业面对相同成本，而且产品没有差别。价格是两个企业生产的总产量的函数。

假设产业的需求曲线是线性的：$p=a-bQ$。p 是价格，Q 是企业的总产量，$Q=q_1+q_2$。假设两个企业具有相同的、不变的边际成本和平均成本（即 MC = AC），而且每个企业都认为或推测，他的竞争对手总是保持其当前产量不变（产量不变是古诺结论的关键假设）。

（2）古诺–纳什均衡

古诺–纳什均衡是两个同时行动博弈，因此，它是个不完全信息博弈。两个企业的利润产量方程：$\pi A=f(q_B-q_A)$ 和 $\pi B=f(q_A-q_B)$。这里 πA 和 πB 表示企业A和企业B的利润，q_A 和 q_B 分别表示两企业的产量。设定产业需求曲线 $P=a-bQ$ 和两企业 MC = AC，每个企业的利润将是：

$$\pi B = TR_B - TC_B = Pq_B$$

（3）多于两个厂商的古诺和纳什均衡模型

基于古诺–纳什模型在企业或产业系统创新的 CSP 影响仿真应用研究，详见本研究构建的寡头垄断博弈数理模型。

古诺–纳什均衡模型是能扩展到任意数量的相同性质厂商博弈研究中。假设有 N 个相同厂商，每个厂商具有相同的反映方程。在此假设下，证明古诺–纳什均衡的简单手段是计算它的有代表性的第 i 个厂商的反映方程。

7.2 研究设计

7.2.1 样本选择

本研究选择一个用人工计算的案例和两个自动计算案例［WF（集团）公司、开磷集团］，三个企业的相应输入、输出函数组为样本数据做实证分析比较。

依据产业系统创新行为主体中相关创新企业，创新行为对市场结构与市场绩效影响的研判博弈（数理）模型，相关研究人员只要能测算出该相关企业成本函数：
$$c(qc) = cq_i, (i=1, 2, \cdots, n)$$
市场的反需求函数为
$$p=a-bQ, Q=q_1+\cdots+q_n$$
式中，p 为价格函数；a 为价格可变常数；b 为产量可变常数；c 为单位边际成本；q 为产量。

该企业的利润目标函数：
$$\pi_n = [a-b(q_1+\cdots+q_i+\cdots+q_n)]q_i - cq_i, i \in [1, n]$$
式中，i 为企业排序情况；c 为单位边际成本；q 为产量。

三个内生变量函数公式依数理和逻辑关系求解后构成一组计算公式。当参变量输入到研判博弈（数理）模型中，研判运行系统就会输出相应研判指标数据。

7.2.2 输入/输出指标数据

n 家企业成本函数为：
$$c(qc) = cq_i, (i=1, 2, \cdots, n)$$
市场的反需求函数为
$$p=a-bQ, Q=q_1+\cdots+q_n$$
式中，p 为价格函数；a 为价格可变常数；b 为产量可变常数；c 为单位边际成本；q 为产量。

n 家企业的利润目标函数为：
$$\pi_n = [a-b(q_1+\cdots+q_i+\cdots+q_n)]q_i - cq_i, i \in [1, n]$$
式中，i 为企业排序情况；c 为单位边际成本；q 为产量。

三个内生变量函数公式依数理和逻辑关系求解后构成一组计算公式。当参变量输入到研判运行系统中系统就会输出相应研判指标数据。

输出指标（见研判数理模型 6-3）主要是建立的市场结构评价指标和市场绩效评价指标两部分，所涉及的函数公式，依数理和逻辑关系及相应若干参变量自动求解后，构成相应指标数据供研判，故没有权重的比例。

7.2.3 模型构建

实证分析采用人工计算与仿真模拟算法两种，目的是想说明同样问题的求解，人工计算麻烦且低效；仿真模拟算法，省事且高效。以示两者的功能与价值。

为说明古诺寡头垄断模型案例人工计算的复杂性，故选择一个双寡头垄断创新案例，印证仿真研判运行博弈模型省事且高效的功能与价值。

假设厂商 I 垄断商品 Q 的生产，Q 的需求函数为 $p=50-0.5Q$。在现有的生产条件下，边际成本不变，$MC=10$，没有固定成本。现在假设由于新技术的使用，使边际成本减少到 0，开发这个技术的固定成本忽略不计。厂商 I 和潜在的厂商 II 需要决定是否要开发这一技术。如果只是厂商 I 开发这个技术，他将运用新技术；如果厂商 II 开发这个技术，将形成，古诺双头垄断的局面，厂商 I 的边际成本为 10，厂商 II 的边际成本为 0。如果两家都开发这一技术，亦形成古诺双头垄断局面，致使两家的边际成本都将为 0。试问：

1）如果仅有厂商 I 开发这一技术，试求他可以得到的垄断利润。

2）如果仅有厂商 II 开发这一技术，试求厂商 I 和厂商 II 分别可以得到的垄断利润。

3）如果两家厂商都开发这一技术，试求每家厂商得到的垄断利润。

解：

1）当仅由厂商 I 开发这一技术时，将使他的边际成本等 0。由 $p=50-0.5Q$ 得

$$MC=MR=50-Q=0,\ Q=50$$
$$P=50-0.5\times50=25$$
$$利润=TR-TC=50\times25-0=1250$$

它可以得到的垄断利润 1250（单位）。

2）当仅有厂商 II 开发这一技术时，厂商 I 的边际成本为 10，厂商 II 的边际成本为 0。

$$p=50-0.5(Q_1+Q_2)$$
$$TR_1=pQ_1=50Q_1-0.5(Q_1+Q_2)Q_1$$
$$MC_1=MR_1=50-0.5Q_2-Q_1=10$$

得

$$Q_1=40-0.5Q_2$$

由

$$TR_2=pQ_2=50Q_2-0.5(Q_1+Q_2)Q_2$$

得

$$MC_2=MR_2=50-0.5Q_1-Q_2=0$$
$$Q_2=50-0.5Q_1$$
$$Q_1=40-0.5(50-0.5Q_1)$$

得

$$Q_1 = 20,\ Q_2 = 40,\ Q = Q_1 + Q_2 = 60$$
$$p = 50 - 0.5 \times 60 = 20$$
$$\pi_1 = (P - MC)Q_1 = (20 - 10) \times 20 = 200$$
$$\pi_2 = pQ_2 - TC = 20 \times 40 - 0 = 800$$

厂商 I 可以得到的垄断利润为 200（单位）；厂商 II 可以得到的垄断利润为 800（单位）。

3）如果两厂商都开发这一技术，两家边际成本都为 0。

由

$$MC_1 = 50 - 0.5Q_2 - Q_1 = 0\ \text{和}\ MC_2 = 50 - 0.5Q_1 - Q_2 = 0\ \text{得}$$
$$Q_1 = 50 - 0.5Q_2$$
$$Q_2 = 50 - 0.5Q_1$$

得

$$Q_1 = Q_2 = 100/3,\ Q = Q_1 + Q_2 = 200/3$$
$$p = 50 - 200/6 = 50/3$$
$$\pi_2 = \pi_1 = p*q - TC = (50/3)(100/3) - 0 = 555.56$$

由此计算可知：当两家企业都开发这一新技术时 $\pi_2 = \pi_1 = 555.56$。数据显示两家企业技术创新的垄断利润相同（金圣才，2005）。

仿真验证时，只需输入外生变量 $a = 50$、$b = 0.5$、$c = $（10、0）、$N = $（1、2、4、8）即可获得同样结果的研判报告。

7.3 实证分析应用案例

下面的两个较复杂输入函数的算法案例，能印证创新对市场结构与市场绩效影响的结果，彰显仿真研判运行系统软件的功能与价值。

7.3.1 应用案例一：贵州磷化工产业两家寡头企业

贵州磷矿企业 WF（集团）公司和开磷集团成本函数为：

$$c(qc) = cq_i,\ (i = 1, 2, \cdots, n)$$

市场的反需求函数为

$$p = a - bQ,\ \text{其中}\ Q = q_1 + \cdots + q_n$$

式中，p 为价格函数；a 为价格可变常数；b 为产量可变常数；c 为单位边际成本；q 为产量。

n 家企业的利润目标函数为：

$$\pi_n = [a-b(q_1+\cdots+q_i+\cdots+q_n)]q_i - cq_i, \quad i \in [1, n]$$

式中，i 为企业排序情况；c 为单位边际成本；q 为产量。

三个函数公式依数理和逻辑关系求解后构成。

输出指标主要是建立市场结构评价指标体系和市场绩效评价指标体系两大部分，所涉及的函数公式及相应若干变量求解后构成。

这里以磷化工产业组织的数据为例来进行功能性、数据符合性验证和分析。将相关数据输入到研判运行系统经计算后得到（表7-1）中的数据。表7-1包含了磷化工产业的市场结构数据和市场绩效数据，反映了创新企业从0到2家的数据变化情况。

(1) 计算数据

WF（集团）公司和开磷集团两家磷复肥企业中，WF（集团）公司采用某项技术创新，开磷集团未采用该项技术创新。

在表7-1中反映了0~2家企业创新后的产量、价格、市场集中度、赫芬达尔指数、勒纳指数、消费者剩余、生产者剩余、社会总剩余、利润的变化数据。

值得指出的是，不同行业（产业）的外生变量参数（a、b、c、n、N、g、k、ΔC，见数学建模部分的说明）是不同的，表7-1数据为磷化产业的特征，与该产业的实际情况是基本符合的。

(2) 市场结构数据分析

1）市场集中度（CR）。从表7-1和图7-1可以看出，行业内 n 家企业中有1家企业实施了创新，其市场集中度先减后增。此时创新对企业市场集中率 CR_1 产生影响。

表7-1　数据计算表

市场结构及绩效指标	$N=0$	$E=1$	$H=2$	$H=3$
未创新企业产量（Q_k）	12.50	19.79	30.87	35.79
未创新企业总产量（TQ_k）	37.50	39.58	30.87	0.00
创新企业产量（Q_m）	0.00	20.63	31.63	36.32
创新企业总产量（TQ_m）	0.00	20.63	63.23	100.95
市场集中度（CR_N）	1.33	1.33	1.33	1.33
赫芬达尔指数（HHI_n）	0.33	0.33	0.33	0.33
勒纳指数（LI_N）	0.43	0.51	0.56	0.73
总产量（Q_N）	37.50	60.21	94.12	108.95

续表

市场结构及绩效指标	$N=0$	$E=1$	$H=2$	$H=3$
价格（P_N）	26.25	23.88	22.35	18.60
利润（π_N）	421.80	705.08	1157.85	1481.76
消费者剩余（CS_N）	623.81	1087.51	1771.90	2255.21
生产者剩余（PS_N）	421.88	725.29	1181.42	1583.47
社会总剩余（TS_N）	1054.59	1812.80	2953.32	3758.68
价格可支常数	60	60	60	60
产量可变常数	0.9	0.6	0.4	0.30
单位边际成本（cMC）	15	12	10	6
边际成本变化值（OC）	0	0.5	0	0
创新固定成本（CFC）	0	0	3	3
行业企业总数	3	3	2	3
创新企业数	0	1	0	0

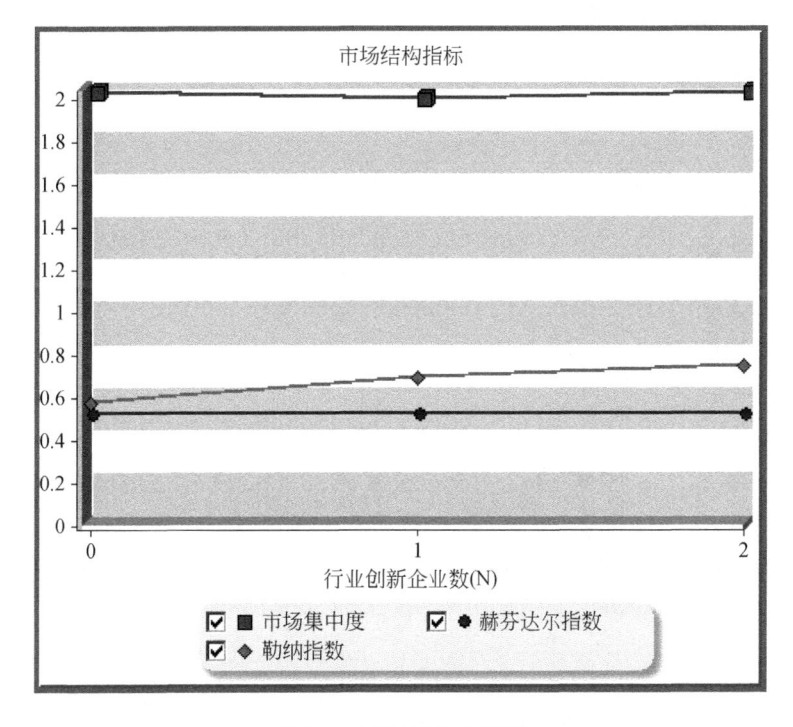

图 7-1 市场结构 1 界面

2）赫芬达尔指数（HHI）。从表7-1和图7-1看出，行业内 n 家企业中有1家企业实施了创新，其赫芬达尔指数大于产业内企业都未创新时的赫芬达尔指数。随着创新在产业内企业集群中的拓展，赫芬达尔指数先增后减（图7-1中间曲线）。

3）勒纳指数（LI）。从表7-1和图7-1看出，行业内 n 家企业中有1家企业实施了创新，其勒纳指数大于产业内企业都未创新时的勒纳指数；当 n 家企业全部创新时，勒纳指数趋于下降（图7-1底端曲线）。市场势力程度在竞争性市场和垄断市场之间趋于竞争。

(3) 市场绩效数据分析

1）企业产量比较分析。从表7-1和图7-2看出，行业内企业的创新将引起企业既有产量的变化，创新企业和未创新企业的产量都会发生变化。创新企业的产量将增加，未创新企业的产量将减少；当企业全部都创新时出现产量均衡现象，单个企业产量可能略有减少，但总产量持续增加。

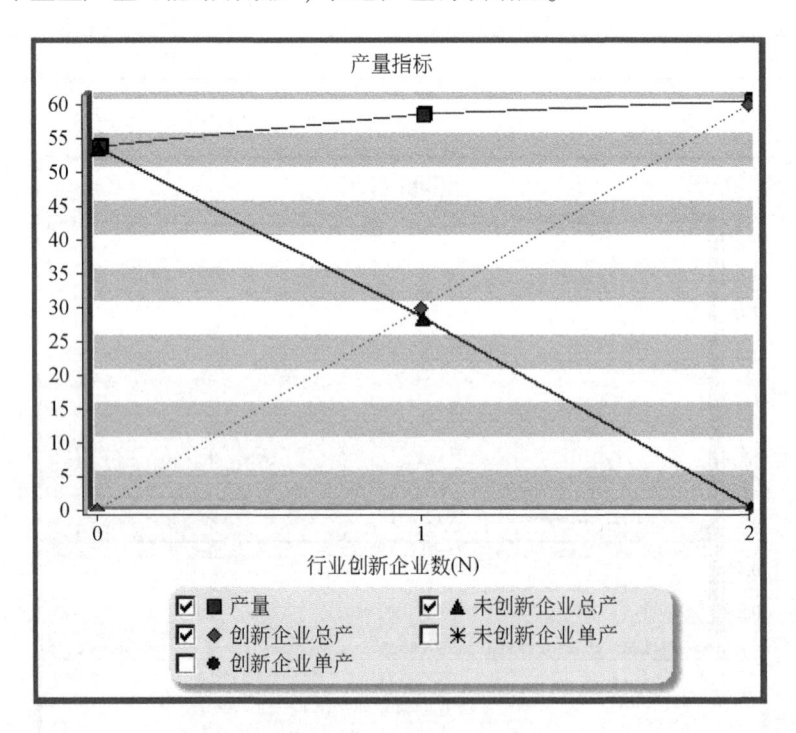

图7-2 产量变化1界面

2）价格比较分析。从表7-1和图7-3看出，行业内 n 家企业中有 g 家企业实施了创新，其价格小于产业内都未创新时的企业价格。随着创新在行业内企业的

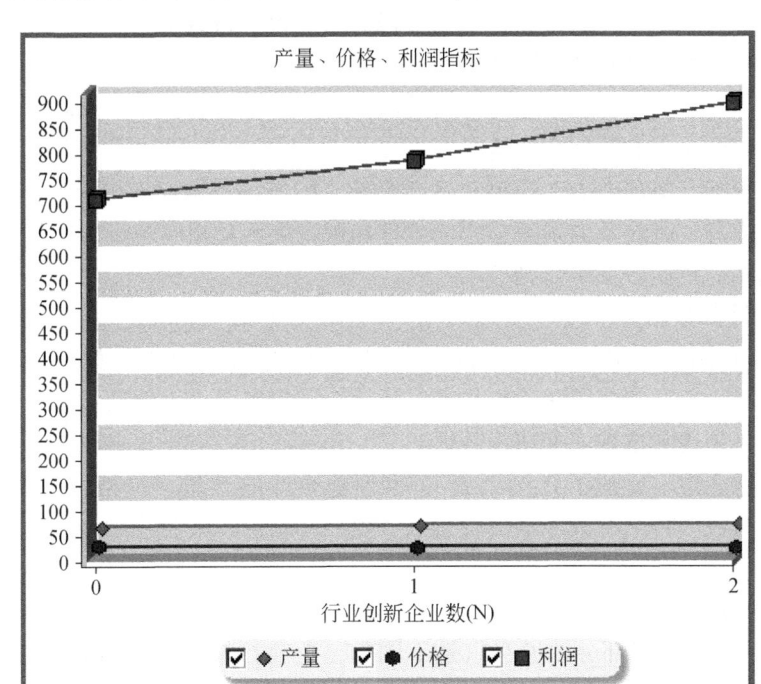

拓展，均衡价格将持续下降（图 7-3 底端曲线）。

图 7-3　产量、价格、利润 1 界面

3）利润比较分析。从表 7-1 和图 7-3 看出，产业内 n 家企业中有 g 家企业创新，其利润大于产业内企业都不创新的利润；当 n 家企业都实行了创新，其利润小于业内 g 家企业实施创新的利润，创新利润出现新均衡（图 7-3 顶端曲线）。

7.3.2　应用案例二：磷化工产业 n 家寡头企业

磷化工 n 家寡头企业成本函数：
$$c(qc) = cq_i,\ (i=1,2,\cdots,n)$$

市场的反需求函数为
$$p = a - bQ,\ Q = q_1 + \cdots + q_n$$

式中，p 为价格函数；a 为价格可变常数；b 为产量可变常数；c 为单位边际成本；q 为产量。

n 家企业的利润目标函数：
$$\pi_n = [a - b(q_1 + \cdots + q_i + \cdots + q_n)]q_i - cq_i,\ i \in [1, n]$$

式中，i 为企业排序情况；c 为单位边际成本；q 为产量。

三个函数公式依数理和逻辑关系求解后构成。

输出指标主要是建立市场结构评价指标体系和市场绩效评价指标体系两大部分，所涉及的函数公式及相应若干变量求解后构成。

表6-4包含了磷化工产业的市场结构数据和市场绩效数据，反映了创新企业创新数从0到8家的数据变化情况。

输出指标（见研判6-3模型）主要是建立的市场结构评价指标和市场绩效评价指标两部分，所涉及的函数公式依数理和逻辑关系及相应若干参变量自动求解后，构成相应指标数据供研判。

(1) 计算数据

WF（集团）公司、开磷集团和云天化集团中，先是WF（集团）公司采用新技术，然后是开磷集团采用新技术，最后云天化集团也采用新技术，下表数据为三家历年采用新技术演变情况数据。

在上述表中，反映了0、1、2、3家创新企业的产量、价格、市场集中度、赫芬达尔指数、勒纳指数、消费者剩余、生产者剩余、社会总剩余、利润的变化数据。

值得指出的是，不同行业（产业）的外生变量参数（a、b、c、n、N、g、k、ΔC，见数学建模部分的说明）是不同的，上表数据为磷化行业企业的特征，与该行业的实际情况是基本符合的。

(2) 市场结构数据分析

1) 市场集中度（CR）。从表7-1和图7-4可以看出，当3家企业同时等项创新，创新对企业市场集中度（CR）几乎没有产业影响。

2) 赫芬达尔指数（HHI）。从表7-1和图7-4可见，产业内n家企业中有g家企业实施了创新，其赫芬达尔指数大于产业内企业都未创新时的赫芬达尔指数。随着创新在产业内企业中的拓展，赫芬达尔指数先增后减（图7-4中间曲线）。

3) 勒纳指数（LI）：从表7-1和图7-4可见，行业内n家企业中有g家企业实施了创新，其勒纳大于产业内企业都未创新时的勒纳指数；当n家企业全部创新时，勒纳指数趋于下降（图7-4底端曲线）。市场势力程度在竞争性市场和垄断市场之间趋于竞争。

(3) 市场绩效数据分析

1) 企业产量比较分析。从表7-1和图7-5可以看出，行业内企业的创新将引起企业既有产量的变化，创新企业和未创新企业的产量都会发生变化。创新企业的产量将增加，未创新企业的产量将减少；当企业全部都创新时出现产量均衡现象，单个企业产量可能略有减少，但总产量持续增加。

| 第 7 章 | 系统创新行为对经济绩效影响的实证检验

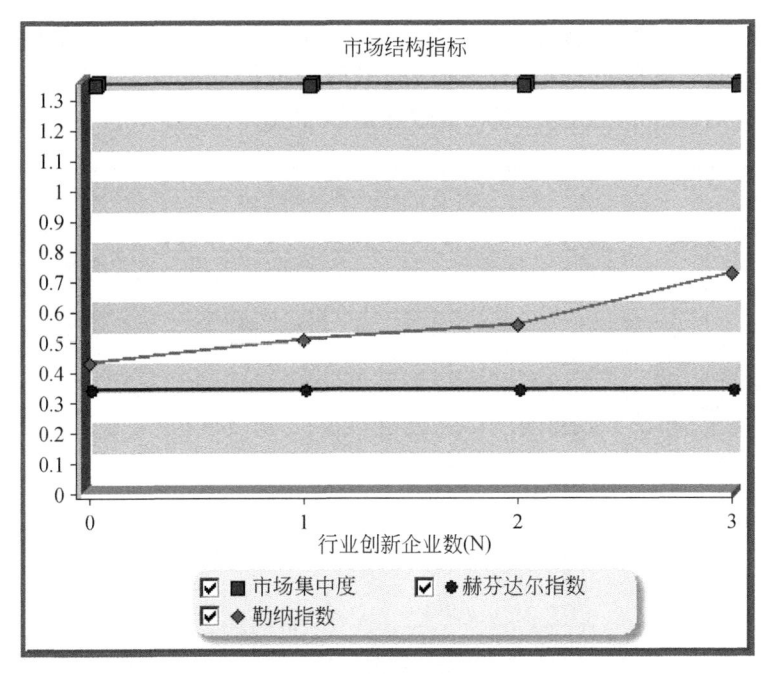

图 7-4 市场结构 2 界面

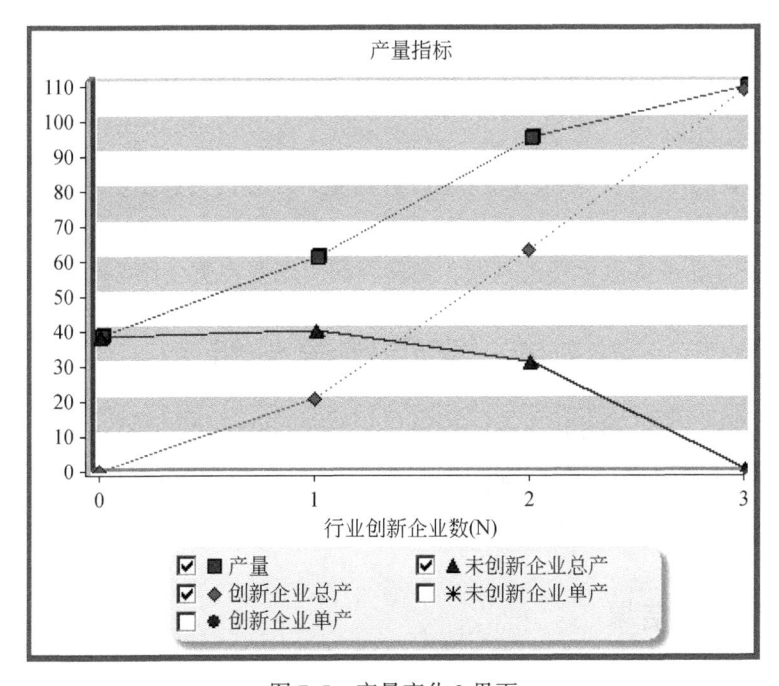

图 7-5 产量变化 2 界面

2）价格比较分析。从表7-1和图7-6可以看出，行业内 n 家企业中有 g 家企业实施了创新，其价格小于产业内都未创新时的企业价格。随着创新在行业内企业的拓展，均衡价格将持续下降（图7-6底端曲线）。

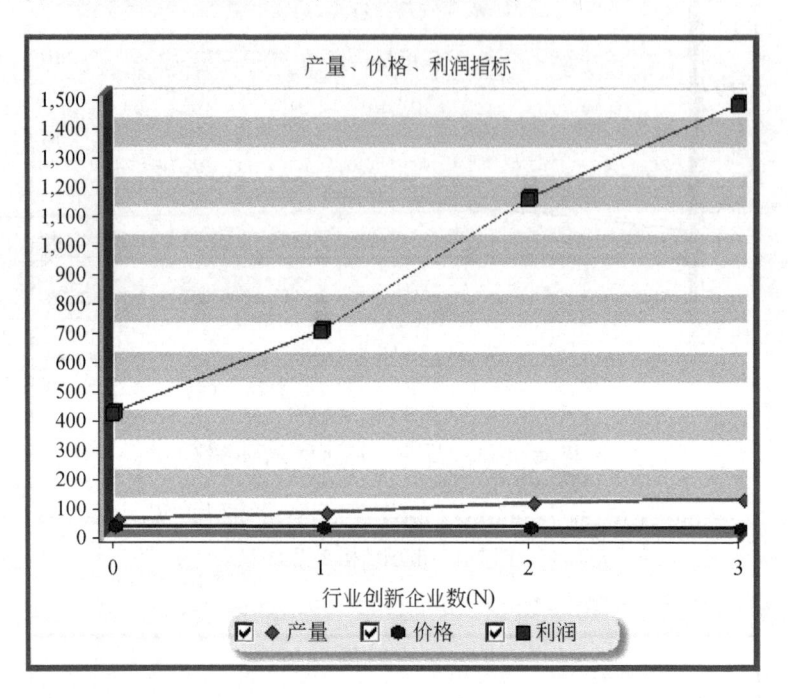

图7-6 产量、价格、利润2界面

3）利润比较分析。从表7-1和图7-6可见，产业内 n 家企业中有 g 家企业创新，其利润大于产业内企业都不创新的利润；当 n 家企业都实行了创新，其利润小于业内 g 家企业实施创新的利润，创新利润出现新均衡（图7-6顶端曲线）。

7.4 实证结果分析

如第6章所述，博弈模型数据分析，从1~8家创新企业的测试数据比较系统分析，可以看到两个重要观测点，CR_4、CR_8、CI_4、CI_8 数据完全反映了理论分析和实证数据的吻合。

7.4.1 实证结果

本章"系统创新行为对市场结构和市场绩效影响的实证检验"分析研判与

启示，是以理论为根，实证为据，而获得的结果，即寡头竞争企业系统创新行为对市场结构和市场绩效的影响结果是互动关联边际正相关的。即系统创新行为被激励，形成竞争的市场结构和市场绩效。印证了萨缪尔森文献中约瑟夫·熊彼特的观点，即市场结构趋于合理，市场效率提高了。这种影响是通过企业创新行为组合及德鲁克式"创新"向"异质性"、"共性效应"、"关联：四要素"创新演进，形成系统创新行为对经济—社会—技术变革综合性影响的最终落脚点，是对因素输入和产品市场中的价格变化作何种创新性及适应性反应，导致市场结构也会发生改变，并产生良好的市场绩效，而后形成市场结构和市场绩效的互动关联正反馈效应，在行业内推广引起寡头竞争博弈数理模型中外生变量参数的变化（见演示数据分析表7-1），导致内生变量的变化（见演示数据分析表7-1），这些影响和变化是可以通过定量来进行研判的。当企业创新行为的集聚和创新系统链的形成时，企业系统创新行为模式也逐渐上升到区域（产业）系统创新模式，其CSP影响的传导机制及研判的边际正相关因果关系链，会对产业组织演进产生根本影响，促使整个产业发展。

7.4.2 研判与启示

经实践检验、认证后，本成果可成为政府鼓励产业组织创新，考虑市场结构及市场绩效；按照社会福利最大化原则及消费者和生产者剩余均衡原则来判断市场势力的绝对大小，对市场势力进科学化计算和权衡；为企业判断自己的市场定位，通过创新获得超额利润并保持，提供抉择参考数据。

本系统已基本实现：①利用IT与ICT及AI技术手段来帮助政府和企业判断经济管理的绩效；②利用IT与ICT及AI技术手段，通过预先设计的判断报告模板来快速地生成分析报告；③变传统单一的经济指标计算为一个具有辅助抉择的支持系统；④为经济绩效指标体系的处理和分析，探索出一种新的易用的高效的非经济专家也能完成的经济评价方法。

在该研究的基础上可以：①进一步探索寡头竞争的，以"斯坦伯格模型""伯川德模型"为依据的系统创新行为对市场结构及绩效影响结果的仿真评估；②在践行中建立该类系统设计的原则和技术路线范式；③探索如何用软件工程理论和ICT与AI技术加持把冗繁理论分析利用建立的模型经仿真运行系统信息化处理，变成简明的实际应用；④如何提供一种基于经济信息处理系统软件的综合评估方法，有利于提高经济信息评价的科学性、准确性、完整性；⑤生成的图形自动输出到研判报告。

本章以有关"系统创新行为对市场结构和市场绩效的影响研究"的理论为

根，实证为据，再印证第 1 章 1.2 节文献评述获得如下启示。

1）本研究形成的理论与实证结果对系统创新行为对市场结构和市场绩效关系的研究，核心在于揭示系统创新行为对经济—社会—技术变革综合性影响的最终落脚点，是对因素输入和产品市场中的价格变化作何种创新性以及适应性反应，即系统创新行为对市场结构和市场绩效特征相互作用内在机制，具有较好的理论与现实意义。

2）综合性影响的落脚点市场行为分析，解决了两方面的问题：一是这个理论是依据系统创新（微观）行为的演进经验过程形成的，涉及系统创新行为要素聚合特征及效应，具有类似经验的适用性；二是本研究体现了理论依据的规范性和研究结论的统一性，有了核心理论层面的一般意义上的研究框架，既形成一般意义上的理论，又形成一致明确的研究结论，所以，可从一般意义上提供借鉴研究的广谱的可解释相关成果。

3）本研究为研究中国产业发展中系统创新行为的落脚点与市场的影响结果关系提供了新的思路。新的方法论与理论范畴拓展的实现，为系统创新理论对企业或产业系统创新行为和系统创新行为对市场结构与绩效影响理论相关研究提供了参考。

赵玉林认为，创新行为向前延伸就是创新动力或能力问题，涉及中小企业、竞争性产业更有创新动力（熊彼特 1 型产业创新），大企业、垄断性产业更有创新能力（熊彼特 2 型产业创新），这就是结构对行为的影响；创新行为向后延伸就是绩效，这就是行为对绩效的影响。

本研究的典型案例展现了创新的市场地位或市场效果互相释证。更为重要的是本研究找到了系统创新行为对市场结构和市场绩效的影响、由行为对市场绩效和市场结构影响的理论与实证依据。

1）从动态角度把握市场结构特征。在市场结构三要素（市场份额、市场集中度和进入壁垒）中抽掉了后一个主要刻画市场中企业与市场外潜在竞争企业关系的要素，即进入壁垒，去分析创新行为组合及德鲁克式"创新"由"相似性"向"异质性"、"共性效应"、"关联：四要素"创新演进形成系统创新行为综合性效应在行业内推广，形成系统创新行为与市场结构演进特征及效应的这种过程的互动机制。

2）从产业演进过程创新及相关因素的动态变化中分析系统创新行为与市场结构和市场绩效关系的阶段性特征及效应，并分析这种阶段性变化特征及效应对系统创新行为的落脚点与市场的影响结果关系。

3）立足于新的产业组织理论新内涵（系统创新行为范式及其运行机理框架）和中国产业发展实践，正确把握熊彼特假说在中国产业发展中的具体含义及相关的政策思路,系统创新行为与市场的关系,实际上揭示了系统创新行为中的市场作用特征。

4)系统创新行为的市场效应。康志勇(2012)对中国企业自主创新的本土市场效应质疑,虽然对市场结构的论证无数据,没讨论绩效,从创新投入创新产出来看主要是科研,显得单一。但是,其意为"行为影响结构",是行为决定论的实证。曾悟声等(2007)等早期曾建有"创新(新组合)对市场结构与市场绩效的影响"模型。其模型都用推理方式表明了创新行为对市场结构与市场绩效有很大影响。但因纷繁复杂的计算问题而无实证支持。直至本研究借助 IT 与 ICT 及 AI 技术,仿真工具技术的加持才得以深入系统地研究并获得实证支持。

7.5 本章小结

本章系统创新的 CSP 影响的实证检验,是在第 5 章系统创新行为能力评价指标体系与研判软件开发及案例评价和第 6 章系统创新行为对市场结构与市场绩效影响的仿真实验之后,解决的第二个问题:即用构建的 CSP 市场影响结果的仿真运行研判系统,为系统创新行为的古典解释与最新进展作理论与实证检验。体现了理论的规范性和研究结论的统一性,既形成一般意义上的理论,又形成明确、广谱可解释的研究结论,可从一般意义上提供可供借鉴的研究成果。

本研究的实证选择了几种不同类型的案例:一是产业整合式创新行为实证案例;二是创新系统型企业早期技术创新行为的定量实证分析案例;三是典型的双寡头(古诺-纳什均衡)模型案例;两个创新型企业创新行为博弈创新结果实证案例。

实证结果表明:寡头竞争的系统创新行为对市场结构和市场绩效的影响是互动关联边际正相关的,即系统创新行为被激励,形成竞争的市场结构与更高的市场绩效。印证了萨缪尔森和熊彼特的观点,市场结构趋于合理,市场效率提高了(反之亦然)。这种影响是通过系统创新行为综合性影响引起寡头竞争博弈模型中外生变量参数的变化,导致内生变量的变化,这些影响和变化是可以通过定量来进行研判的。依据"系统创新的 CSP 影响结果的仿真运行研判系统"为现实的决策提供了直观和具体的参考。

"系统创新的 CSP 影响结果的仿真运行研判系统"功能如下:一是依据建立的系统创新行为能力评价指标体系及仿真评价软件系统,识别企业创新行为的经济绩效,从静态上检验系统创新行为的经济绩效最好的假设;二是建立产业系统创新行为影响经济绩效的计量经济模板,依据磷化工产业内企业数据进行实证检验,从动态上检验系统创新行为的经济绩效最好的假设;三是建立系统创新的

CSP 博弈数学模型，依据磷化工产业或企业数据进行仿真实证检验，揭示系统创新行为综合性影响改善市场结构提升经济绩效的机制，找到产业内的创新系统型企业数的最佳值。该总结是依据本书研究思路确定的技术路线，按照逻辑关系，从三个方面进行了模拟和实证检验而形成的。

第8章 研究结论与政策启示

8.1 研究结论

本书基于系统创新行为的含义、内涵、溯源和动因、磷化工产业系统创新行为特征及其市场效应，分析产业内的创新企业类型（普通创新型与创新系统型）与创新行为要素特征聚合及其市场效应，形成系统创新行为范式及其运行机理，系统创新行为的市场效应而形成的 CSP 模式分析框架构，系统创新行为与经济绩效关联演化的典型案例选择，系统创新行为能力评价指标体系构建及评价系统软件开发设计，系统创新的 CSP 影响的仿真运行研判博弈数理模型实验，系统创新行为对经济绩效影响的实证检验。全书简要结论如下。

（1）系统创新行为是复杂适应创新系统的行为

产业创新系统是多创新主体之间互动相适应及其与多维度创新对象之间互动相适应，且与创新环境互动相适应构成的复杂适应创新系统。系统创新行为的核心主体是企业，企业与企业之间及其与科研机构、高等院校等其他创新主体交互作用构成创新主体系统。系统创新行为在一定的创新环境下运行，如政府、教育培训、金融、信息等部门就是系统创新的环境。企业作为系统创新行为的核心主体与科研机构、高等院校等其他创新主体交互作用，并与创新对象、创新环境交互作用形成复杂适应创新系统（Complex adaptive system of innovation，CASI）。系统创新行为是复杂适应创新系统的行为，是多元创新主体互动相适应及其与多维创新对象、创新环境互动相适应的创新行为。系统创新行为具有多维创新对象互动、多元创新主体协同、创新主体与创新对象和创新环境的互动相适应等特征。系统创新行为主体包括普通创新型企业、系统创新型企业、高等院校和科研机构等多元协同关联；系统创新行为方式（包括相似性、异质性、共性效应、关联：四要素聚合等）与多维对象协同互动；系统创新行为运行具有适应性、主动性、目的性、智能性，形成自催化效应、低成本技术扩散与收益放大效应、风险分散效应、技术导向效应、协同整合效应。

（2）系统创新行为具有更高的产业组织经济绩效

系统创新行为的核心主体分为两类：普通创新型企业和创新系统型企业。通常的创新型企业、科技型中小企业、高新技术企业具有创新行为，但未形成系统创新行为，是普通创新型企业；形成复杂适应创新系统的企业称为创新系统型企业。普通创新型企业是产业创新系统的基础，创新系统型企业是产业创新系统的核心。创新系统型企业的创新决策行动是系统创新行为。系统创新行为形成整体大于各部分的系统效应，驱动产业（转型升级）发展，改善产业的市场结构，提升产业组织绩效。陷入"德鲁克式"困境的企业，面对急剧变化的市场，面对新的战略目标，可以建立起一个充满活力的复杂适应创新系统。企业系统创新是创新微观系统，由技术、管理、制度、文化、环境等创新元素及其运行机理组成的复杂适应创新系统（CAIS）。它的运作过程形成了企业自适应创新系统的相似性、异质性、共性效应、关联：四要素聚合的系统特征及系统效应。从两类（普通创新型与创新系统型）企业创新行为特征及其效应研究中，根据系统创新行为特征及其效应，比较出创新绩效最高的是创新系统型企业。创新系统型企业系统创新行为范式及其运行机理，展现了作为产业创新主体核心的、充满活力的"复杂自适应创新系统"。其主体 CAS 系统之间具有的各自或相互适应性、主动性、目的性、智能性的"活"的主体"四维'要素'伴生关系"模式及运行机理。体现为："四维伴生关系"是指从智能性与目的性、目的性与主动性、智能性与主动性、主动性与适应性之间的内部主要关系；"'要素'伴生关系"行为能力指标则由创新产出与创新内容，以及创新主体与创新投入等四大类聚合要素之间的主要关系反映。主体系统运行机理由创新产出牵引、要素协同、循环反馈、主导转换四个方面体现；"四维'要素'伴生关系"模式相互之间存在复杂的影响和作用关系。

系统创新行为是对原有的与过时的产业结构的创造性破坏与扬弃，系统创新动力来自于现期的产业结构严重地不适应我国内外循环发展的需求结构、技术水平的价值彰显和资源（耗损率）结构偏高的综合压力与世界经济发展的演变趋势。系统创新是在创新战略引领下的全面创新、协同创新、开放创新，创新主体全要素调动、全员参与和全时空贯彻，充分利用创新的外部资源和外部机会，着眼于统领性、全局性、整体性、长远性的创新行为。系统创新的突出特征是其系统性，因而系统创新行为也称为创新的系统行为，或系统性创新行为。产业是具有某种同类属性的集合，产业组织是产业内企业与企业之间竞争和垄断关系，众多企业创新的相似性、异质性、共性效应、关联：四要素聚合的系统特征及效应构成了组织内外平衡的机能和发展方式。其内在机理是"组合创新"及德鲁克式"创新"向系统创新演进，"组合创新"及德鲁克式"创新"使其蜕变与成长，系统创新使其嬗变与发展，系统创新行为诱发放大的作用原理使垄断、寡头、垄断竞争市场结构的效率和市场绩效发生边界正相关的边际变化。

(3) 系统创新行为（C）与市场结构（S）和市场绩效（P）互动关联

系统创新的突出特征是其系统性，系统创新要素聚合的系统特征及效应构成了组织内外平衡的机能和发展方式。系统创新行为诱发放大的作用原理使垄断、寡头、垄断竞争、竞争的市场结构和市场绩效发生边际正相关的边际变化。

本研究由实践的分析与总结形成的 CSP 互动关联系统理论框架，与传统 SCP 不同之处，是在用新的理论分析方法和科技工具加持，将"结构—行为—绩效；行为—结构—绩效；行为—绩效—结构"三学派理论与观点之异同，依据 IT 与 ICT 及 AI 人工智能仿真技术手段加持，用构建的理论与实验、实证分析验证有机融合，形成了一个既能沟通具体环节瓶颈又有系统逻辑体系的行为↔结构↔绩效的双向互动关联系统分析框架，简称"CSP 互动关联系统分析框架"。形成的 C↔S↔P 互动关联系统影响的理论，使具备仿真功能的 CSP 研判数理模型理论分析框架兼具规范性和实证性的特征。再依建立的 CSP 三者互动关联系统绩效研判的博弈数理模型，依据磷化工产业或企业数据进行仿真实验，揭示系统创新行为改善市场结构提升经济绩效的数理通道与运行机理。

(4) 系统创新行为对市场结构和绩效的影响是可通过定量指标变化来研判的

当企业创新行为要素的集聚和创新系统链的形成，企业系统创新行为范式也逐渐上升到（区域）产业系统创新行为范式，其 CSP 影响的传导机制及研判的边际正相关因果关系链，会对产业组织演进产生根本性影响，促使整个产业转型升级可持续良性发展。用构建的系统创新行为能力评价指标体系与开发设计的评价软件，CSP 模式分析框架与研判博弈数学模型作了实证应用检验，疏通了研判的数理通道与运行机理。通过系统创新行为能力评价指标体系与开发设计的评价系统软件应用案例，系统创新的 CSP 影响的仿真实验，系统创新行为对经济绩效影响的实证检验，系统创新行为能力模式识别及其经济绩效评价等获得了重要的认知。开发的系统创新行为能力评价指标体系及其仿真评价软件，具有定性和定量两套指标体系，既可以用于产业创新主体创新行为能力评价，也可以用于产业评价。研究表明用 IT 与 ICT 及 AI 技术构建的产业创新主体创新行为能力评价仿真运行研判系统，研判系统创新行为对市场产生的影响是可靠可行的。该研判系统模型可研判因垄断和不合理的赋税给社会福利带来的损失及隐藏的原因，为政府规范市场竞争、促进"组合创新"及德鲁克式"创新"向系统创新演进，形成系统创新行为；为政府合理收取企业因使用资源和系统创新政策工具效应而产生的超额利润，研判现代企业系统创新能获得多少超额利润等提供决策参考。开发的仿真运行研判系统软件具有针对性强、携带方便、使用简单、数据计算能力较强、易于扩充功能和升级的特点。依据输入参量可自动计算出市场结构指标数据和市场绩效指标数据，计算速度快，同时输出计算结果表和立体图形，便于分析和判断。通过企业数据的输入，仿真应用软件能够对创新行为对市场结构与市场绩效进行精准测算，从而能够帮助企业、政府做出更准确的产业战略抉择。

（5）系统创新行为改善产业的市场结构提升市场绩效

系统创新行为对市场结构与市场绩效的影响是双向互动关联边际正相关的，即创新系统行为被激励，形成竞争的市场结构与绩效。印证了萨缪尔森文献中约瑟夫·熊彼特的观点——"市场结构趋于合理，市场效率提高了"。这种影响是通过企业系统创新行为引起寡头竞争博弈模型中外生变量参数的变化，导致内生变量的变化，这些影响和变化是可以通过定量来进行研判的；当企业创新行为的集聚和创新系统链的形成，企业系统创新行为范式也逐渐上升到区域（产业）系统创新行为范式，其（CSP）影响的传导机制及研判的正相关因果关系链，会对产业组织演进产生根本影响，促使整个产业转型升级发展。这些影响和效应的定量研判是通过一组变化的外生变量函数组输入到仿真研判运行博弈模型中，导致内生变量的系列变化，通过（算法）仿真技术定量研判。研判结果可对传统的有市场势力的企业（垄断、寡头）会冲击市场结构的理论观点进行量化修正，界定了垄断、寡头、垄断竞争对市场结构和市场绩效产生负面影响的边际条件。通过数据计算，揭示并得出了 8 家寡头创新将形成最佳市场结构和市场绩效的结论。

（6）系统创新行为受系统性政策工具的激励

在系统性政策工具激励下的系统创新行为是由人建立在系统整合能力之上的战略驱动的纵向整合、上下互动和动态发展的新范式。在系统性政策工具激励下的系统创新行为，驱动产业发展，改善产业的市场结构，提升产业组织绩效。系统性政策工具可以改善整个创新系统的功能。

8.2 政策启示

（1）支持企业系统创新，从体制、法制核心面作改革

产业政策要实现从支持产业转向支持创新，特别是支持企业系统创新。在系统性政策工具激励下的系统创新行为是由人建立在系统整合能力之上的战略驱动的纵向整合、上下互动和动态发展的新范式。

国家经济大局，好坏在于能否坚持从体制、法制的核心层面作深层次的改革。当市场经济就是法治经济，坚持在社会主义条件下发展市场经济，最重要的是制度因素保障。制度因素保障使"政策制定者战略性导向下的系统创新政策，优化了市场行为、市场结构和市场绩效"。

（2）完善鼓励创新的反垄断规制

产业政策要实现从选择性政策向功能性政策转变，鼓励企业通过创新形成垄

断,又通过创新打破垄断。就政府管制而言,中外都已有反垄断法。以互联网垄断论之,现实的情况是产生于西方的互联网技术在中国由最初的信息创新变成了信息垄断,而后又以金融科技的之名把信息垄断变成金融垄断,最后必然成为社会的灾难乃至国家的灾难。

为了加速创新,一个国家必须维持多元化的组织和机制并为这种创造性的行为设置特殊的激励机制与监管机制,尤其是对于空间位置、地理、轨迹、交通、交易数据外流的专门监管。我们才有可能在同权力与资本勾连时形成的肆虐资本的较量中更加主动。肆虐资本的力量,似乎看不见摸不着,但它的确具有毁灭性。对于在向市场经济演进中的中国市场,应该用比较的观点来看待市场和用科学的宏观手段调控市场。为此,本研究设计了一个解决政府管制建议与尊重市场规律的"行业创新仿真效应评估模板",以期能解决市场监管与鼓励创新的两难问题。

8.3　主要创新点

(1) 建立了基于复杂适应系统 (CAS) 理论的系统创新的 CSP 模式分析框架

依据 CAS 理论结合产业创新系统特征科学界定了产业创新系统、系统创新行为等核心概念,揭示了系统创新行为运行机理,以及系统创新行为(C)对市场结构(S)和市场绩效(P)影响机制,建立了理论与实践的中介,实现了方法论与理论范畴拓展。系统创新行为是复杂适应创新系统的行为,是多元创新主体互动相适应及其与多维创新对象、创新环境互动相适应的创新行为。系统创新行为具有多维创新对象互动、多元创新主体协同、创新主体与创新对象和创新环境的互动相适应等特征。通常的创新型企业、科技型中小企业、高新技术企业具有创新行为,但未形成系统创新行为,是普通创新型企业;形成复杂适应创新系统的企业称为创新系统型企业。普通创新型企业是产业创新系统的基础,创新系统型企业是产业创新系统的核心。创新系统型企业的创新决策行动是系统创新行为。系统创新行为形成整体大于各部分之的系统效应,改善产业的市场结构,提升产业组织绩效,驱动传统产业转型升级。

(2) 构建了系统创新行为影响市场结构和市场绩效 (CSP) 研判博弈数学模型,设计了广谱关联 CSP 仿真研判计算运行系统软件并进行模拟实验

用户只需输入相关参量函数,仿真研判运行系统即可自动计算出市场结构和市场绩效的指标数据,同时输出计算结果的表和立体图形,便于用户分析和判断。仿真研判运行系统可为现实的决策提供直观和具体的参考。通过实验结果沟通了各个理论学派之争的瓶颈通道，解释了难以解释的各种新的经验现象"质疑"各学派理论的原因，从一般性理论与实证层面对不同经验现象作了解释，有了"与主流经济学派在相同的理论层面进行交流与共融"的平台。借助 IT 与 ICT 及 AI 技术，用系统创新的 CSP 影响仿真运行研判系统，揭示了系统创新的 CSP 影响的作用机制，并获得有决策参考价值的结论。这既是对于系统创新行为与市场结构和市场绩效互动关系理论的扩展，也通过模拟实验呈现了系统创新的 CSP 影响的正相关边界，为在现实背景下系统创新行为对经济绩效的影响提供重要参考。

（3）揭示了系统创新行为（C）影响市场结构（S）和市场经济绩效（P）CSP 作用机制，并进行仿真实验和实证检验

系统创新行为驱动产业发展，改善市场结构提升市场绩效。系统创新行为↔市场结构↔市场绩效的相互激励，使系统创新行为的经济绩效形成大于各部分之和的系统运行效果。揭示并得出了 8 家大型企业创新将形成最佳市场结构和市场绩效的结论，并据此提出改善产业系统创新的政策措施和建议；对传统的观点"有市场优势的企业会冲击市场结构"的理论进行了修正，界定了垄断、寡头对市场结构和市场绩效产生负面影响的边界条件。借助 IT 与 ICT 及 AI 技术建立科学合理的仿真评价指标体系，定性和定量分析相结合，客观评估系统创新行为导致的创新产出和市场绩效。产业系统创新的绩效是产业系统创新行为↔市场结构↔市场绩效的相互作用形成大于各部分之和的运行效果，即创新的系统行为改善市场结构提升市场绩效。在 CSP 分析框架中，系统创新行为是在制度因素前提下（政府的公共政策组成）其分析流程是按制度因素↔市场行为↔市场结构↔市场绩效的双向互动系统影响展开的。在这里，行为、结构、绩效之间存在着互动因果关系，即系统创新行为影响市场结构和市场绩效。

（4）开发设计了基于创新行为能力评价指标体系的评价运行软件，并对磷化工产业典型创新系统型企业的创新行为能力进行验证性评价

该指标体系评价运行软件由 8 个相互联系的模块构成，其功能分为定性与定量分析两套数据库，并以企业创新行为能力为例作了创新绩效评价应用实践检验，实证结果真实地体现了企业创新绩效。该评价软件具有针对性强、携带方便、使用简单、数据计算能力较强、易于扩充功能和升级等特点。

8.4　不足与研究展望

本书所研究的目的（设计的目标）、内容、需要获得的结论、理论贡献与创新等经过多年的努力，终于达成。然而，仍有些许遗憾！不足的是所构建的系统创新行为范式中所涉及的产业发展、产业政策、尤其是产业创新环境等，研判要素很弱。这既有研究者深入产业的局限性，也有政府经济管理职能部门研究机构的薄弱。年勇（2023）认为，"产业环境"研究严重不足，导致形势严峻的现实。反映在，一是认知偏差，即不重视制造过程、制造经验的积累。二是引导偏差，很多引导策略不系统、不完整、碎片化，没有办法执行，针对性和可操作性都很差，重点也不突出。这种情况下，没有办法形成共识、形成合力。三是执行偏差，在推进制造业智能化或者推进智能化制造过程中，没有看见主导力量，各自为政，一盘散沙，而且资本、人力、物力的投入都浪费掉了。这就是本研究今天面临的"产业环境"严峻形势，也是我们被"卡住了脖子"的原因所在。

在未来，可以进一步深入研究的问题如下：①进一步探索基于寡头竞争的，以"系统创新的CSP影响的仿真研判系统"为基础的"具有不同产业特性的系统创新的CSP影响的仿真研判系统"研发。后续研究中尽可能强化理论和机制分析，强化各产业的特性和共性分析，强化问题及成因分析，强化行业差异及比较分析，强化理论观点，强化区域间的差异及原因分析。②在践行中建立企业通用系统的设计原则和研发要点。③进一步探索和完善系统创新行为能力评价指标体系。④探索如何利用信息工程技术把冗繁的经济理论分析，转换为仿真模型化的信息处理系统，使其成为简明的实际应用。⑤如何提供一种基于经济信息处理系统软件的综合研判方法，如何更有利于提高经济信息评价的科学性、准确性、完整性。⑥探索如何在我国数字经济发展新阶段，围绕数据要素市场、数字治理体系与数据技术体系"三大基石"，夯实数字经济发展的基础，促进我国数字经济的有序健康和高质量发展。⑦进一步探索为了加速系统创新，一个国家应如何维持多元化的组织和机制，并为这种创造性的行为设置特殊的激励机制与监管机制，并提供决策依据。

参 考 文 献

保罗·萨缪尔森，威廉·诺德豪斯．2006．经济学．萧琛译．北京：商务印书馆．
彼得．德鲁克．2009．创新与企业家精神．蔡文燕，译．北京：机械工业出版社．
卜凡彪，薛惠锋．2014．基于CAS理论的协同创新系统研究．生产力研究，（5）：138-140，160．
曹平．2010．技术创新理论模型的多维解读．技术经济与管理研究，（4）：33-36．
陈佳贵，张建中．1999．企业集团技术创新活动的五种效应．中国工业经济，（4）：58-62．
陈劲．2021．整合式创新．北京：科学出版社．
陈劲，童量．2008．联知创新：复杂产品系统创新的知识管理．北京：科学出版社．
陈志．2004．科技型企业核心竞争力研究．北京：中国农业大学博士学位论文．
戴鸿轶，柳卸林．2009．对环境创新研究的一些评论．科学学研究，27（11）：1601-1610．
丹尼斯·W．卡尔顿，杰弗里·M．佩洛夫．2009．现代产业组织．胡汉辉，顾成彦，沈华，译．北京：中国人民大学出版社．
丁梅．2012．结构与行为决定论的旷世之争．河北工业大学学报（社会科学版），2（3）：77-82．
弗里曼，佩雷斯．1992．结构调整危机：经济周期与投资行为//G．多西，等．技术进步与经济理论．钟学义，沈利生，陈平，等译．北京：经济科学出版社．
高德步，王庆．2020．产业创新系统视角下的中国高铁技术创新研究．科技管理研究，40（12）：1-9．
高建．1997．中国企业技术创新分析．北京：清华大学出版社．
高伟，陈吕斌，王天驰．2018．产业创新系统结构、合作对象选择对技术合作绩效的影响．科技管理研究，38（12）：163-171．
高永峰．2020．我国磷化工行业创新发展思路探讨．磷肥与复肥，35（2）：1-7．
郭斌，蔡宁．1998．从科学范式到创新范式：对范式范畴演进的评述．自然辩证法研究，（3）：8-13．
郭斌，许庆瑞，陈劲，等．1997．企业组合创新研究．科学学研究，15（1）：12-17．
贺晓宇．2012．产业创新系统研究文献综述．现代商贸工业，（2）：28-29．
胡川．2006．工艺流程创新对市场结构及绩效影响的量化研究．经济社会体制比较，（3）：87-89，82．
胡树华，邓恒进，牟仁艳，等．2009．区域创新系统运行的"四三结构"模型及机理研究．科技管理研究，29（12）：20-22，34．
胡卫．2017．系统创新的进化论哲学．自然辩证法研究，33（6）：116-119．

胡志刚．2011．市场结构理论分析范式演进研究．中南财经政法大学学报，（2）：67-74，143．

淮建军，刘新梅．2007．政府管制对市场结构和绩效的影响机理研究．财贸研究，（1）：8-12．

黄速建，王欣，叶树光，等．2010．开放式系统创新模式研究——以天士力集团为例．中国工业经济，（2）：130-139．

霍兰．2000．隐秩序：适应性造就复杂性．周晓牧，译．上海：上海科技教育出版社．

康志勇．2012．中国企业自主创新存在本土市场效应吗？．科学学研究，30（7）：1092-1100，1030．

克利斯·弗里曼，罗克·苏特．2004．工业创新经济学．华宏勋，华宏慈，等译．北京：北京大学出版社．

克利斯·弗里曼，罗克·苏特．2022．产业创新经济学．华宏勋，华宏慈，等译．北京：东方出版社．

孔伟杰，苏为华．2009．中国制造业企业创新行为的实证研究——基于浙江省制造业1454家企业问卷调查的分析．统计研究，26（11）：44-50．

兰斯·E. 戴维斯，道格拉斯·C. 诺思．2018．制度变迁与美国经济增长．张志华，译．上海：格致出版社，上海人民出版社．

李金顺．2005．贵州企业史话．贵阳：贵州人民出版社．

李伟．2009．产业演进中的技术创新与市场结构关系——兼论熊彼特假说的中国解释．科研管理，30（6）：39-47．

李永周，刘日江．2011．创新系统范式的古典解释与最新进展．技术经济与管理研究，（8）：41-45．

李远．1999．创新环境及其政策的出发点——兼论增强区域的全球化竞争力．经济地理，（3）：7-12．

李云峰．2004．数字仿真模型的校核、验证和确认．中南大学学报（自然科学版），（2）：273-276．

理查德·R. 尼尔森．2012．国家（地区）创新体系比较分析．曾国屏，刘小玲，等译．北京：知识产权出版社．

量子君．2020．中国到底被什么"卡住了脖子"？量子学派．https：//weibo.com/p/1006065617160370［2020-11-09］．

廖中举．2013．R&D投入、技术创新能力与企业经济绩效之间关系的实证分析．技术经济，32（1）：19-23．

刘和东．2016．高新技术产业创新系统的协同度研究——以大中型企业为对象的实证分析．科技管理研究，36（4）：133-137，161．

刘兰剑，李瑞婷．2019．内部创新与外源创新谁更有效——来自ICT产业的证据．科技进步与对策，36（15）：7-13．

柳卸林．2014．技术创新经济学（第二版）．北京：清华大学出版社．

马建堂．1995．结构与行为：中国产业组织研究．北京：中国人民大学出版社．

曼昆．2012．经济学原理．梁小民，梁砾译．北京：北京大学出版社．

戚聿东，朱正浩．2022．Malerba产业创新系统理论述评及中国情境下的研究展望．当代经济科学，44（1）：39-54.

齐兰. 1998. 现代市场结构理论述评. 经济学动态，（4）：69-72.

强自源. 2002. 系统创新——21 世纪中国企业创新新战略. 天津经济，（6）：26-28.

邵必林，赵煜，宋丹，等. 2018. AI 产业技术创新系统运行机制与优化对策研究. 科技进步与对策，35（22）：71-78.

隋映辉. 2008. 系统创新的内涵、要素与机理. 福建论坛（人文社会科学版），（5）：10-15.

隋映辉，于喜展. 2015. 我国轨道制造的系统创新与转型路径——跨越式发展与创新转型实践. 科学学研究，33（5）：767-773.

孙冰，裘希. 2014. 知识密集型产业技术创新演化机理研究. 北京：科学出版社.

孙从军，晁蓉. 2008. 产业集群技术创新的动因分析. 企业经济，（6）：9-11.

孙林杰，梁铄，康荣. 2019. 基于 SCP 范式的企业创新绩效影响机制研究. 科学学研究，37（6）：1122-1132.

孙世霞. 2005. 复杂大系统建模与仿真的可信性评估研究. 长沙：国防科学技术大学博士学位论文.

孙天法. 2002. 市场结构范式的标准与构建措施. 中国工业经济，（11）：31-37.

唐·E. 沃德曼，伊丽莎白·J. 詹森. 2009. 产业组织：理论与实践. 李宝伟，武立东，张云，等译. 北京：机械工业出版社.

藤芳诚一. 1982. 蜕变的经营：管理的基础认识. 香港：财经管理出版社.

王松，胡树华，牟仁艳. 2013. 区域创新体系理论溯源与框架. 科学学研究，31（3）：344-349，436.

王辛龙，许德华，钟艳君，等. 2020. 中国磷化工行业 60 年发展历程及未来发展趋势. 无机盐工业，52（10）：9-17.

王莹，方俊文，李博. 2020. 2019 年我国磷复肥行业运行情况与发展趋势，35（8）：1-8.

吴福象，周绍东. 2006. 企业创新行为与产业集中度的相关性研究. 财经问题研究，（12）：29-33.

夏金华，刘冬荣. 2015. 科技型企业管理层知识管理能力提升. 社会科学家，（1）：78-82.

杨浩昌，李廉水. 2018. 协同创新对制造业经济绩效影响的实证研究. 中国科技论坛，（7）：81-89.

尹莉，刘国亮，臧旭恒. 2012. 产业经济学及相关领域的前沿问题研究：第七届产业经济学与经济理论国际研讨会观点综述. 中国工业经济，（9）：89-95.

余伟，胡岩，陈华. 2019. 创新系统研究 30 年：发展历程与研究展望. 科研管理，40（11）：1-11.

袁旭梅，蔡书文，王伟. 2018. 高新技术产业协同创新系统建模与仿真. 科技进步与对策，35（4）：63-71.

约瑟夫·熊彼特. 1996. 经济分析史. 北京：商务印书馆.

约瑟夫·熊彼特. 2000. 经济发展理论：对于利润、资本、信贷、利息和经济周期的考察. 北京：商务印书馆.

约瑟夫·熊彼特. 2023. 资本主义、社会主义与民主. 北京：商务印书馆.

曾悟声．2008．宏福公司经济增长效应研究．商场现代化，（3）：76-78．

曾悟声．2023．系统创新的CSP模式与仿真实验研究．武汉：武汉理工大学博士学位论文．

曾悟声，何浩明，陈敏．2010．推进贵州化工创新型企业的发展研究（四）．中国石油和化工，（5）：60-63．

曾悟声，赵玉林，张定祥．2014．企业创新系统模式的构建及其市场效应仿真研究．上海：上海人民出版社，格致出版社．

翟慎涛，顾健，占科鹏．2011．仿真模型可信度评估指标体系研究．系统仿真学报，23（S1）：26-29．

张津源．2011．基于数据一致性分析的仿真模型验证方法及工具研究．哈尔滨：哈尔滨工业大学硕士学位论文．

张莉，李绍东．2016．企业规模、技术创新与经济绩效——基于工业企业调查数据的实证研究．财经科学，（6）：67-74．

张林．2012．创新型企业绩效评价研究．武汉：武汉理工大学博士学位论文．

张琼瑜，李武武．2012．基于CAS理论的产业集群协同创新动力机制构建．商业时代，（1）：115-116．

张永安，张瑜筱丹．2018．外部资源获取、内部创新投入与企业经济绩效关系研究——以新一代信息技术企业为例．华东经济管理，32（10）：168-173．

张玉杰．2005．势力经济研究．中国工业经济，（2）：80-86．

赵玉林．2006．创新经济学．中国经济出版社．

赵玉林．2012．高技术产业经济学（第二版）．北京：科学出版社．

赵玉林．2017．创新经济学（第二版）．北京：清华大学出版社．

赵玉林，汪芳．2020．产业经济学：原理及案例（第五版）．北京：中国人民大学出版社．

赵玉林，周珊珊，张倩男．2011．基于科技创新的产业竞争优势理论与实证．北京：科学出版社．

郑永年．2021．中国是不是在有些方面和国际脱钩了？https://weibo.com/ttarticle/p/show？id=2309634720237181534582［2021-12-30］．

周及真．2018．企业创新行为模式研究——基于江苏省82896家企业调查数据的分析．上海经济研究，（12）：34-43，65．

周任重．2013．市场结构与企业创新的关系：文献述评．改革与战略．29（3）：120-123．

诸竹君，宋学印，张胜利，等．2021．产业政策、创新行为与企业加成率——基于战略性新兴产业政策的研究．金融研究，（6）：59-75．

邹同品，于华，李志远，等．2009．基于系统创新的"中华老字号"企业重塑——以哈尔滨大众肉联集团为例．商业经济，（1）：122-124．

G．多西，等．1992．技术进步与经济理论．钟学义，沈利生，陈平，等译．北京：经济科学出版社．

Abernathy W J, Clark K B. 1985. Innovation: Mapping the winds of crea- tive destruction. Research Policy, 14（1）：3-22.

Abernathy WJ, Utterback J M. 1978. Patterns of industrial innovation. Technology Review, （6/7）：

40-47.

Achilladelis B, Schwarzkopf A, Cines M. 1990. The dynamics of technological innovation: The case chemical industry. Research Policy, 19 (1): 1-34.

Afuah A N, Bahram N. 1995. The hypercube of innovation. Research Policy, 24 (1): 51-76.

Arifovic J, Karaivanov A. 2010. Learning by doing vs. learning from others in a principal- agent Model. Journal of Economic Dynamics & Control, (10): 1967-1992.

Arthur W B. 1996. Increasing returns and the new world of business. Harvard Business Review, 74 (4): 100-109.

Bergner E M. 1991. Regionsreconsidered: Economic Networks, Innovation and Local Development Countries. New York: Mansell Publisher Limited.

Breschi S, Malerba F. 1997. Sectoral innovation systems: Technological regimes, Schumpeterian dynamics and spatial boundaries//Edquist C. Systems of Innovation: Technologies, Institutions and Organisations. Pinter Publisher Ltd.

Breschi S, Malerba F, Orsenigo L. 2000. Technological regimes and schumpeterian patterns of innovation. Economic Journal, (4): 388-410.

Calantone R J, Cavusgil S T, Zhao Y. 2002. Learning orientation, firm innovation capability, and firm performance. Industrial Marketing Management, 31 (6): 515-524.

Carlton D W, Perloff J M, Wesley A. 1999. Modern Industrial Organization. London: Englewood Prentice Hall.

CharlesF, Phillips Jr. 1971. Industrial market structure and economic performance. The Bell Journal of Economics and Management Science, 2 (2): 683-687.

Cheng Y, Sun J, Song W, et al. 2012. Business model, operational effects and firm performance- An empirical research on the technology innovation and the method innovation. China Industrial Economics, (7): 83-95.

Chesbrough H. 2003. Open Innovation: The New Imperative for Creating and Profiting from Technology. Boston: Harvard Business School Press.

Cohen W. 2010. Fiftyyears of empirical studies of innovative activity and performance. Handbook of the Economics of Innovation, (1): 129-213.

Cooke P, Morgan K. 1998. The Associational Economy: Firms, Regions, & Innovation. Oxford: Oxford University Press.

Dodgson M. 1993. Organizational learning: A review of some literatures. Organization Stvdies, (3): 375-394

Dodgson M, Rothwell R. 1994. The Handbooks of Industrial Innovation. Cheltenham: Edward EIgar.

Dosi G. 1988. Sources, procedures and micro- economic effects of innovation. Journal of Economic Literature, 26 (3): 1120-1171.

Elzen B, Geels F W, Green K. 2004. System Innovation and the Transition to Sustainability. Cheltenham: Edward Elgar Publishing Ltd.

Foster R N. 1986. Innovation The attacker's advantage. London: Macmillan.

Franco M, Nelson R R, Orsenigo L W. 2019. Innovation and the Evolution of Industries: History-Friendly Models. Cambridge: Cambridge University Press.

Freeman C. 1974. The Economics of Industrial Innovation. London: Penguin.

Freeman C. 1987. Technology Policy and Economic Performance: Lessons from Japan. London: Pinter Publishers.

Freeman C. 1995. The national system of innovation in historical perspective. Cambridge Journal of Economics, 19 (1): 5-24.

Freeman C, Perez C. 1988. Structural crises of adjustment, business cycles andinvesment behaviour// Dosi G, et al. Technical Change and Economic Theory. London: Francis Pinter.

Freeman C, Clark J, Soete L. 1982. Unemployment and Technical Innovation: A Study of Long Waves in Economic Development. London: Continuum International Publishing.

Geels F W. 2004. From sectoral systems of innovation to socio-technical systems: Insights about dynamics and change from sociology and institutional theory. Research Policy, 33 (6): 897-920.

Geels F W. 2005. Processes and patterns in transitions and system innovations: Refining the co-evolutionary multi-level perspective. Technological Forecasting & Social Change, 72 (6): 681-696.

Hamel G, Prahalad C K. 1994. Competing for the Future. Boston, MA: Harvard Business School Press.

Henderson R M, Clark K B. 1990. Architectural innovation: The reconfiguration of existing product technologies and the failure of established firms. Administrative Science Quarterly, 35 (1): 9-30.

Holland J H. 1992. Complex adaptive systems. Daedalus, (1): 17-30.

Holland J H. 2006. Studying complex adaptive systems. Journal of Systems Science and Complexity, (1): 1-8.

Huang C Y, Ji L. 2019. Cross-industry growth differences with asymmetric industries and endogenous market structure. The B. E. Journal of Macroeconomics, (2): 1-18.

Iansiti M. 1998. Technology Integration: Making Critical Choices in a Dynamic World. Boston: Harvard Business School Press.

Jefferson G H, Xu W. 1991. The impact of reform on socialist enterprises in transition: Structure, conduct, and performance in Chinese industry. Journal of Comparative Economics, (1): 45-64.

Jespersen K R. 2018. Crowdsourcing design decisions for optimal integration into the company innovation system. Decision Support Systems, 115: 52-63.

Katz M L, Shapiro C. 1994. Systems competition and network effects. Journal of Economic Perspectives, 8 (2): 93-115.

Klepper S. 1996. Entry, exit, growth, and innovation over the product life cycle. The American Economic Review, 86 (3): 562-583.

Kodama F. 1995. Emerging Patterns of Innovation: Sources of Japan's Technological Edge. Boston, Massachusetts: Harvard Business School Press.

Lamperti F, Malerba F, Mavilia R, et al. 2020. Does the position in the inter-sectoral knowledge space affect the international competitiveness of industries? . Economics of Innovation and New Technology, 29 (5): 441-488.

Landini F, Leec K, Malerba F. 2017. A history-friendly model of the successive changes in industrialleadership and the catch-up by latecomers. Research Policy, 46: 431-446.

Lundvall B A. 1992. National Systems of Innovation: Towards a Theory of Innovation and Interactive Learning. London: Pinter.

Malerba F. 2002. Sectoral systems of innovation and production. Research Policy, 31 (2): 247-264.

Malerba F. 2005. Sectoral systems of innovation: A framework for linking innovation to the knowledge base, structure and dynamics of sectors. Economics of Innovation and New Technology, (1/2): 63-82.

Mansfield E. 1968. Industrial Research and Technological Innovation. New York: Norton.

Marsili O. 2001. The Anatomy and Evolution of Industries: Technology Change and Industrial Dynamics. London: Edward Elgar.

Montegu J, Calvo C, Pertuze J. 2019. Competition, R&D and innovation in Chilean firms Competencia, I+D e innovacion en empresas chilenas Competicao, P&D e inovacao nas empresas chilenas. Management Research, 17 (4): 379-403.

Nelson R. 1993. National System of Innovation: A ComparativeStudy. Oxford: University Press.

Nelson R, Winter S. 1982. An Evolutionary Theory of Economic Change. Cambridge, MA: The Belknap Press of Harvard University Press.

North D C, Calvert R, Eggertsson T. 1990. Institutions, Institutional Change and Economic Performance. CAMBRIDGE: Cambridge University Press.

OECD. 1997. National Innovation System. Paris: OECD.

OECD. 2015. System Innovation: Synthesisreport. Paris: OECD.

Osman G K, Peker S. 2020. The impact of marketing's innovation-related capabilities on a firm's innovation performance. International Journal of Innovation Management, (8): 24-28.

Pavitt K. 1984. Sectoral Patterns of technical change: Towards a taxonomy and a theory. Research Policy, 13 (6): 343-373.

Peruose E. 1959. Theory of the Growth of the Fire. Oxford: Blackwell.

Phillips C F, Scherer F M. 1971. Industrialmarket structure and economic performance. The Bell Journal of Economics, 2 (2): 683-687.

Porter M E. 1990. The Competitive Advantage of Nations. New York: Free Press.

Radosevic S. 1999. Transformation of science and technology systems into systems of innovation in Central and Eastern Europe: The emerging patterns and determinants. Structural Change and Economic Dynamics, (3/4): 277-320.

Rauter R, Globocnik D, Perl-Vorbach E, et al. 2019. Open innovation and its effects on economic and sustainability innovation performance. Journal of Innovation & Knowledge, 4 (4): 226-233.

Roberts E B, Berry C A. 1985. Entering new business: Selecting strategies for success. Sloan Management Review, 26 (3): 3-17.

Romer P M. 1990. Endogenous technological change. Journal of Political Economy, 98 (5): 71-102.

Rothwell R. 1994. Towards the fifth-generation innovation process. International Marketing Review, 11 (1): 7-31.

Rothwell R'Gardiner P. 1988. Re-innovation and robust design: Producer and user benefits. Journal of Marketing Management, 3 (3): 372-387.

Sabri O, Djedidi A, Hani M. 2020. When does coopetition affect price unfairness perception? The roles of market structure and innovation. Journal of Business & Industrial Marketing, (6): 39-43.

Samuelson P A. 2007. Macroeconomics (18th ed). Asia: Posts & Telecom Press, McGraw-Hill Education (Asia) Company.

Schumpeter J. 1934. Theory of Economic Development. Cambridge, MA: Harvard University Press.

Stata R. 1989. Organizational learning: The key to management innovation. Sloan Management Review, 30 (1): 64-73.

Stigler G J. 1971. The theory of economic regulation, Bell Journal of Economics and Management Science, 2 (1): 3-21.

Stoneman P. 1995. Handbook of the Economics of Innovation and Technological Change. Oxford: Blackwell.

Sutton J. 1998. Technology and Market Structure: Theory and History. Cambridge, MA: MIT Press.

Symeonidis G. 1996. Innovation, firm size and market structure: Schumpeterian hypotheses and some new themes. OECD Economic Studies, 161 (27): 35-70.

Teece D. 1987. The Competitive Challenge: Strategies of Industrial Innovation and Renewal. Cambridge, MA: Ballinger.

Teece D. 1992. Competition, cooperation and innovation: Organisational arrangements for regimes of rapid technological progress. Journal of Economic Behaviour and Organisation, 18 (1): 1-25.

Tushman M L, Anderson P. 1986. Technological discontinuity and organizational environments. Administrative Science Quarterly, 31 (3): 439-465.

Tushman M L, Rosenkopf L. 1992. Organizational determinants of technological change//Staw B M, Cummings L L. Research in Organizational Behavior. Greenwich, CT: JAI Press.

Waldman D E, Jensen E J. 2013. Industrial organization: Pearson new international edition. Pearson Schwz Ag, (1): 14-25.

Wieczorek A J, Hekkert M P. 2012. Systemic instruments for systemic innovation problems: A framework for policy makers and innovation scholars. Science and Public Policy, 39 (1): 74-87.

Winter S G. 1988. On Coase, competence and the corporation. Journal of Law, Economics and Organization, 4 (1): 163-180.

Zeng W S. 2020. Holistic innovation, market structure and performance: Research on a computer decision-making method. IEEE-Access, 8 (10): 180444-180457.

后　　记

　　早在十几年前，我就曾构想：把前些年的一些研究积累通过构建经济信息评价系统及仿真技术的方式去实现。2014 年，在导师赵玉林教授的指导下，我曾把攻博期间的前期成果系统地整理，出版了《企业创新系统模式构建及其市场效应的仿真研究》一书，供同行们交流和参考。一晃十年，现在又得益于贵州工业职业技术学院牵头的贵州市域产教联合体的资助，把博士论文修订整理，以学术专著方式出版。

　　十年前的书立足于企业创新系统模式构建。当时的视角尚窄，没有从系统观视角分析论证"创新系统与系统创新"问题的概念、内涵，以及制度创新对经济绩效的影响。本书与前书不一样的是从始至终都试图说明经济制度激励下系统创新行为的效力。本书与前书的差别是很好地反映了系统创新的 CSP 理论在近十年间经历的艰难演进。

　　但这两本书有一个共同点，就是都用 IT 和 ICT 及 AI 技术加持获得的数据来揭示行为、制度和演化对市场影响的规律，以期说明萨缪·鲍尔斯认为的"生产力水平差距的产生在于至今仍不易测量的、并且直到目前为止仍未被经济学家们深入研究的原因——历史经验、制度和传统行为等方面的差异"。而这些既是本书的主题，也是被本书解决了的问题。我看到，早年的研究中揭示出来的问题，也都被现实所印证。基于研究提出的政策建议，也巧合地看到被决策者有意或无意地采纳并实施。这都有助于激励我们为完善改进社会主义市场经济而努力探索。

　　本书中的很多观点和想法是得益于我的导师赵玉林教授。他对于创新系统体系与系统创新多维性研究为本书提供了非常有价值的重要补充。他指导的研究思路和费心审改使我顺利完成本书的学术研究。我的同事梅松帮我收集资料，校友张定祥处理数据库管理系统，同事莫树培应出版社要求重新制作图表。他们对本书的贡献良多。

　　我要感谢邹联克厅长为本书作序，谢谢他的赞许与肯定。

　　我还要感谢贵州工业职业技术学院蔡志坚书记和贺中华院长，从贵州市域产教联合体为我提供的资金支持，感谢他们为我的进一步学术研究创造了理想的做事环境。

后　记

　　本书的写作对我们而言，是一件有吸引力且值得做的事情。因为，我们都从他（她）人那里收获良多！我们期望亲爱的读者朋友们，在对这些充满吸引力的问题质疑中能够受益。

　　我将此书献给不曾认识却给予了我历练机会的原贵州省委组织部常务副部长李金顺先生，本书第 3 章 3.1.2 节和 3.2.2 节有些资料来自李先生的《贵州工业发展史》。

　　我将此书献给不曾认识却给予了我平台的原贵州省化学工业厅厅长涂兴召先生。他也是危难之际受命于省委省政府，到瓮福集团一肩挑，力挽狂澜于既倒，是使瓮福集团蜕变与成长，嬗变与发展的异质型企业家之一。从某种意义上讲，他其实也是本书合著者之一；瓮福集团几任董事长，亦是。

　　我将此书献给我求学的武汉理工大学经济学院魏龙教授，推荐我修业的周军教授，以及我的妻子郭丽琼。与老师们的交流探讨极大地丰富了我对微观经济学各个领域的思考。郭丽琼对我忘我作研究给予了极大的支持。

曾悟声
2023 年 12 月于贵州省贵阳市